电子商务营销与农村经济发展研究

牟光宇 ◎ 著

吉林出版集团股份有限公司

图书在版编目（CIP）数据

电子商务营销与农村经济发展研究 / 牟光宇著. —
长春：吉林出版集团股份有限公司，2023.9
ISBN 978-7-5731-4304-4

Ⅰ. ①电… Ⅱ. ①牟… Ⅲ. ①农村－电子商务－研究
－中国②农村经济发展－研究－中国 Ⅳ. ①F724.6
②F323

中国国家版本馆CIP数据核字（2023）第178443号

电子商务营销与农村经济发展研究

DIANZI SHANGWU YINGXIAO YU NONGCUN JINGJI FAZHAN YANJIU

著　者	牟光宇
责任编辑	王　平
封面设计	林　吉
开　本	787mm×1092mm　　1/16
字　数	205千
印　张	13
版　次	2023年9月第1版
印　次	2024年1月第1次印刷
出版发行	吉林出版集团股份有限公司
电　话	总编办：010-63109269
	发行部：010-63109269
印　刷	廊坊市广阳区九洲印刷厂

ISBN 978-7-5731-4304-4　　　　　　　　　　定价：78.00元

前　言

从 20 世纪 90 年代开始，世界互联网开始飞速发展，互联网的飞速发展标志着信息社会的到来，电子信息和网络成为推动世界经济发展的又一强大动力，电子商务便是由于互联网发展而新兴的一种现代商务模式。它是人类经济、科技、文化发展的必然产物，不同于传统营销，它不受时空的限制，具有很强的自由性和交互性，极大地改变了传统营销的形式和理念。相对于传统营销，电子商务具有国际化、信息化和无纸化等特点，已然成为当前世界营销发展的趋势。电子商务与传统商务相比，给消费者带来了更多的便利，给处于产业链中的众多中小企业带来了更多商机。电子商务环境下营销渠道越来越复杂，产生了新的营销渠道管理问题。

电子商务营销是网络营销的一种，是借助于互联网完成一系列营销环节，达到营销目标的过程。电子商务营销技巧的核心在于如何打动消费者，让企业的产品或品牌深入消费者心坎里去，让消费者认识品牌、了解品牌、信任品牌到最后依赖品牌。传统的营销方式（电视广告、报纸、户外广告等）成本大、见效慢、效果难监控。随着网络的发展，互联网品牌推广以高性价比的优势，逐渐受到企业的青睐。常用的电子商务营销方法有搜索引擎营销、即时通信营销、病毒性营销、许可电子邮件营销、微博营销、SNS 营销、微信营销等。

农业经济在我国整体经济发展中所占的比例是极其巨大的，国家领导对于农业的发展给予了极大的关注，近几年提出了多种农村经济改革的手段：增加农业的补贴、重视农村教育、保障农村医疗、免农村税收等。这些手段为我国农村经济的发展提供了相应的保障，从根本上为我国农业经济的良好发展创造了环境。

在农村现代化建设中，经济管理工作发挥了重要作用，经济管理为农村经济发展的计划实施决策调控等环节提出了具有实际价值的意见和建议，为我国的农村经济发展指明了正确的方向，使我国农业的正确发展过程更加科学化、规范化、严谨化。农村人口众多，社会关系较为复杂，各个地区的农业种植条件都有所不同，只有保证农业经济管理工作的发展力度，才能够促进农业经济平稳快速地持续发展。

为了提升本书的学术性与严谨性，在撰写过程中，笔者参阅了大量的文献资料，引用了诸多专家学者的研究成果，因篇幅有限，不能一一列举，在此一并表示最诚挚的感谢。由于时间仓促，加之笔者水平有限，在撰写过程中难免出现不足的地方，希望各位读者不吝赐教，提出宝贵的意见，以便笔者在今后的学习中加以改进。

目 录

第一章　电子商务营销概述

21世纪，人类迅速进入数字化时代，电子商务改变着工业化社会传统的、物化的营销模式。互联网对于传统的市场营销最具有革命性的影响就在于缩短了生产与消费之间的距离，减少了商品在流通中经历的诸多环节，消费者可以直接操纵鼠标在网上完成购买行为。网络与经济的紧密结合，推动着市场营销走入了崭新的阶段——电子商务营销阶段。

人们早已熟知，市场营销的研究对象是市场，而随着网络经济时代的到来，这一研究对象发生了巨大的变化。网络虚拟市场有别于传统市场，其竞争游戏规则和竞争手段发生了根本性的改变。我们已经不能简单地将传统的市场营销战略和市场营销策略生搬硬套入电子商务营销。

传统市场营销中的一些具有优势的资源在网络市场营销中可能失去了优势。因此，企业必须重新审视网络虚拟市场，调整旧的思路，树立新的观念，开创新的思维，研究新的方法。

电子商务营销不是市场营销的简单延续，它带给人们的世界充满了创造性和想象力，它带给社会的效益是目前无法估量的，它带给学习电子商务营销人员的新知识也是丰富多彩、富于诱惑力的。

第一节　电子商务营销的发展

一、电子商务营销的诞生及其演变

随着上网人数的不断增长和互联网应用的迅速发展，电子商务营销已经成为企业常用的营销方式之一，也与人们的日常工作和生活密不可分。现在，人们可以方便地通过网站购买自己需要的物品；当某个产品在使用过程中遇到问题时，可以随时到服务商网站上获取相关信息，或者与厂商在线服务人员进行实时交流。如果用户在某个网站上订阅了自己感兴趣的信息，当有最新的商品上市时，很快便可以通过电子邮件了解到有关信息，甚至可以获得服务商提供的特别优惠措施，如在线优惠券、特别折扣、免费送货上门服务等。这些都是厂商开展电子商务营销为消费者带来的便利。当然，厂商在为顾客提供这些服务的同时，也比传统营销方式降低了成本，增加了收益，可见电子商务营销对厂商和消费者双方都有价值。

电子商务营销信息已经同各种广告信息一样对消费者产生了很大影响。例如，如果我们打开一个大型门户网站，会看到各种各样的网络广告；当使用搜索引擎检索信息时，除了可以看到许多企业和产品的信息之外，在搜索结果中也会出现一些相关的文字广告；如果要检索某个商品，可能会出现许多同类产品的厂商信息，信息之多有时甚至让人感到无所适从；如果打开电子邮箱，其中同样会有很多推广产品的邮件。这些现象都说明现在的电子商务营销信息已经非常丰富了，但是电子商务营销自诞生至今，只有 10 多年的历史，电子商务营销在企业获得广泛应用并表现出卓越的成效，更是近几年的事情。

电子商务营销是随着互联网进入商业应用而逐渐诞生的，尤其是万维网（WWW）、电子邮件（E-mail）、搜索引擎等得到广泛应用之后，电子商务营销的价值才越来越明显。E-mail 虽然早在 1971 年就已经诞生，但在互联网普及应用之前，并没有被应用于营销领域；到了 1993 年，才出现基于互联网的搜索引擎；1994 年 10 月网络广告诞生；1995 年 7 月，目前全球最大的网上商店亚马逊成立。1994 年对于电子商务营销的发展被认为是重要的一年，因为网络广告诞生的同时，基于互联网的知名搜索引擎 Yahoo、Webcrawler、Infoseek、Lycos 等也相继于 1994 年诞生。

二、我国电子商务营销发展概况

相对于互联网发达国家，我国的电子商务营销起步较晚。1994—2003 年间，我国的电子商务营销大致可分为三个发展阶段：传奇阶段、萌芽阶段、应用和发展阶段。进入 2004 年之后的中国电子商务营销获得了多方位的快速发展，并且表现出新的特征。

（一）中国电子商务营销的传奇阶段（1997 年之前）

1994 年 4 月 20 日，中国国际互联网正式开通，电子商务营销是随着互联网的应用而逐渐开始为企业所应用的。在 1997 年之前，中国的电子商务营销处于一种神秘阶段，并没有清晰的电子商务营销概念和方法，也很少有企业将电子商务营销作为主要的营销手段。在早期有关电子商务营销的文章中，经常会描写某个企业在网上发布商品供应信息，然后接到大量订单的故事，并将互联网的作用人为地加以夸大，给人造成只要上网就有滚滚财源的印象。

其实，即使那些故事是真实可信的，也都是在互联网上信息很不丰富的时代发生的传奇罢了，如果现在随意到网上发布一条产品供应信息，再也不会出现几年前的神奇效果了。可以说，在很大程度上，早期的"电子商务营销"更多地具有神话色彩，与电子商务营销的实际应用还有很远的一段距离。何况无论学术界还是企业界，大多数人对电子商务营销的概念还相当陌生，更不用说将电子商务营销应用于企业经营了。

在电子商务营销的传奇阶段，"电子商务营销"的基本特征为：概念和方法不明确，是否产生效果主要取决于偶然因素，多数企业对于互联网络几乎一无所知。

（二）中国电子商务营销的萌芽阶段（1997—2000）

根据中国互联网络信息中心（CNNIC）发布的《第一次中国互联网络发展状况调查统计报告（1997年10月）》的调查结果，到1997年10月底，我国上网人数为62万人，WWW站点数约1 500个。无论上网人数还是网站数量均微不足道，但发生于1997年前后的部分事件标志着中国电子商务营销进入萌芽阶段，如网络广告和E-mail营销在中国的诞生、电子商务的促进、网络服务如域名注册和搜索引擎的涌现等。到2000年年底，多种形式的电子商务营销被应用，电子商务营销呈现出快速发展的势头并且逐步走向实用的趋势。与我国电子商务营销密切相关的事件包括：

1. 网络广告和E-mail营销的诞生

发生于1997年的几个事件为电子商务营销从概念进入实用发挥了一定的启蒙作用，这也是国内早期电子商务营销的萌芽。这些事件包括：

1997年2月，专业IT资讯网站ChinaByte正式开通免费新闻邮件服务，到同年12月，新闻邮件订户数接近3万。

1997年3月，在ChinaByte网站（www.ChinaByte.com）上出现了第一个商业性网络广告（广告采用468×60像素的标准BANNER）。

1997年11月，国内首家专业的网络杂志发行商"索易"开始提供第一份免费网络杂志，到1998年12月，索易获得第一个邮件赞助商，这标志着我国专业E-mail营销服务的诞生。

2. 电子商务网站对电子商务营销的推动

1995年4月，第一家网上中文商业信息站点"中国黄页"（www.chinapages.com）开通，这是国内最早的企业信息发布平台，也让上网的企业了解了最基本的电子商务营销手段——发布供求信息，这种简易的电子商务营销方法直到现在仍然为许多企业所采用。在随后的几年中，不断出现各种专业的商贸信息网，既有各个行业的专业门户网站，也有综合性的商业信息供求平台。到 1999 年，以阿里巴巴为代表的一批 B2B 网站不仅让企业间电子商务的概念热火朝天，也为中小企业开展电子商务营销提供了广阔的空间。电子商务的另一个重要分支——网上零售（B2C、C2C）的发展也为电子商务营销概念的推广发挥了积极的推动作用。进入 1999 年之后，中国的电子商务开始迅速发展。以网上零售为例，其标志是诞生了以"8848"为代表的一批电子商务网站，风险投资大量投向 B2C 网站，媒体大量宣传为电子商务营销概念的传播发挥了一定的作用。

3. 企业网站建设从神话走向现实

在 1997 年前后，不仅网站建设是一项技术性非常强的工作，非一般企业计算机操作人员所能掌握，即使作为企业建立网站必不可少的域名注册也曾经是国内企业感到困难的事情，不仅费用昂贵而且注册非常麻烦，建立网站服务器的价格更是让一般企业难以承受，同时还存在着网络访问速度慢且接入通信费用高昂的问题。这些客观因素严重制约着电子商务营销从神话走入现实的步伐。一些企业尝试利用网络服务商提供的免费个人主页空间和免费电子邮箱作为电子商务营销的基本工具，开展电子商务营销的方法也无非是到一些免费信息发布平台和网络社区张贴商品信息。这种游击战方式的电子商务营销很难为企业带来实际的效果，也使得一些企业对早期的电子商务营销失去了兴趣。随着中国频道、新网、万网等一批域名注册和虚拟主机服务商的诞生及其销售服务体系的建立，企业建站的域名注册和空间租用问题变得简单了，因此，基于企业网站的电子商务营销才逐渐成为电子商务营销的基本策略。

4. 搜索引擎对电子商务营销的贡献

在 1998 年之前，一些电子商务营销从业人员和研究人员将电子商务营销主要理解为网址推广，其核心内容是将网站提交到搜索引擎上。当时的一些观点甚至认为，只要可以将网址登录到雅虎网站（www.yahoo.com）并保持排名比较靠前（根据雅虎网站所列目录的排名或者关键字搜索的结果），电子商务营销的任务就算基本完成了。如果可以排名在第一屏幕，甚至排在此屏幕的前五名，那么就意味着电子商务营销已经取得了成功。在当时网上信息还不是很丰富的情况下，雅虎作为第一门户网站，是大多数上网者查找信息的必用工具。企业如果能够在雅虎上占据一席之地，被用户发现的机会的确很大。这种主要依赖搜索引擎来进行网站推广的时代可称为传统电子商务营销阶段。

1997 年前后，除了中文雅虎之外，国内也出现了一批影响力比较大的中文搜索引擎，如搜狐、网易、常青藤、搜索客、北极星、若比邻等，都是这个时期诞生的，并且为企业利用搜索引擎开展电子商务营销提供了最初的试验园地。后来随着门户网站的崛起和搜索技术的迅猛发展，尤其是 2000 年 Google 中文网站的开通以及百度搜索引擎的出现，使得一些早期的搜索引擎在 2000 年之后开始日渐衰退甚至销声匿迹，但这些搜索引擎对电子商务营销的启蒙发挥了重要的作用。

5. 互联网泡沫破裂刺激电子商务营销的应用

到 2000 年年底，中国的电子商务营销应用已经具备了基本的外部环境，一些新的电子商务营销方法，如网络会员制营销等也开始在国内的网站出现，但总体来说，电子商务营销仍处于概念阶段。电子商务营销应用的戏剧性变化开始于 2000 年 4 月，这应该感谢互联网泡沫的破裂。在纳斯达克股票市场剧烈震荡之后，投资人逐渐对新兴的网络公司失去信心。在融资越来越艰难的情况下，"烧钱"的网络公司也不得不考虑盈利之道，从此走上了与传统企业相结合到服务传统企业的道路，各类电子商务营销服务商相继出现，这也在很大程度上促进了电子商务营销的应用。而且，包括网络公司在内的企业也开始注重电子商务营销了。而在此之前，多数网络公司，包括提供电子商务营销服务的网络公司并不重视电子商务营销，更多是采用广告、新闻、公关、免费服务等方式来吸引用户的注意力。

经过 2000 年互联网泡沫的破裂，人们对网络公司和电子商务营销的概念也多了一些理性的认识。比如，关于企业建网站和网络公司网站有什么区别，企业建网站是不是电子商务等问题，一些企业对这些曾经模糊的概念有了相对清醒的认识，因此企业网站建设已经成为进行电子商务营销的第一需求。从总体上来说，2000 年是电子商务营销开始走向实际应用的一个重要转折时期，为电子商务营销进入应用和发展阶段打下了一定的基础。

（三）中国电子商务营销的应用和发展阶段（2001—2003 年年底）

进入 2001 年之后，电子商务营销已不再是空洞的概念，而是进入了实质性的应用和发展时期，主要特征表现在五方面：电子商务营销服务市场初步形成、网站建设已成为企业电子商务营销的基础、网络广告形式和应用不断发展、搜索引擎营销向深层次发展、网上销售环境日趋完善。

1. 电子商务营销服务市场初步形成

尽管电子商务营销服务市场至今仍不完善，但 2001 年之后，以"企业上网"为主要业务的一批专业服务商开始快速发展，一些公司已经形成了在该领域的优势地位，这种状况也标志着国内的电子商务营销服务领域逐渐开始走向清晰化。域名注册、虚拟主机和企业网站建设已经比较成熟，成为电子商务营销服务（实际上是广义的电子商务营销服务）的基本业务内容。其他比较有代表性的电子商务营销服务包括大型门户网站的分类目录登录、专业搜索引擎的关键词广告和竞价排名、供求信息发布等，另外一些比较重要的领域，如专业 E-mail 营销、电子商务平台等也取得了明显的发展，并出现了一批具有较高知名度的规范的服务商。此外，以出售收集邮件地址的软件、贩卖用户邮件地址、发送垃圾邮件等为主要业务的"电子商务营销公司"也在悄然发展，成为影响电子商务营销服务健康发展的障碍。

2. 网站建设已成为企业电子商务营销的基础

根据中国互联网络信息中心的统计报告，2001 年、2002 年和 2003 年年底我国的 WWW 网站数量分别为 242 739 个、293 213 个和 473 900 个，其中绝大多数为企业网站。企业网站数量的快速增长，也反映了网站建设已经成为企业电子商务营销的基础。

3. 网络广告形式和应用不断发展

由于费用相对较高，网络广告目前主要还是为一些知名 IT 公司和大型企业所采用。美国网络广告市场经过一段超高速发展之后，随着互联网泡沫的破裂，自 2000 年后开始下滑，到 2003 年才开始缓慢回升。当时的一些知名咨询公司预计，到 2006 年广告市场才能恢复到 2000 年 81 亿美元的水平（实际情况是，2004 年之后美国网络广告再次进入高速成长期，到 2004 年年底的市场规模已经达到 96 亿美元）。而与此同时，国内网络广告市场虽然也受到网络经济滑坡的影响，但仍然保持一定的增长，更重要的是，网络广告市场的集中趋势更为明显。

2002 年以后，中国最大的两家网络广告媒体——"新浪"和"搜狐"均取得了令人瞩目的业绩。另外，从 2001 年开始，网络广告从表现形式、媒体技术等多方面开始发生变革，如广告规格尺寸不断加大，表现方式更加丰富多样，通过网络广告可以展示更多的信息等。

4. 搜索引擎营销向深层次发展

搜索引擎注册一直是网站推广的基本手段，甚至曾经一度被认为是电子商务营销的核心内容。搜索引擎营销之所以得以广泛应用，其中一个重要原因就是登录网站是免费的。但从 2001 年后半年开始，国内的主要搜索引擎服务收费商陆续开始了收费登录服务，登录搜狐分类目录首先开收费之先河，引领国内搜索引擎营销进入付费阶段。收费服务自然会影响部分网站登录的积极性，不过也为网站提供了更多专业服务,从功能上为电子商务营销提供了更为广阔的发展空间,从而提高了营销的效果。从目前的发展趋势来看,搜索引擎营销仍然是企业在网站建设之后最主要的推广手段之一,也成为电子商务营销专业服务的重要业务内容。

5. 网上销售环境日趋完善

建设和维护一个完善电子商务功能的网站并非易事,不仅投资大,还涉及网上支付、网络安全、商品配送等一系列复杂问题。随着一些网上商店平台的成功运营,网上销售产品不再那么复杂了,电子商务不再是网络公司和大型企业的特权,而逐渐成为中小企业销售产品的常规渠道。

(四)2004—2006 年的中国电子商务营销

2004 年之后的中国电子商务营销,目前还很难将其简单地归入哪个发展阶段,因为这个时期的电子商务营销表现出一系列新的特征,并且仍然处于持续快速发展之中。2004—2006 年的中国电子商务营销不仅体现在电子商务营销服务市场规模的扩大方面,同时也体现在企业电子商务营销的专业水平提高、企业对电子商务营销的认识程度和需求层次提升,以及更多的电子商务营销资源和电子商务营销方法不断出现等方面,不过与此同时也存在一些发展中的问题。

2004—2006 年中国电子商务营销发展的阶段特征可归纳如下:

(1)企业网站数量缓慢增长,网站建设专业水平有待提高。根据中国互联网络信息中心的统计,到 2005 年年底中国 WWW 网站数量为 69.4 万个,其中企业网站所占比例为 60.4%(419 176 个),与 2004 年年底的 406 022 个企业网站相比,年增长率仅 3.2%。与我国 2 000 万左右的企业相比,企业拥有独立网站的比例还比较低。从增长率方面来看,企业网站数量的增长不仅低于 WWW 网站总量的增长率(3.8%),而且明显低于域名数量、上网人口等指标的增长率。企业网站增长相对比较缓慢,反映了前几年企业网站建设发展速度较快,只重视数量而忽视质量的问题,因为网站专业水平等因素的制约,使得企业网站未能为企业带来明显的效益,从而影响了更多企业建设网站的积极性。

造成企业网站建设专业水平不高的主要因素之一在于,大部分企业的网站建设工作都依赖于电子商务营销服务商的专业水平,而各个电子商务营销服务商的水平差别很大,并且由于没有权威的专业性指导规范,不仅网站建设服务商为企业制作的网站没有可遵循的原则,而且各个服务商之间为争夺客户只能陷于低层次的价格竞争。其结果是,为了节省成本,使得企业建设的网站专业性得不到保证,或者因为服务商自身的水平不高,为企业建设的网站根本就没有实用价值。这种状况无论对于电子商务营销服务市场的进一步发展，还是对于企业的电子商务营销都是非常不利的。因此如何提高企业网站建设的专业水平，已经成为企业信息化进程中值得高度重视的问题。

（2）电子商务营销服务市场继续快速增长，新型电子商务营销服务不断出现。电子商务营销服务市场规模不断扩大的同时，电子商务营销服务产品类别也在不断增加。尽管其市场规模还比较小，但显示出较好的发展前景。其中值得关注的领域包括电子商务营销管理工具（例如，网站访问统计分析系统、实时在线服务工具等）、专业的电子商务营销顾问咨询服务、电子商务营销培训等。

（3）企业对电子商务营销的认识程度和需求层次提升。企业对电子商务营销的需求层次是一个难以量化的指标，不过通过一些事例分析可以发现，企业对电子商务营销的认识和需求产生了明显的转变。至少有两个信号表明企业的电子商务营销需求层次在不断提升：第一，企业更希望获得完整的网站推广整体方案而不仅仅是购买孤立的网站推广产品；第二，规范的网站优化思想获得越来越多的认可。

企业对网站推广综合解决方案的需求有明显增加的趋势。经过众多电子商务营销服务商几年的努力，国内电子商务营销服务市场逐渐走向成熟，尤其是搜索引擎推广相关的电子商务营销产品已经为越来越多的企业所了解。但随着企业对网站推广效果提升的进一步期望，购买分散的网站推广产品如分类目录登录，以及搜索引擎竞价广告等尽管目前仍然是网站推广服务市场的主流，但已经无法满足企业电子商务营销的需要，向企业提供网站推广的整体方案成为电子商务营销服务市场的发展趋势之一。这也就意味着众多电子商务营销服务商将面临如何从产品销售型的电子商务营销服务 1.0 时代向顾问型电子商务营销服务 2.0 时代的战略升级问题。

网站优化对企业电子商务营销的价值逐渐为企业所认识。网站优化已经成为电子商务营销经营策略的必然要求，如果在网站建设中没有体现出网站优化的基本思想，在电子商务营销水平普遍提高的电子商务营销环境中是很难获得竞争优势的。

（4）搜索引擎营销呈现专业化、产业化趋势。搜索引擎营销是目前电子商务营销中最具活力的领域，经过几年的发展，传统的登录免费搜索引擎等简单初级的推广手段已经不适应电子商务营销环境，搜索引擎服务提供商适时地推出诸如关键词竞价广告、内容关联广告等产品（如"百度"的主题推广和"搜狗"的搜索联盟等），进一步增加了搜索引擎营销的渠道，并且扩展了搜索引擎广告的投放空间。对于企业营销人员来说，也就意味着开展搜索引擎营销需要掌握的专业知识更加复杂，如对于网站优化设计、关键词策划、竞争状况分析、推广预算控制、用户转化率、搜索引擎营销效果的跟踪管理等，搜索引擎营销已经逐渐发展成为一门专业的电子商务营销知识体系。搜索引擎营销的专业性提高，也为专业的搜索引擎营销服务商提供了发展机会。搜索引擎优化公司和搜索引擎广告代理公司在 2005 年前后持续涌现，并在各自的领域发展出了一批有影响力的公司，搜索引擎营销的产业化趋势逐渐形成。不过，相比国外搜索引擎营销市场上的各种深度产品及服务，中国的搜索引擎营销的整体水平还处在较低层次。

（5）更多有价值的网络资源为企业电子商务营销提供了新的机会。随着互联网经济的再度火热，出现了越来越多的电子商务营销资源，其中包括可用的免费推广资源及电子商务营销管理服务，如免费网络分类广告、网上商店平台、免费网站流量统计系统等。

电子商务营销资源的增加不仅表现在免费资源的数量方面，同时也表现在电子商务营销资源可以产生的实际价值方面。例如，现有领先的 B2B 电子商务平台通过与搜索引擎营销策略相整合，为潜在用户获取 B2B 网站中的商业信息提供了更多的机会，从而提高了 B2B 电子商务平台对企业电子商务营销的商业价值，也使得 B2B 电子商务打破了原有的只有付费会员登录才能获取商业信息的局面。在这方面，"阿里巴巴""慧聪"等行业领先者已经取得了突破性进展。这些更有价值的网络推广资源扩展了电子商务营销信息传递渠道，增加了中小企业电子商务营销的成功机会。

（6）电子商务营销服务市场直销与代理渠道模式并存。电子商务营销服务市场目前主要的产品和服务包括以域名注册、网站建设、企业邮局等为代表的基础电子商务营销服务，以及竞价广告、网络实名 / 通用网址、B2B 电子商务平台等网络推广产品。目前国内电子商务营销服务市场直销与代理渠道并存，部分基础电子商务营销服务已经形成了完善的电子商务模式，但传统代理渠道在网络推广产品市场仍是主流。

基础电子商务营销服务全面实现电子商务化。在电子商务营销服务领域，值得特别肯定的是提供域名注册、虚拟主机、企业邮局等产品在内的基础电子商务营销服务商。这些服务商并不完全依赖传统的代理销售渠道，而是走代理商和网上直接销售相结合的道路，并且整个业务流程的电子商务化日益完善，从域名注册、域名解析，到虚拟主机和企业邮局等产品的在线购买、在线支付等环节，都可以非常方便地实现用户自由购买、自助管理。这些基础电子商务营销服务商已经率先成为国内最先进的电子商务企业。这不仅代表着我国电子商务营销服务已经达到一个崭新的高度，也预示着电子商务营销服务的电子商务化是完全可以实现的，代表了先进的电子商务营销产品销售模式。基础电子商务营销服务商成功地全面实现了电子商务化，也为电子商务营销其他领域的服务商做出了表率。这些服务商的成功经验表明，在线直接销售并未影响代理渠道的销售，因为用户的需求和购买方式毕竟是不同的，一些互联网应用水平较高的用户更看重在线购买的便捷性。

不过，到目前为止，传统代理渠道仍然主导网络推广产品市场。国内电子商务营销服务市场的快速发展，很大程度上归功于遍布全国各地的近万家不同规模的电子商务营销服务企业，这些企业为网络推广产品提供商如"百度""雅虎""万网"等形成了一个巨大的产品代理渠道网络。搜索引擎竞价排名、关键词广告、网络实名/通用网址、网络广告、域名注册、虚拟主机、企业邮箱等服务商均采用传统的代理渠道开拓市场。Google 从 2005 年 8 月开始正式陆续授权国内代理商，表明在欧美等发达地区最成功的在线直销模式的搜索引擎——Google 正式进入中国之后也要采用渠道代理模式。现在这种渠道销售模式几乎为所有电子商务营销产品提供商所采纳。尽管这种模式存在很多弊端，并且不一定适用于所有产品，但渠道代理至今仍然主导电子商务营销服务尤其是网络推广产品市场。

（7）新型电子商务营销概念和方法受到关注。随着 Web 2.0 思想逐渐被认识，随之出现了一些新的电子商务营销概念，如博客营销、RSS 营销等，这些新型电子商务营销方法正逐步为企业所采用。自从 2002 年"博客"（BLOG）的概念在国内出现以来，它已经成为互联网上非常热门的词汇之一。国内不仅出现了一批有影响力的中文博客网站，而且利用博客来开展电子商务营销的实践尝试早已开始，部分博客网站开始提供企业博客服务，为企业电子商务营销增加了新的模式和新的机会，因而博客在电子商务营销中的应用也成为令人关注的研究领域。

（五）中国电子商务营销面临的主要问题

根据中国互联网络信息中心的统计，到 2006 年 6 月底，国内已经建立了各种网站将近 78.8 万个，而且新的网站每天还在不断诞生，其中企业网站超过 60%。在电子商务营销应用方面同样获得了很大发展，电子商务营销已经成为企业营销策略的重要组成部分。从电子商务营销教学领域来看，国内有数百所大学设立了电子商务专业，其中电子商务营销是一门重要的专业基础课，由此可见其在电子商务中的重要地位。同时也有管理学、经济学等专业的学生选修电子商务营销课程，如果加上各类职业学校和培训班，每年参加电子商务营销的学习者超过 10 万人。

因此可以说，2002 年之后中国的电子商务营销进入了一个持续快速发展时期。但是，如果对企业电子商务营销的实际应用效果以及电子商务营销教学水平等方面进行深入研究，不难发现，中国的电子商务营销总体来说仍然处于非常低级的水平，并且现状并不乐观，还有太多的问题需要研究和探索。目前，中国电子商务营销的问题主要表现在四方面：电子商务营销理论研究薄弱、企业电子商务营销效果不明显、电子商务营销专业服务水平较低，并且电子商务营销环境不规范造成的影响比较明显。

1. 中国电子商务营销理论研究的问题

从电子商务营销理论方面来看，目前国外的电子商务营销理论研究也还不够系统，国内的研究更是比较欠缺。从现有的学术期刊、商业杂志、著作等出版物以及网络媒体中，电子商务营销相关的话题虽然不少，不过真正对电子商务营销进行系统的理论研究，或者在某些方面有独到研究的内容非常少见，并且往往脱离电子商务营销的实践应用。造成这种现状是因为作者的知识结构和实践经验的影响，编写电子商务营销教材的作者中有多种专业背景，如管理信息系统、市场营销学、管理学、经济学、计算机类等，真正对电子商务营销有系统研究并且有实践经验者较少，这在一定程度上影响了电子商务营销研究和教学与实践应用的结合。

一方面是理论研究不能及时应用于实践；另一方面，一些新出现的电子商务营销实践不能被提升到理论的高度，表现为某些方面的理论又远远落后于实践。电子商务营销理论与实践就处于这种矛盾之中，这种状况制约着电子商务营销的理论研究和实际应用水平的提高。因此，充分认识电子商务营销现阶段所面临的问题对于理论研究与实践应用均具有重要意义。

2. 企业电子商务营销效果不明显

从企业应用方面来看，尽管现在很少人会认为电子商务营销没有用，但是，在很多企业中电子商务营销并没有发挥多大作用却是不争的事实。前面列举的数字所反映出的 2006 年企业网站数量增长缓慢就是一个信号。由于缺乏系统的电子商务营销理论做指导，使得电子商务营销在实践中有一定的盲目性，这也是电子商务营销使用效果不够明显的重要原因之一。

当然这并不表明电子商务营销本身存在错误，主要原因表现在三方面：第一，国内电子商务营销应用环境还不够完善；第二，由于已经形成的电子商务营销理论尚未对实践发挥应有的指导作用，企业营销人员对电子商务营销的规律和方法还缺乏足够的了解，因此在应用中没有发挥出电子商务营销的真正价值；第三，电子商务营销进入细节制胜的阶段，电子商务营销的专业性需要通过在每个细节上得到体现，每一个网页设计、每一封邮件内容、每一个关键词的选择都可能对电子商务营销效果产生直接影响，大量细节问题的积累导致电子商务营销的价值没有被充分体现出来，其背后的根本原因在于缺乏真正专业的电子商务营销人才。

3. 电子商务营销专业服务水平有待提升

企业电子商务营销人员获取有关知识的渠道比较少，通常只是片面的、不系统的，有些网上转载的文章可能是不负责任的空谈，有些可能是过时的、不合规范的，或者介绍的是并不适合企业采用的方法，因此对电子商务营销应用也产生了一定的误导。电子商务营销专业服务水平对企业电子商务营销的整体应用水平的发挥起着至关重要的作用，因此，企业电子商务营销水平的整体提高，有赖于电子商务营销服务商专业水平的提升。这个过程可能会比较缓慢。目前国内的电子商务营销服务主要集中于网站建设与网站推广的相关方面，尤其是分类目录登录、搜索引擎广告等，这些电子商务营销手段是电子商务营销服务的最基本内容，而且可能是不深入、不系统的。尽管国内也出现了一些深层次的电子商务营销服务，如市场研究、网络顾问咨询等，但其服务的对象往往只是大型企业和电子商务营销水平已经比较高的电子商务类网站，大多数中小企业还无法获得深度的专业顾问服务。

4. 电子商务营销环境不规范的现象仍然比较突出

尽管上网人数、网络带宽以及人们对电子商务营销的认识等环境因素在不断改善，同时新的电子商务营销产品和服务也在不断出现，但是电子商务营销环境不规范的现象仍然比较突出，比如，垃圾邮件问题、网站建设服务规范问题、搜索引擎营销中的法律问题（如越来越多的点击欺诈纠纷）等。在电子商务营销环境不够规范的情况下，再加上企业自身的电子商务营销专业知识有限，结果必将加大企业的电子商务营销学习成本，不可避免地影响电子商务营销的发展。

总之，现阶段中国电子商务营销的核心问题就是利用专业的电子商务营销知识提高企业电子商务营销的应用水平，其中既包括电子商务营销理论体系的研究，也包括对电子商务营销实践经验的总结，同时还需要电子商务营销宏观环境的进一步规范。这是一个相当艰巨的任务。

第二节　市场营销基础知识概述

一、市场营销的概念

（一）市场的概念

①市场是商品交换的场所，亦即买主和卖主发生交易的地点或地区。这是从空间形式来考察市场的，市场是个地理概念，也就是人们通常所说的"狭义市场"。

②市场是指某种或某类商品需求的总和。

③市场是买主、卖主力量的集合，是商品供求双方的力量相互作用的总和。以上两种理解是从供求关系的角度提出来的。

④市场是指商品流通领域交换关系的总和，这是从交换关系的角度提出的一个"广义市场"的概念。

⑤市场是一个发展的概念。现代市场营销观点认为，现代市场已超出了时空和地域的概念，由传统的交换场所演变为某种营销行为。从经营者的角度看，"市场是具有现实需求和潜在需求的消费者群"；从消费者的角度看，"市场是经营者为满足消费需求所提供的一切营销行为的总和"。

（二）市场营销的基本概念

营销有两层含义：一是指企业如何依据消费者需求，生产适销对路的产品，扩大市场销售所进行的一整套经营活动；二是指一门研究营销活动、营销规律的学科。

市场营销可定义如下：市场营销是企业以消费者需求为出发点，有计划地组织各项经营活动，为消费者提供满意的商品或服务而实现企业目标的过程。市场营销不仅是研究流通环节的经营活动，还包括产品进入流通市场前的活动，如市场调研、市场机会分析、市场细分、目标市场选择、产品定位等一系列活动，还包括产品退出流通市场后的许多营销活动，如产品使用状况追踪、售后服务、信息反馈等一系列活动。可见，市场营销活动涉及生产、分配、交换、消费全过程。

（三）与市场营销相关的概念

有些概念是与市场营销紧密相关的，了解这些概念，对于学好市场营销是十分必要的。

企业——以盈利为目的而参与市场竞争的组织。它是从事生产或流通等经营活动，为社会提供商品或劳务，从而获取利润的独立核算，自负盈亏的法人。

公司——英文原意为"合伙"。在西方国家包括个人合伙和企业合伙两种形式。营销学中的公司与企业区别不大，都是营销者。

营销者——所谓市场营销者，是指希望从别人那里取得资源并愿意以某种有价之物作为交换的人。换言之，主要指营利性的企业、公司或个人。

用户、客户、顾客与消费者——用户、客户、顾客与消费者是指对某种商品或劳务占有，使用并从中受益的团体或个人，都是营销者的营销对象。因为他们对商品的使用和接受形式不同，所以使用时要注意区别开来。

需要——是指没有得到某些满足的感受状态。如人们需要食品、空气、衣服等以求生存，人们还需要娱乐、教育和文化生活。

欲望——是指想得到某种东西或想达到某种目的的要求。如当一个美国人需要食品时，欲望是想得到一个汉堡包、一块法国烤肉和一杯可口可乐；而在我国，人们需要食品时，欲望是想得到馒头、米饭和炒菜。

需求——是指对于有购买能力并且愿意购买某个具体产品的欲望。如许多人都想拥有一辆奔驰轿车，但只有少数人能够并且愿意购买，也就是说，只有少数人有购买奔驰车的需求。

区分需要、欲望和需求的意义在于：第一，人类的需要在一定层次上是有限的，但其欲望却很多。当具有购买能力时，欲望才能转化成需求。第二，市场营销者并不创造需要，需要早就存在于市场营销之前。第三，市场营销活动可以影响人们的欲望，因而在某种程度上可以引导并创造需求。

（四）交换和交易

交换——是指通过提供某种东西作为回报，从别人那里取得所需物品的行为。交换的发生必须具备三个条件，即每一方都能沟通信息和传送物品，每一方都可以自由接受或拒绝对方的物品，每一方都认为双方交换是适当的或称心如意的。

交易——是交换活动的一种形式，而且是基本形式，是由双方之间的价值交换所构成的行为。一次交易包括三个实质性内容：两个及以上有价值的实物，交易双方所同意的条件，能为双方所接受的时间和地点。

二、市场营销的功能与发展过程

（一）市场营销的主要功能

生产过程与消费过程是两个独立的，但又统一的社会经济活动过程。它们之间存在着很多不协调的因素，主要表现在：时间上分离，空间上存在着距离，产品的品种、花色、规格、型号及质量上有矛盾，数量上的供求不衔接，价格上的分歧，商品所有权的矛盾，信息上的脱节，等等。这些因素的协调依靠生产过程是无法解决的。市场营销的中心任务，就是通过交换活动努力协调生产与消费的关系，使商品的供求相互适应，以促进企业的发展和社会的发展。

市场营销的这种协调，是通过执行其功能反映出来的。市场营销的功能可概括为三方面：

1. 交换功能

交换功能包含购买和销售两方面的含义。消费者的购买活动包括购买什么、向谁购买、何时购买和在什么地方购买的决策；企业的销售功能包括寻找目标市场、开展销售促进、提供何种售后服务等决策。交换功能是市场营销的基本功能，其核心是价格的确定。

2. 物流功能

物流功能主要包括商品的运输和储存。运输是通过实现产品在空间上的位移，解决生产与消费在空间上的不协调；储存是通过保护商品的使用价值，解决生产与消费在时间上的不协调。

3. 便利功能

便利功能是指便利交换、便利物流、促进交换和物流顺利进行的功能，包括资金融通、风险承担、信息沟通、产品标准化和分级等方面。

充分发挥市场营销的功能，不仅能满足用户和消费者多侧面、多层次的需要，而且可以提供企业整体的和长远的经济效益。这一宗旨体现在市场营销的产生和发展过程中。

（二）市场营销的产生与发展

市场营销学是人类社会长期的市场营销活动的实践总结，它的发展历史就是市场营销的发展历史。现代市场营销学的产生与发展，大致经历了以下阶段：

1. 初步形成阶段

从 19 世纪末到 20 世纪 30 年代。当时，市场的主要现象是供不应求，企业经营的重点是如何提高产量和降低产品成本，泰罗以提高劳动效率为核心的"科学管理"适应了这一要求，成为企业活动的主旋律。但由于产量的迅速增长，部分商品的销路开始出现困难，一些有远见的企业家开始重视产品推销和刺激消费者的需求，并研究推销战术和广告艺术。理论界根据这一动向，也开始着手研究产品的销售问题。1912 年，哈佛大学的赫杰特齐教授在调查研究的基础上出版了第一本以分销和广告促销为主要内容的《市场营销学》教科书，它宣告了市场营销学作为独立学科的诞生。

2. 发展实践阶段

从 20 世纪 30 年代到第二次世界大战结束。市场营销学应用于社会实践，并得到了迅速的发展。由于经济危机，产品的销售更加困难，市场环境完全变成了"买方市场"，这时企业的主要任务是千方百计地将产品销售出去，市场专家们提出了"创造需求"的口号，企业家开始普遍重视市场营销的研究与应用。

3. 学科革命阶段

从第二次世界大战结束到 20 世纪 60 年代。随着科学技术的发展，生产效率大幅度提高，产品数量急剧增加，供过于求的矛盾更加激化，此时，传统的市场营销理论已不适应形势发展的要求。一场学科革命产生了，以美国学者为代表的市场营销理论界把"潜在需求"引入了市场概念，提出了企业经营是以消费者需求为中心，而不是以市场为中心，市场不是生产的终点，而是生产的起点，市场营销活动首先从市场调查、了解消费者需求开始。这些根本性的观念变革，促进了市场营销往更深刻、更广泛的方面发展。

4. 现代市场营销阶段

20 世纪 60 年代以后，生产技术实现了现代化，市场营销也走上了综合发展的道路。60 年代，市场营销学与企业管理学相结合；70 年代以来，市场营销学与经济学、社会学、心理学、运筹学、统计学相结合，初步实现了学科的现代化。

目前，趋于成熟的市场营销学又面临着新的挑战，网络经济的发展诞生了新理念——电子商务营销。

三、市场营销产品策略概述

（一）产品组合的有关概念

下面介绍与产品组合有关的几个概念。

产品线——产品线又称产品系列或产品类，是指具有同类功能，满足消费者同类需要的关系密切的一种产品。

产品项目——产品项目是指某个产品系列中的某一规格、档次、款式的产品。

产品组合——产品组合是指一个企业生产、经营的全部产品线和产品项目的组合方式。

产品组合的测量尺度——产品组合通常需要对它进行测量，以掌握其特征。产品组合的测量尺度有：

1. 产品组合的关联度

产品组合的关联度是指一个企业的各个产品系列在生产条件、分销渠道及使用等方面的相关程度。

2. 产品组合的宽度

产品组合的宽度是指一个企业生产或经营产品系列的多少，也称产品广度。产品系列多，就称为产品组合宽；反之就称为产品组合窄。企业增加产品组合宽度，实行多元化经营，能扩大经营范围，壮大企业声势，使企业资源得到充分利用，有利于提高经济效益和减少风险。

3. 产品组合的长度

产品组合的长度是指每个产品组合中产品项目的总和，即所有产品线中的产品项目相加之和。增加产品长度可以更多地满足消费者的不同需求，吸引更多的消费者，提高竞争力。但同时由于品种规格增多，会给组织生产增加难度，从而导致生产成本升高，有的产品也会给服务带来麻烦。

（二）产品组合策略

为了增强企业的竞争能力，提高盈利水平，必须研究产品组合策略，主要有扩大产品组合策略和缩小产品组合策略两种。

1. 扩大产品组合策略

扩大产品组合策略即扩大产品组合宽度和深度的策略。增加产品组合宽度属于战略性决策，企业一定要高瞻远瞩。除了要考虑前面提到的三个问题外，还要清楚新的产品系列的市场供应量和需求量，只有在市场需求量增加时，才能扩大产品组合宽度。此外，扩大产品组合宽度应以科技做先导，新的产品应有较高的科技含量，这样才能使企业更好地生存和发展。扩大产品组合深度属于一种战术决策，其主要目的是突出企业特色，抑制竞争者，增加销售量。但在现代社会分工越来越细的情况下，每一个企业都不大可能满足各种消费者的所有需求。

扩大产品组合策略（又称品牌延伸策略），主要有三种类型：

（1）向下扩展。向下扩展又称产品低档化，是指企业一直生产高档产品，现在决定也生产中档或低档产品。采用向下扩展一般是由于高档产品的需求不断减少，因此企业不得不将其产品组合向下扩展；或者由于高档产品市场竞争逐渐激烈，开发中、低档产品以进入新的市场，增加销售收入；另外利用生产高档产品的良好声誉，招揽收入水平较低的顾客，扩大市场占有率。

（2）向上扩展。向上扩展又称品牌高档化，是指一直生产低档产品的企业，现在决定生产高、中档产品。采用向上扩展一般是由于高档产品有需求，或者高档产品的利润率高；另外企业想增加产品组合深度。

（3）双向扩展。这是指一直生产中档产品的企业，现在决定同时生产高档和低档产品。如果扩展成功，企业能得到更快的发展。但由于要面对两个战场，所以难度和风险都更大一些。

2. 缩小产品组合策略

经济形势是周期性变化的，企业的产品组合也应顺应形势的变化，有时需要采用缩小产品组合策略。

（三）商标策略

商标是商品的标志，在市场经济条件下，任何一种商品可能都有或多或少的企业在进行生产，但各企业生产的同类产品在质量以及其他方面会存在差别。为了区别不同企业所生产的同类产品，以及表示不同企业产品的独特性质，就需要在产品上加上标志，供消费者识别，于是商标便成为产品的重要组成部分。

商标是指按法定程序向商标注册机构提出申请，经商标注册机构审查，予以批准，并授予商标专用权的品牌或品牌的一部分。商标与品牌之间既有联系，又有区别，通常一种品牌只有图案化以后，才能按照商标法进行登记注册，成为注册商标，才能受到法律保护。严格来说，商标是一个法律名词，而品牌是一种商业称谓。两者是从不同角度来说明同一事物，因此二者常被混淆。

商标的使用是商标策略的中心内容，可供选择的商标策略主要有：

1. 统一商标策略

企业对其所有产品都使用同一商标。

使用统一商标策略可以壮大企业声势；有利于新产品尽快进入市场，减少促销费用；节省商标设计费用。但使用这种策略要冒较大风险，企业市场上的某一产品一旦出了问题，就会波及其他产品，影响销售。

2. 使用多种商标策略

当企业经营的各种产品之间存在较大差别，目标市场也不相同时，企业对各种产品采用不同的商标。采用这种策略可以减少风险，不至于因某一种产品失败而对企业造成过大影响。但使用多种商标会增大商标设计，申报注册费用，也会增加营销工作难度。

3. 多种统一商标

对各类产品分别采用不同的商标，但对同一类产品内的各产品项目使用统一商标。采用这种策略能避免各类产品的混淆，兼具统一商标和多种商标策略的优点。

（四）产品生命周期策略

市场营销学把产品从进入市场开始，直至最终退出市场所经历的全部时间称为产品生命周期。

1. 导入期的营销策略

根据导入期的特点，该阶段企业应采取相应的策略以促使产品尽快进入成长期。具体策略如下：①快速撇脂策略。快速撇脂策略是以高价和大量的促销支出推出新产品，以期尽快收回投资。②缓慢撇脂策略。缓慢撇脂策略是以高价和少量的促销支出推出新产品，目的是以尽可能低的费用开支取得最大限度的收益。③快速渗透策略。快速渗透策略是以低价和大量的促销支出推出新产品，以争取迅速占领市场，然后再随着销量和产量的扩大，使产品成本降低，取得规模效益。④缓慢渗透策略。缓慢渗透策略是以低价和少量促销支出推出新产品。低价可扩大销售，少量促销支出可降低营销成本，增加利润。

2. 成长期的营销策略

新产品经受住了市场的严峻考验，就进入了成长阶段。这一阶段企业应尽可能维持销售的增长速度，同时将产品的品质作为主要目标。具体策略如下：改进产品品质、扩展新市场、加强企业与产品的地位和调整产品的售价。

3. 成熟期的营销策略

这一阶段的基本策略是突出一个"优"字。应避免消极的防御,而采取积极的进攻策略,突出建立和宣传产品的特定优势,以增加或稳定产品的销售。具体做法有:扩大市场、改进产品和改进营销组合。

4. 衰退期的营销策略

在衰退阶段,企业的策略应建立在"转"的基础上。产品的衰退是不可避免的,此时,企业一方面应积极地开发新产品,有计划地使新、老产品的衔接圆满化;另一方面,针对市场形势,既保持适当的生产量以维护一部分市场占有率,又要做好从市场上撤退的准备。这时,企业应逐渐减少营销费用,如把广告宣传、销售促进等费用都降到最低水平,以尽量使利润不致跌得太厉害。

四、价格策略

(一)定价方法

根据影响价格的三个主要因素:成本、需求和竞争。营销商在决定产品价格时,可以采用以下三种定价方法:成本导向定价法、需求导向定价法和竞争导向定价法。

1. 成本导向定价法

成本导向定价法也称成本基准定价法,是在商品、服务和间接成本之上加上某一金额或百分比作为价格。这类方法不一定要去考虑供给和需求,也不一定能实现定价目标,但简单易行是其优点。

2. 需求导向定价法

需求导向定价法也称需求基准定价法,所考虑的是需求强度,而非成本水平,是一种外向型的定价法。当市场需求强时,定价就高;市场需求弱时,定价就低。

3. 竞争导向定价法

前述的成本导向定价法仅考虑成本因素,有其限制;而需求导向定价法仅考虑需求因素,只有在顾客需求较强或竞争者不多时方为可行。竞争导向定价法也称竞争基准定价法,则以竞争者的价格,而非成本或需求,作为其定价的主要考虑因素。竞争导向定价法主要有竞标法和追随领袖定价法两种。

(1)竞标法。有关重大工程、机器设备等的购置,往往采用公开招标的竞争方式。

(2)追随领袖定价法。在许多产业中,往往存在有一家或少数几家商家在定价方面居于领导地位。这种情况在寡头竞争的产业中尤其普遍,像汽车、钢铁、化肥等行业就常有这种情形。其他商家会密切注意产业中价格领袖的价格信息，并据以决定本身产品的价格。

（二）定价策略

企业根据不同的产品和市场情况，运用正确的定价策略和灵活的定价技巧，可以保证在竞争中处于有利地位。企业定价的策略和技巧归纳起来有以下几种类型。

（1）新产品定价策略。新产品定价策略主要有三种：①高价策略；②低价策略；③中间价策略。

（2）产品组合定价策略。产品组合定价策略的着眼点在于实现企业整个产品组合的利润最大化。产品组合定价主要有以下几种形式：

①产品系列定价。当企业一个产品系列中的各个产品项目之间在质量、性能、档次、款式、需求、成本等方面存在较强的内在关系时，为了充分发挥这种内在关联性的积极效应，便可以采用产品系列定价策略。

②选择品定价。许多企业在向市场提供主要产品的同时还会附带一些可供选择的产品。选择品的价格水平应在综合考虑多方面因素后加以确定。例如，有的饭店酒价很高，食品价格较低，饭店的着眼点在于通过食品收入弥补食品成本和饭店的其他成本，依靠酒类收入获取利润。

③补充产品定价。有些基本产品需要补充产品才能正常使用，如剃须刀架的补充产品是刀片，照相机的补充产品是胶卷，机械设备的补充产品是配件。补充产品定价的基本做法是：为基本产品制定较低的价格，为补充产品制定较高的价格，通过低价促进基本产品的销售，依靠补充产品的高价获取利润。需要注意的是，从顾客让渡价值的角度来说，企业为补充产品制定过高的价格是不适当的，从其他方面看也会产生一些问题。

④组合产品定价。企业经常以某一价格出售一组产品，如企业为购买者提供的化妆品、计算机、旅游方案等通常都包括一组产品项目。组合产品定价时，一组产品的价格应低于单独购买其中每一产品项目的费用总和，以便推动顾客购买。

（3）心理定价策略。心理定价就是针对消费者购买商品时的心理活动制定价格，这种定价方法较适用于零售商品的价格制定。

①尾数定价。尾数定价，就是在制定零售商品价格时取零不取整，以零头结尾，以便在消费者心理上造成便宜与实惠的感觉，以此促进产品销售。这种定价方法多适用于中、低档商品。

②整数定价。整数定价就是将零售商品的价格定为整数。由于市场上同种商品

品牌众多, 花色、式样等各不相同, 消费者往往将价格作为辨别商品质量的"指示器", 对那些高档名牌商品或消费者不太了解的商品来说更是如此, 采用整数定价可以促使消费者尽快地做出购买决定, 有利于促进商品销售。这种定价方法多适用于高档商品。

③分级定价。分级定价就是根据商品的档次、等级分别制定价格。企业采用这种定价方法, 可以使消费者觉得价格的差异是商品档次高低的标志, 从而可以消除选购商品时的犹豫心理; 有利于企业对不同档次的商品进行分类管理, 便于企业依照档次适时地调整价格。企业采用分级定价策略时应该注意档次的划分要适当, 商品档次既不要分得过细也不要过疏, 价格档次既不要差距过大也不要过小。

④声望定价。声望定价就是利用商店或商品在消费者中的良好声望, 利用消费者的权威尊重心理和求名心理, 制定较高的商品销售价格。这种定价方法特别适用于那些质量不易鉴别的商品。

⑤招徕定价。招徕定价就是企业有意识地将某些畅销商品的售价定得较低, 充分利用消费者的求廉心理吸引顾客购买。

⑥习惯定价。习惯定价就是根据消费者的需求习惯制定商品的销售价格。市场上, 有些商品价格长期稳定, 已经形成了一种被消费者普遍认可的习惯价格。企业不应轻易改变这类商品的价格, 以免引起不满失去老顾客, 企业可以通过产品质量、容量、包装、宣传等方面的改进来促进这种产品的销售。

（4）折扣策略。在市场竞争中, 企业往往用减价让利的方法来鼓励消费者尽早付清货款, 大量购买或在淡季购买。企业常用的折扣主要有以下几种:

①现金折扣。现金折扣也称为付款期折扣, 就是依照付款期的长短给予消费者打折减价优惠。企业采用这种定价方法, 一方面给购买者规定了一个较为宽裕的付款期限, 从而促使潜在购买行为的实现; 另一方面通过提前付款减价优惠, 可以鼓励购买者早日付款, 从而加速企业的资金周转。

②数量折扣。数量折扣, 就是企业依照购买商品数量的多少, 以打折形式给予消费者的减价优惠。一般来说, 购买商品数量越大给予的优惠折扣也就越大, 因而可以鼓励消费者大量购买或集中购买。

③功能折扣。功能折扣也称为交易折扣, 就是生产企业根据中间商在产品销售中所发挥的作用的大小, 而给予中间商的折扣减价优惠。功能折扣有两种基本形式: 一是生产企业先选定零售价格, 然后再依据中间商在促销中所起的作用确定折扣率; 二是生产企业先确定出厂价, 然后再按确定的折扣率和中间商销售的情况制定批发

价和零售价。

④季节性折扣。季节性折扣就是生产厂家为鼓励中间商在销售淡季或旺季来临时提前进货而给予的减价优惠。这种方法可以使厂家充分发挥生产能力，也可以使中间商在减价中获得利益。

第三节　电子商务营销的概念与特点

一、电子商务营销概念

从20世纪90年代以来，飞速发展的互联网促使网络技术应用呈指数化增长，全球范围内掀起应用互联网热，世界各大公司纷纷上网提供信息服务和拓展业务范围，积极改组企业内部结构和探索新的管理营销方法，抢搭这班世纪之车。21世纪是信息世纪，科技、经济和社会的发展正在迎接这个时代的到来。随着计算机网络的发展，信息社会的内涵有了进一步的改变，而这个时代也被称为信息网络年代。在信息网络年代，网络技术的发展和应用改变了信息的分配和接受方式，改变了人们生活、工作、学习、合作和交流的环境，企业也必须积极利用新技术变革企业经营理念、经营组织、经营方式和经营方法，搭上技术发展的快速便车，促使企业飞速发展。电子商务营销是适应网络技术发展与信息网络年代社会变革的新生事物，必将成为跨世纪的营销策略。

综合上述提法，我们根据电子商务发展特点和市场营销概念做出如下定义：电子商务营销是借助联机网络、计算机通信和数字交互式媒体来实现营销目标的一系列市场行为。

二、电子商务营销与电子商务

市场营销是个人和集体通过创造，提供出售，并同别人交换产品和价值，从而满足消费者需求和欲望的一种社会和管理过程。市场营销不仅是工商企业的商业经营活动，而且是广大社会组织和个人赖以生存和发展的一种普遍性活动和技能。市场营销包含几个要素：需要、欲望、需求、产品、价值、交换、交易、市场等。其核心要素是交换。企业的一切市场营销活动都与市场、商品交换有关，都是为了实现潜在交换，与其顾客达成交易。它包括商品交换、需求信息交换、买卖双方情感的交换等。交换是一个连续性的行为过程，交易是交换过程的一个环节，交换实质是一个价值创造过程，交换通常使双方变得比交换前更好，使双方实现增值。

电子商务（Electronic Commerce）是在互联网开放的网络环境下，基于浏览器/服务器应用方式，实现消费者的网上购物、商户之间的网上交易和在线电子支付的一种新型的商业运营模式。

电子商务是互联网爆炸式发展的直接产物，是网络技术应用的全新发展方向。互联网本身所具有的开放性、全球性、低成本、高效率的特点，也成为电子商务的内在特征，并使得电子商务大大超越了作为一种新的贸易形式所具有的价值，它不仅会改变企业本身的生产、经营、管理活动，而且将影响整个社会的经济运行与结构。

电子商务营销是市场营销与电子商务有机的结合。电子商务营销与电子商务既有密切的内在联系，也有不同之处。从某种意义上说，电子商务包含的内容更广，而电子商务营销侧重研究的是电子商务活动中相关主体各方交换产品和价值的过程中所发生的相互关系的过程。

三、电子商务营销的特点与优势

电子商务营销的发展是伴随信息技术的发展而发展的。目前信息技术的发展，特别是通信技术的发展，促使互联网络成为一个辐射面更广、交互性更强的新型媒体，它不再局限于传统的广播电视等媒体的单向性传播，还可以与媒体的接受者进行实时的交互式沟通和联系。电子商务营销的效益是网络使用人数的平方，随着入网用户的指数倍数增加，网络的效益也随之以更大的指数倍数增加。

因此，企业如何在如此潜力巨大的市场上开展电子商务营销、占领新兴市场对企业来说既是机遇又是挑战，因为网络市场的内容非常丰富。一方面，电子商务营销要针对新兴的网上虚拟市场，及时了解和把握网上虚拟市场的消费者特征和消费者行为模式的变化，为企业在网上虚拟市场进行营销活动提供可靠的数据分析和营销依据。另一方面，电子商务营销在网上开展营销活动来实现企业目标，而网络具有传统渠道和媒体所不具备的特点：信息交流自由、开放和平等，而且信息交流费用非常低廉，信息交流渠道既直接又高效，因此在网上开展营销活动，必须改变传统的营销手段和方式。

电子商务营销作为在互联网上进行的营销活动，它的基本营销目的和营销工具与传统营销是一致的，只不过在实施和操作过程中与传统方式有着很大区别。电子商务营销的本质是排除或减少障碍，通过网络引导商品或服务从生产者转移到消费者的过程。从商品供求的角度来看，这个过程包括商品或服务从设计创造到销售和消费实现的全过程；从营销系统的角度看，这个过程包括信息传递与沟通、商品与货币交换的全过程。在这个过程中，存在着种种时间或空间、意识或技术上的障碍。而开展市场营销，就可以在一定程度上排除这些障碍。

比如，企业进行充分的市场调查，就可以更好地了解市场需求，开发满足顾客要求的产品，设计有效的经营方案；还可以了解企业自己产品的市场现状和竞争对手的情况，不断改进经营管理，实现竞争优势，增加企业收益。再如，使用广告的手段，是为了使产品信息传达给必要的受众，以吸引消费者与使用者的注意力，推荐商品与服务，促成和引导交易实现。

电子商务营销的价值，就在于可以使从生产者到消费者的价值交换更便利、更充分、更有效率。它的独特之处是利用网络手段与技术，面向特殊的网络市场环境。这个特征已经深刻地影响了企业未来的生存方式。电子商务营销将成为现代营销的最基本形式。

网络强大的通信能力和电子商务系统便利的商品交易条件，改变了原有市场营销理论的基础。在网络环境下，时间和空间的概念、市场的性质和内涵、消费者的行为方式都在发生着深刻的变化。这是整个商品流通领域的变化。企业需要根据信息化社会的营销环境和技术特点来制定自己富于进取的营销战略。对于企业来说，这个环境充满机遇，因为在这个环境电子商务营销意味着挑战与机遇并存，真正的老手也不过就是几年的经验。网络环境的巨大变化使得一些所谓的经验成为创新的束缚。没有什么束缚的企业将以拓荒者的身份面对无穷的机遇。电子商务营销对于企业家来说，是充满挑战的市场变革和激动人心的商业新战场。

网络环境将成为企业经营的基本环境。这是一个巨大的转变，企业向网络发展不完全是为了建立企业优势，而是适应新环境。这一点可以史为鉴。例如，生产工具的自动化使大部分企业的工作效率提高了，在自动化成为普遍基本环境的情况下，它就不可能是少部分企业树立优势的条件，而是大部分企业谋求生存的基本条件。现在网络技术与网络环境的拓展速度是惊人的，这对企业无疑是一种挑战。

第二章　电子商务营销的策略

分析与策略制定

第一节　电子商务营销策略的分析

一、电子商务营销竞争优势

（一）成本费用控制

开展电子商务营销，能够给企业带来很大的竞争优势，其中最直接的竞争优势就是企业成本费用的控制。

电子商务营销通过新型的营销管理模式，利用互联网改造传统的企业营销管理组织结构与运作方法，并通过整合其他相关业务部门，如生产部门、采购部门，实现企业成本费用最大限度的控制。利用互联网开展电子商务营销可以从以下两方面实现对企业费用的控制：

1.降低营销及相关业务管理成本费用

通过建立开放的统一标准，互联网可以将不同类型的计算机连接在一起，使得电子商务营销企业可以实现最大限度的计算机资源和信息共享，同时还可以实现远程信息交流和沟通，这一切都是互联网技术发展和使用的结果。目前，许多企业已经将互联网应用到企业管理中来，并且取得了很大的经济效益。利用互联网降低管理中的交通、通信、人工、财务、办公室租金等成本费用，可最大限度地提高管理效益。许多在网上创办的企业也正是因为网上企业的管理成本比较低廉，才有可能独自创业和寻求发展机会。

第一，利用互联网可以降低交通和通信费用。互联网给企业带来的成本费用节省最主要的表现就是降低交通和通信费用。尤其对于一些业务涉及全球的公司，为了保证公司业务的顺利进行，公司的业务人员和管理人员必须与各地业务相关者保持密切联系，许多跨国公司的总裁有 1/3 的时间是在飞机上度过的，因为他们必须不停地在世界各地进行周游以了解业务进展情况。现在利用互联网则可以很好地解决这些问题，通过网上低廉的沟通工具如电子邮件、网上电话、网上会议等方式就可以进行沟通。

根据权威机构统计，互联网出现后可减少企业在传统交通和通信中费用的 30% 左右，这一比例还可以增加。对于小公司而言，互联网更是给它们安了一个"翅膀"，不出家门就可以将业务在网上任意拓展，如美国一个小女孩在 1995 年就在家里创办了一家网上花店，而且生意覆盖全美国，她所需要的只是一台上网的可以接受订单和提供产品信息的服务器，然后聘请几个小工负责按地址进行邮寄即可，后来她与美国联邦快递进行联网后，只需要将订单进行信息处理后转交给联邦快递，由他们将鲜花从花棚直接送到预订鲜花者的手中，这一切都是在网上完成，小女孩的生意现在非常红火。

第二，利用互联网可以降低人工费用。由于通过互联网，传统管理过程中许多由人处理的业务，现在都可以通过计算机和互联网自动完成。如美国的 Dell 公司，最开始的直销是通过电话和邮寄实行的。后来通过互联网进行直销，由用户通过互联网在计算机帮助下自动选择和下订单。这样带来的效益是非常明显的，不但用户在网上可以自由选择，Dell 也无须雇用大量的电话服务员来接受用户的电话订单，而且避免电话订单中许多无法明确的因素，大大提高了效率，同时降低了大量人工费用。因此，将互联网用于企业管理，不仅可以提高工作效率，还可利用它减少工作中不必要的人员，减少人为因素造成的损失。

第三，利用互联网可以降低企业财务费用。借助互联网实现企业管理的信息化、网络化，可以大大降低企业对一般员工、固定资产的投入和日常运转费用开支，企业可以节省大量资金和费用，因此企业财务费用需求大大减少。正因为利用互联网，可以用很少资金进行创业发展，因此可以说我们是处在一个英雄辈出的时代，只要你有很好的"点子"和少量的资金就可以开始创业发展。当然，到一定时候还是需要风险资金的介入帮助发展，但好的开始是成功的一半。

第四，利用互联网可以降低办公室租金。通过互联网商业企业可以实现无店铺经营，工业企业可以实现无厂房经营。如 Amazon 的网上书店就是典型例子，由于业务是通过网上来完成的，它无须在繁华地段租用昂贵的办公场所。目前，借助互联网许多企业都把办公室从城市繁华中心搬到安宁的郊区，既可以避免市区的拥挤交通，又可以在环境幽雅、费用低廉的环境下工作，真是一举两得。对于生产性企业，通过互联网可以将其产品发包给其他的企业生产，如美国康柏（Compaq）公司的电脑90%都不是它自己生产，而是将其发包给制造企业进行生产，Compaq公司提供技术、软件和品牌，然后将产品直接发给用户，因此，互联网可以实现全球性生产合作，"虚拟"生产不再"虚"了。

2. 降低销售成本费用

马克思曾经将销售描写成"惊险一跳"，可见企业销售活动对企业来说的重要性，所以许多企业不惜将巨额费用投入销售环节，同时也导致许多企业对销售成本不堪重负。销售成本主要有销售人员费用、运输费用、销售管理费用、广告等促销费用等。互联网的出现给企业带来了新的销售模式和管理方式，如网上直销（网上订货）和网上促销等新的销售模式大大降低了销售成本。

首先，利用网上直销企业可降低销售渠道费用。互联网的信息交换可以跨越时间和空间限制，能以低廉费用实现任何地点、任何时间的一对一交流。借助互联网进行直销，一方面可以将其服务市场拓展到全球，另一方面借助互联网用户可以自由访问企业站点，查询产品信息和直接进行订购。企业借助自动的网上订货系统，可以自如地组织生产和配送产品，同时提高销售效率，减少对销售人员的需求。根据分析统计，在未来三年内，信息类企业的产品销售的60%将通过网上订货完成。

其次，从事电子商务营销的企业，可以利用网上促销的高效性来降低促销费用。互联网作为第四类媒体，具有传统媒体无法具有的交互性和多媒体特性，网上促销可以实现实时传送声音、图像和文字信息，同时可以直接为信息发布方和接收方架设沟通的桥梁。如网上广告比同样效果的电视、报纸广告要便宜得多，而且可以将广告直接转换为交易，吸引消费者通过广告直接产生购买行为。

最后，可以降低销售管理费用。利用互联网进行网上直销，可以实现订货、结算和运货的明晰化管理，减少管理人员需求，提高销售管理效率。如Amazon的销售管理部门其实只是一些信息处理员，主要工作是进行产品信息目录维护。

（二）创造市场机会

与传统营销活动相比，电子商务营销没有时间和空间限制，它可以每周7天，每天24小时运行，它的触角可以延伸到世界每一个地方。因此，利用互联网从事市场营销活动可以远及过去靠人进行销售或者传统销售所不能达到的市场。例如，一个在大制造厂工作的塑料制品专家通过鼠标就可以浏览和选择网上的工业塑料供应商。一个只有少许销售队伍的小供货商也可以找到一个大买主，它所要做的只是将公司的业务放到网上。同样，一个小商贩不可能接触到遍布全国的家庭公司和小公司，但通过在网上设站点，营造一个为小公司服务的交易环境，就能在全国甚至全世界范围内找到有钱可赚的新市场。从上面许多电子商务营销经验中可以看出，电子商务营销可以为企业创造更多新的市场机会。

第一，利用网络企业可以突破时间限制。利用互联网可以实行 7/24（每周 7 天，每天 24 小时）营销模式，同时不需要增加额外的营销费用，因为利用互联网企业的顾客可以进行自助咨询、下订单和采购，无须人工干预，只需要利用计算机自动完成即可。如我国的网上商店 8848.net 网站也有类似功能，由于网上商店可以 24 小时不间断营业，许多消费者的订单是下班后在晚上利用家庭电脑上网下的，这些网上购物者的比例呈上升趋势。

第二，可以突破传统市场中的地理位置分割。利用互联网美国著名的网上书店Amazon.com 很轻松地将其市场拓展到世界任何一个地方。而全球第一大零售商沃尔玛（Wal-Mart）要想拓展全球市场，它就必须花费巨额资金选择店址、装修店面、建立网络，以及培训员工等准备工作，然后才可能正式营业，而且风险非常巨大，因为一旦市场开发不成功很难从市场中退出。但这对于网上商店来说都是不需要做的事情，需要做的是将产品信息搬上网站，顾客可以方便地在网上进行选择和订购就行了。

第三，吸引新顾客。作为新的营销渠道，互联网对企业传统的营销渠道是一个重要补充，它可以吸引那些在传统营销渠道中无法吸引的顾客到网上订购。由于网上订购比较方便快捷，而且不受时间和地理位置的限制，对那些在传统营销渠道中受到限制，但又很喜欢公司产品的顾客无疑可以增加很大吸引力。如从 Dell 公司站点购买计算机的 80% 的消费者和一半以上的小公司在以前从来没有购买过 Dell 公司的产品。根据调查，其中 1/4 的人认为，如果没有互联网站点，他们就不会有这样的消费行为。而且，这些在网上购物的消费者的平均消费价值量要高于一般的 Dell 客户的消费量。

第四，开拓新产品市场。利用电子商务营销企业可以与顾客进行交互式沟通，顾客可以根据自身需要对企业提出新的要求和服务需求，企业可以及时根据自身情况针对消费者需求开发新产品或提供新服务。如著名的网上书店 Amazon.com 根据顾客的需求，很快将网上商店的商品从书籍扩展到音像制品和玩具等新的产品。

第五，进一步细分市场。前面提到的几种机会都是拓展市场的宽度和广度，利用网络营销企业可以为顾客提供定制营销，最大限度地细分市场，满足市场中每一个顾客个性化需求。如 Dell 公司为最大限度地满足顾客的特殊需要，它允许顾客根据自己偏好自行选择电脑配件，组装自己满意的电脑，顾客只需要根据网站上提示选择电脑配置，然后确定后订单自动生成，顾客只需要付款而后等待送货上门即可。

（三）让顾客满意

在激烈的市场竞争中，没有比让顾客满意更重要的了。由于市场中顾客需求千差万别，而且顾客的情况又各不相同，因此要想采取有效的营销策略来满足每个顾客的需求比登天还难，互联网出现后改变了这种情况。利用互联网企业可以将企业中的产品介绍、技术支持和订货情况等信息都放到网上，顾客可以随时随地根据自己需要有选择性地了解有关信息，这样克服了在为顾客提供服务时的时间和空间限制。一般来说，利用互联网可以从下面几方面让顾客更加满意：

第一，提高顾客服务效率。利用互联网公布企业有关信息和技术支持等信息，顾客可以根据情况自行寻求帮助，这样企业的客户服务部门可以有更多时间处理复杂问题和管理客户关系，而且能有针对性地解决顾客提出的问题，增加顾客的满意程度。当然，企业在把长期积累的客户和产品方面的信息进行公开时必须进行控制，只有那些经过授权的才可以进入系统进行查询，否则可能侵犯客户的利益和损害企业的利益。随着电子信息技术的发展，一场超国界、跨行业的电子商务市场竞争将会来临。——电子货币将成为全球的主要支付手段，银行结算将成为替代酒店与客人之间的终极结算。——网络预订将成为全球酒店业主要经销的接待方式。网络宣传与电子商务营销逐步成为酒店业的竞争手段。——客人入住酒店的行、游、购、娱、食、宿可望"一卡通"，即住房卡将与机票、火车票、船票、参观游览门票总汇为一卡。

分期结算或一次性结算，极大方便客人。国际酒店集团和酒店联盟已在研讨网络化的运用，我国酒店业同行应密切注视这一动态，树立超前意识。

第二，为顾客提供满意的订单执行服务。对于一个客户来说，没有什么事情比不能确定订单是否已经到达更令人担心的了。经常给供应商一个电话导致一系列的电话查询，一个部门问另一个部门，然后再把电话打回客户。这种方式对买卖双方来说都是既费时又费钱的事。利用互联网客户可以自行查找订单的执行情况。如美国的配送公司联邦快递公司和联合快递，允许客户到公司的站点查询订单执行情况，客户只需要输入自己的号码，就可以查询货物现在到达的位置，以及何时到达目的地。根据调查，这种服务除了增加客户的满意度外，还节省了大量的客户服务费用。

第三，为顾客提供满意的售后服务。许多客户在购买产品后经常遇到许多技术上的问题和使用方面的难题，特别是对一些高新技术产品更是如此，因此售后服务就显得尤为重要。利用互联网将公司的一些产品信息资料和技术支持资料放到网上，允许客户自行在网站进行查找，寻求自我帮助，这样客户服务就只需要解决一些重要的问题。如 Dell 公司为改进售后服务，将公司的一些软件驱动程序和技术资料公布于其网站，客户的电脑如果需要升级或者出现什么故障时，客户首先可以从网站获取售后服务，如果再有问题才向客户部寻求帮助，这样既提高了公司对客户的反应速度，又减少了公司承担一些客户可以自行解决的售后服务问题。

第四，提供顾客满意的产品和服务。由于不同客户有不同需求，为满足客户需求的差异性要求企业能够及时了解客户的需求，并为客户的特定需求提供产品和服务。利用互联网，企业可以很容易知道客户的特定需求，然后根据客户的特定需求来生产，最大限度地满足顾客的需求，保持顾客的品牌忠诚度。如美国最大的牛仔服装生产企业 VF 公司允许消费者通过公司的网站定制自己满意的牛仔服，消费者只需要通过网站提供的辅助设计软件 CAD 系统根据自己的身材和爱好设计出自己满意的牛仔服式样，然后 VF 公司根据消费者的设计自动生产出消费者自行设计的满意产品。

（四）满足消费者个性需求

第一，电子商务营销是一种以消费者为导向，强调个性化的营销方式。消费者将拥有比过去更大的选择自由，他们可根据自己的个性特点和需求在全球范围内找寻满足品，不受地域限制。通过进入感兴趣的企业网址或虚拟商店，消费者可获取产品的更多的相关信息，使购物更显个性。这种个性化消费的发展将促使企业重新考虑其营销战略，以消费者的个性需求作为提供产品及服务的出发点。此外，随着计算机辅助设计、人工智能、遥感和遥控技术的进步，现代企业将具备以较低成本进行多品种小批量生产的能力，这一能力的增强为个性化营销奠定了基础。但是，要真正实现个性化营销还必须解决庞大的促销费用问题。电子商务营销的出现则为这一难题提供了可行的解决途径。企业的各种销售信息在网络上将以数字化的形式存在，可以极低成本发送并能随时根据需要进行修改，庞大的促销费用因而得以节省。企业也可以根据消费者反馈的信息和要求通过自动服务系统提供特别服务。

第二，电子商务营销具有极强的互动性，是实现全程管理的理性工具。传统的营销管理强调 4P（产品、价格、渠道和促销）组合，现代营销管理则追求 4C（顾客、成本、方便和沟通），然而无论哪一种观念都必须基于这样一个前提：企业必须实行全程营销，即必须在产品的设计阶段就开始充分考虑消费者的需求和意愿。然而，在实际操作中这一点往往难以做到，原因在于消费者与企业之间缺乏合适的沟通渠道或沟通成本过高。消费者一般只能针对现有产品提出建议或批评，对尚处于开发阶段的产品则难以涉足。此外，大多数的中小企业也缺乏足够的资本用于了解消费者的各种潜在需求，它们只能凭自身能力或参照市场领导者的策略进行产品开发。而在网络环境下，这一状况将有所改观。即使是中小企业也可通过电子布告栏和电子邮件等方式，以极低的成本在营销的全过程中对消费者进行实时的信息搜集，消费者则有机会对产品从设计到定价（对采用理解价值定价法的企业尤具意义）和服务等一系列问题发表意见。这种双向互动的沟通方式提高了消费者的参与性和积极性，更重要的是它能使企业的营销决策有的放矢，从根本上提高消费者满意度。

第三，电子商务营销能满足消费者对购物方便性的需求，提高消费者的购物效率。现代化的生活节奏已使消费者用于外出在商店购物的时间越来越少。在传统的购物方式中，从商品买卖过程来看，一般需要经过看样—选择商品—确定所需购买的商品—付款结算—包装商品—取货（或送货）等一系列过程。这个买卖过程大多数是在售货地点完成的，短则几分钟，长则数小时，再加上购买者为购买商品去购物场所的在途时间、购买后的返回时间，以及在购买地的逗留时间，无疑是大大延长了商品的买卖过程，使消费者为购买商品而必须在时间和精力上做出很大的付出。同时，拥挤的交通和日益扩大的店面更额外耗费了消费者的时间和精力。然而在现代社会，生活节奏的加快，使得人们越来越珍惜闲暇时间，越来越希望在闲暇时间内从事一些有益于身心的活动，并充分地享受生活。在这种情况下，人们用于外出购物的时间必然会越来越少。电子商务营销使购物的过程不再是一种负担，甚至有时还是一种休闲、一种娱乐。消费者可以在网上比较各种同类产品的性能价格比以后，做出购买决定。消费者也无须驱车到也许很远的商场去购物，省去许多麻烦。对在使用过程中发生的问题，买家可以随时与厂家联系，得到来自卖方及时的技术支持和服务。

第四，电子商务营销能满足价格重视型消费者的需求。电子商务营销能为企业节省巨额的促销和流通费用，使产品成本和价格的降低成为可能。而消费者则可在全球范围内寻找最优惠的价格，甚至可绕过中间商直接向生产者订货，因而能以更低廉的价格实现购买。

随着市场竞争的日益激烈化，为了在竞争中占优势，各企业都使出了浑身解数来想方设法地吸引顾客，很难说还有什么新颖独特的方法能出奇制胜。一些营销手段即使能在一段时间内吸引顾客，也不一定能使企业盈利增加。经营者迫切地去寻找变革，以尽可能地降低商品在从生产到销售的整个供应链上所耗费的成本和费用，缩短运作周期。而对于经营者求变的要求，电子商务营销可谓一举多得。开展电子商务营销，可以节约大量昂贵的店面租金，可以减少库存商品资金，可以使经营规模不受当地限制，可以便于采集客户信息，等等。这些都使得企业经营的成本和费用降低，运作周期变短，从根本上增强企业的竞争优势，增加盈利。网络市场上蕴藏着无限的商机，正如时代华纳集团旗下的新媒体公司科技与行政副总裁诺尔顿所言："虽然目前我们还不知道该怎样赚钱，但是必须现在就看好网络上的无限商机。"

二、电子商务营销竞争战略分析

电子商务营销作为一种竞争手段，具有很多竞争优势。要了解这些竞争优势如何给企业带来战略优势，以及如何选择竞争战略，就必须分析电子商务营销对组织的业务提供的策略机会和威胁。企业面临的一系列机会和外部威胁有：新的进入者、供应商、现有竞争者、消费者、替代产品或服务带来的问题，改变企业与其他竞争者之间的竞争对比力量。企业可以采取以下几个竞争战略提高竞争力：

（1）成本领先战略：成本领先战略就是要为顾客提供低成本产品或服务，降低与购买者和供应者之间的交易成本。

（2）差异战略：差异战略是提供与竞争者不同的产品和服务，定位于有差异的市场，保持竞争力。

（3）创新战略：创新是企业保持进攻型战略的基础，就是要开发新产品和服务，拓展新市场，建立新的商业联盟和分销网络等。

（4）目标聚集战略：采用前面的某一种战略优势占领某一细分市场。

就本质而言，以上各种战略中，差异战略和创新战略属于同一类型，创新战略也属于差异战略的一种。

电子商务营销作为一种竞争战略，可以在下述几方面加强企业在市场中的竞争优势：

（一）巩固公司现有竞争优势

市场经济要求公司的发展必须是市场导向的，公司制定的策略、计划都是为满足市场需求服务的，这就要求公司对市场现在和未来的需求有较多信息和数据作为决策依据和基础，避免公司的营销决策过多依赖决策者的主观意愿，使公司丧失发展机会和处于竞争劣势。利用电子商务营销，公司可以对现在顾客的要求和潜在需求有较深了解，对公司的潜在顾客的需求也有一定了解，制定的营销策略和营销计划具有一定的针对性和科学性，便于实施和控制，顺利完成营销目标。如美国计算机销售公司戴尔（Dell）公司，通过网上直销与顾客进行交互，在为顾客提供产品和服务的同时，还建立自己的顾客和竞争对手的顾客的数据库。数据库中包含有顾客的购买能力、购买要求和购买习性等信息，根据这些信息戴尔公司将顾客分成四大类：摇摆型的大客户、转移型的大客户、交易型的中等客户以及忠诚型的小客户。公司通过对数据库的分析后针对不同类型公司制定销售策略，对于第一类型占公司收入50%的大客户，加强与顾客直接沟通，利用互联网络提供特定服务，并针对性地定期邮寄有关资料，争取失去的顾客并且赢得回头客；对于第二类型的占公司收入20%的用户，可以争取通过与他们加强沟通并增强销售部门力量，使其建立对公司和品牌的忠诚度；第三类型客户占总收入的20%，对其接触较少并且是易变的，对其采取传统的邮寄和电话营销以增强对公司的关系和联系；最后一种占收入的10%，因此只需采取偶尔邮寄的方式来加强忠诚度。公司在数据库的帮助下，营销策略具有很强的针对性，在营销费用减少的同时还提高了销售收入。

（二）加强与顾客的沟通

著名的80/20原则指出公司的80%的利润来自20%的重要顾客，主要是老顾客，公司与新顾客的交易费用是与老顾客交易的5倍，培养顾客的忠诚度是公司营销中的最大挑战。电子商务营销是以顾客为中心，其中，网络数据库中存储了大量现在消费者和潜在消费者的相关数据资料，公司可以根据顾客需求提供特定的产品和服务，具有很强的针对性和时效性，可极大满足顾客需求。同时借助网络数据库可以对目前销售的产品满意度和购买情况做分析调查，及时发现问题、解决问题，确保顾客的满意度，建立顾客的忠诚度。公司在改善顾客关系的同时，通过合理配置销售资源，可降低销售费用，增加公司收入。例如，对高价值的顾客可以配置高成本销售渠道，对低价值顾客用低成本渠道销售。网络数据库营销是现在流行的关系营销的坚实基础，因为关系营销就是建立顾客忠诚和品牌忠诚，确保一对一营销，满足顾客的特定需求和高质量的服务要求。顾客的理性和知识性，要求对产品的设计和生产进行参与，从而最大限度地满足自己的需求。通过互联网络和大型数据库，公司可以低廉成本为顾客提供个性化服务。例如，美国的通用汽车公司允许顾客在互联网上利用智能化的数据库和先进的CAD辅助设计软件，辅助顾客自行设计出自己需要的汽车，而且可以在短短几天内将顾客设计的汽车送到顾客家里。

（三）为入侵者设置障碍

虽然信息技术使用成本日渐下降，但设计和建立一个有效和完善的电子商务营销系统是一个长期的系统性工程，需要投入大量人力、物力和财力。因此，一旦某个公司已经实行了有效的电子商务营销，竞争者就很难进入公司的目标市场，因为竞争者要用相当多的成本建立一个类似的数据库，而且几乎是不可能的。从某种意义上说，电子商务营销系统是公司的难以模仿的核心竞争能力和可以获取收益的无形资产，这也正是技术力量非常雄厚的康柏公司没能建立起类似戴尔公司的网上直销系统的原因。建立完善的电子商务营销系统需要企业从组织、管理和生产上进行配合。

（四）提高新产品开发和服务能力

公司开展电子商务营销，可以从与顾客的交互过程中了解顾客需求，甚至由顾客直接提出需求，因此很容易确定顾客要求的特征、功能、应用、特点和收益。在许多工业品市场中，最成功的新产品开发往往是由那些与公司相联系的潜在顾客提出的，因此通过网络数据库营销更容易直接与顾客进行交互式沟通，更容易产生新产品概念，克服了传统市场调研中的滞后性、被动性、片面性，以及很难有效识别市场需求而且成本也高等缺陷。对于现有产品，通过电子商务营销容易获取顾客对产品的评价和意见，从而准确决定产品所需要的改进方面和换代产品的主要特征。目前，有很多大公司开始实行电子商务营销，数据库产品的开发研制和服务市场规模也越来越大。例如，上面提到的美国通用汽车公司在互联网上允许用户通过公司提供的辅助 CAD 软件设计自己所需要的汽车，公司根据客户要求设计生产，一方面满足顾客不同层次需求，另一方面公司同时获得了许多市场上对新产品需求的新概念。在服务方面，美国联邦快递公司通过互联网，让用户查询了解其邮寄物品的运送情况，让用户不出门就可以获取公司服务，公司因此省去了许多接待咨询的费用，从而一举两得。

（五）稳定与供应商的关系

供应商是向公司及其竞争者提供产品和服务的公司或个人。公司在选择供应商时，一方面考虑生产的需要，另一方面考虑时间上的需要，即计划供应量要依据市场需求，将满足要求的供应品在恰当时机送到指定地点进行生产，以最大限度地节约成本和控制质量。公司如果实行电子商务营销，就可以对市场销售进行预测，确定合理的计划供应量，确保满足公司的目标市场需求；另外，公司可以了解竞争者的供应量，制订合理的采购计划，在供应紧缺时能预先订购，确保竞争优势。如美国的大型零售商 Wal-Mart 公司，就是通过其电子商务营销系统根据零售店的销售情况，制定其商品补充和采购计划，通过网络将采购计划立即送给供应商，供应商必须适时送货到指定零售店；供应商既不能送货过早，因为公司实行零库存管理，没有仓库进行库存，同时也不能过晚，否则影响零售店的正常销售；在零售业竞争日益白热化的情况下，公司凭借其与供应商稳定协调的关系，使其库存成本降到最低；供应商也因公司销售额的稳定增长获益匪浅，因此都愿意与 Wal-Mart 公司建立稳定的紧密合作关系。

三、电子商务营销策略实施与控制

电子商务营销作为信息技术的产物，具有很强的竞争优势。但并不是每个公司都能进行电子商务营销，公司实施电子商务营销必须考虑到公司的业务需求和技术支持两方面。业务方面需考虑的有公司的目标，公司的规模，顾客的数量和购买频率，产品的类型，产品的周期及竞争地位等；技术方面需考虑的有公司是否能支持技术投资，决策时技术发展状况和应用情况等。互联网作为大众型的信息技术，它的使用发展非常迅猛，而电子商务营销技术作为专业性技术依赖于公司的技术力量。

电子商务营销策略的制定要经历三个阶段：

首先是确定目标优势，分析电子商务营销是否可以通过促使市场增长、改进实施策略的效率来增加收入，同时分析是否能通过改进目前营销策略和措施，降低营销成本；其次是分析计算电子商务营销的成本和收益，需要注意的是计算收益时要考虑战略性需要和未来收益。最后是综合评价电子商务营销策略，主要考虑以下三方面：

（1）成本效益问题，成本应小于预期收益；

（2）能带来新的市场机会；

（3）考虑公司的组织、文化和管理能否适应采取电子商务营销策略后的改变。

公司在决定采取电子商务营销策略后，要组织战略的规划和执行。电子商务营销不是一种简单的新营销方法，它是通过采取新技术来改造和改进目前营销渠道和方法，涉及公司的组织、文化和管理各方面。如果不进行有效规划和执行，该战略可能只是一种附加的营销方法，它不能体现出本公司战略的竞争优势，相反只会增加公司的营销成本和管理复杂性。

电子商务营销企业在确定了营销战略之后，还要对公司策略进行规划，策略规划分为下面几个阶段：

（1）目标规划：在确定使用该战略的同时，识别与之相联系的营销渠道和组织，提出改进目标和方法。

（2）技术规划：电子商务营销很重要的一点是要有强大的技术投入和支持，因此资金投入和系统购买安装，以及人员培训都应统筹安排。

（3）组织规划：实行数据库营销后，公司的组织需进行调整以配合该策略实施，如增加技术支持部门、数据采集处理部门，同时调整原有的推销部门等。

（4）管理规划：组织变化后必然要求管理的变化，公司的管理必须适应电子商务营销需要，如销售人员在销售产品的同时，还应记录顾客购买情况，个人推销应严格控制以减少费用等。

电子商务营销策略在规划执行后还应注意战略控制，以适应公司业务变化和技术发展变化的需要。电子商务营销策略的实施是一个系统工程，首先应加强对规划执行情况的评估，评估是否充分发挥该战略的竞争优势，评估是否有改进余地；其次要对执行规划时的问题及时识别和加以改进；最后对技术的评估和采用。目前的计算机技术发展迅速，成本不断降低的同时功能显著增强，如果不能跟上技术发展步伐，很容易丧失电子商务营销的时效性和竞争优势。采取新技术可能改变原有的组织和管理规划，因此对技术进行控制也是电子商务营销中的一个显著特点。

电子商务营销是有别于传统的市场营销的新的营销手段，它可以在控制成本费用方面、市场开拓方面和与顾客保持关系等方面有很大竞争优势。但电子商务营销的实施不是简单的某一个技术方面的问题、某一个网站的建设问题，它还涉及企业整个营销战略方面、营销部门管理和规划方面，以及营销策略制定和实施方面。

第二节　电子商务营销策略的制定

一、不同性质企业的电子商务营销策略制定

在确定了电子商务营销的战略地位和作用后，企业须根据自己所在行业的特点，以及所处的市场环境，选择合适的电子商务营销策略来实施企业电子商务营销策略，最终达到企业的电子商务营销目标。与传统营销一样，电子商务营销的策略主要是在整合传统 4P 基础上的 4C 策略。新 4P 策略的理论是建立在互联网特点上的四大电

子商务营销策略理论，根据这些理论来制定新的 4P 策略，实施企业营销目标。因此，从本质上看电子商务营销策略与传统营销策略的营销目标是一致的，只是面对的目标市场和消费者群体有所不同，因此针对网上虚拟市场所采取的电子商务营销策略必须进行相适应的调整。不同的企业由于自身特点和目标市场不同，在选择网络策略时也有很大差异。下面我们分类讨论不同性质的企业如何采用适合自己的电子商务营销策略。

（一）制造业

制造业作为工业经济时代的主要支柱产业，在网络时代到来时它所面对的更多的是一种挑战。制造业根据目标市场不同，可以分为工业组织市场和一般消费者市场。前者主要是一种生产资料市场，面对的主要是企业，如飞机、车床制造公司等；后者面对的是一般消费者，是电子商务营销的重点，是通过密切顾客关系，建立长期的合作伙伴性的协作关系，主要目标是借助互联网为顾客提供更多服务和产品信息，通过互联网降低双方交易费用，最大限度控制营销费用，增加双方价值。如波音公司有分散在世界各地的几百家甚至上千家零配件供应商，同时又把飞机卖给多家航空公司。过去航空公司需要零配件，就要先找到飞机制造商，飞机制造商再同几百甚至上千家零配件制造商联系，零配件制造商把所需零配件寄给飞机制造商，飞机制造商再寄给航空公司。为克服不必要的中转问题，波音公司建立了具有信息中介功能的电子商务营销站点和配套的管理信息系统，通过网站可以消除中间经过波音公司的不必要的联系环节。航空公司不需要通过飞机制造商而是通过网站了解各地零配件制造商的情况，直接同他们联系，找到自己需要的产品。

对于面对大众消费者市场的制造业企业，由于面对的消费者群体人数多而且差异性比较大，电子商务营销的出现更多的是机遇。企业利用电子商务营销可以拓展新的市场和采用更有效的营销策略。这类企业利用电子商务营销时主要有这样几种模式：

一是通过加强顾客服务，增强与顾客的关系，达到留住顾客和增加销售的目的。这种模式的重点是加强电子商务营销服务，建立顾客忠诚度。

二是通过提供有用信息来刺激消费者增加购买。这种方式主要要求企业的网络建设完成后必须及时更新产品信息，提供最新的产品动态，网上群体由于年轻人居多而且文化程度较高，因此提供最新信息和动态容易刺激这些领导型的消费者的消费欲望。

三是提供有效购买渠道，方便顾客购买。利用这种方式对于一些制造业来说，大大简化了销售渠道，利用网上直销可以减少渠道费用、管理费用和交易费用，同时可以将减少的费用以折扣形式让利给消费者，实现企业与消费者互利。

四是通过建立网上品牌形象来获取顾客忠诚度，获取更高利润。这种方式可以帮助企业在网上虚拟市场通过建立新的品牌形象来拓展新的市场，但值得注意的是传统优势品牌在互联网上并不一定是优势品牌，不一定能够吸引访问者对网站的关注。

五是通过建立交互渠道促进顾客参与企业营销活动，吸引顾客重复购买。目前许多企业的电子商务营销站点都建设有讨论区和反馈意见箱，消费者通过参与企业相关的虚拟社区来参与企业的营销活动，提升对企业的认同感。

上面介绍的几种电子商务营销模式中应用到的电子商务营销策略并不是相互排斥的，它们是可以被企业进行整合使用的。当然，同时采取多个电子商务营销策略可能引起资源配置冲突和管理上的冲突，但加强协调和管理上述电子商务营销模式是可以相互配合的。

（二）信息类企业

这类企业的产品和服务主要以信息方式表现出来，如媒体、软件、音乐等行业。这类企业的一个共同的特征是它们的产品和服务都可以通过互联网直接进行交换，无须通过传统配送网络来实现。互联网给信息类企业带来的既有挑战又有机遇。如传统音乐产品通过 CD 来销售比较容易控制和发行，现在则无须通过 CD，可直接在网上下载使用，这对传统音乐制作公司营销策略和管理带来很大的冲击。信息类企业由于突破了传统中的实物配送限制，因此营销的关键是建立品牌和吸引消费者对产品进行了解和关注，从而购买和使用产品。

目前，信息类企业可以采用的策略是上面介绍的所有策略，只不过针对的对象不一样。如加强服务，对于属于有形产品的制造业企业来说，提供很好的服务需要很强的售后服务队伍和提供上门服务条件；对于经营无形产品的信息类企业来说，加强服务主要是对产品的功能和使用进行培训和说明，主要是一种信息的传播，因此与有形产品的服务相比其形式简单得多，但服务内容的知识含量和技术要求则可能要高得多。

（三）服务行业

服务生产和消费的一体化的特性，使得服务性行业受到时间和空间的限制。互联网作为一种跨越时空限制的信息沟通渠道，给服务性行业带来的更多的是机遇。

服务行业可以通过电子商务营销实现远程服务，如银行业开通的网上银行服务可以为顾客提供全天候而且不用出门即可享受的服务。同时，服务业还可以通过电子商务营销加强对顾客的服务，减少顾客消费服务的不便。如北京医院开通了网上挂号服务，减少了病人看病时到医院无谓等待的消耗。目前，许多服务性行业如金融类的证券、银行、投资和保险等企业都开展网上服务，实施电子商务营销策略并且取得了巨大竞争优势。

（四）房地产业

网络逐渐渗入城镇居民的生活当中，对人们生活、阅读及工作习惯造成了深远的影响，如何将房地产开发项目市场营销策略与电子商务营销技术紧密结合以促进项目销售，对当前市场营销策划人员而言是挑战更是机遇。

1.房地产项目网络广告优缺点分析

商品住宅等房地产物业作为一种商品，使用年限很长，属于耐用品；而房地产物业的差异性很大，客户在购买时往往要做细致比较和筛选。因此，房地产广告具有理性诉求的特点，需要详细描述产品特性及与其他楼盘的差异，以吸引客户购买。从这方面分析，网络广告满足理性诉求广告要求，它能以固定的版面给受众详细介绍楼盘各方面特点，从而达到吸引客户购买的目的。

以北京为例，从现阶段商品住宅目标客户群分析，购房者除了一部分是小私营业主外，大部分购房者为有较高学历的各高校毕业留京人员。他们在校期间跟网络接触的机会较多，工作后多数保持了较频繁的上网习惯，这就为网络广告作为房地产项目广告载体提供了坚实基础。近期所做北京市城镇居民购房意向调查结果显示，在众多传播途径选择中，通过网络广告了解楼盘信息的被访者比例达到被访总数的15%。这个数字说明网络广告在房地产广告中已经占据了相当重要的位置。

当然，网络广告与传统广告形式相比仍有其自身缺点，因为它需要有计算机作为媒介；另外网络广告持续时间较短，其所起效果也要打一定折扣。

既然简单的网络平面广告效果有限，业界中出现了一些新的电子商务营销方式，比如，网上家庭装修三维浏览技术、浮动广告技术等。这些新技术的推出无疑改进了房地产网络广告形式及表现手法，使其更能达到吸引眼球的效果。

正是看到单纯的房地产网络广告存在着如上弊端，市场营销人员在将传统营销手段与网络技术进行融合的过程中，不能仅仅依靠网络广告形式，而需要将网络技术融入市场营销全过程中，这就是电子商务营销。

2. 目前房地产业电子商务营销存在的问题

目前，市场上通过网络对企业或开发项目进行营销广告的房地产公司越来越多，但所收到的效果因采取的营销策略及策略实施情况的不同而相差很大，存在的共性问题如下：

第一，企业自身的互联网营销技术还不能满足营销要求。虽然有些机构可以协助企业建立网址，设计网页，帮助策划企业上网等事宜，但这些机构帮助企业进行网上营销的出发点不同，如出于盈利、促销、爱好等目的，可能没有设身处地从企业角度对企业营销活动进行深入研究，并结合企业的整体经营战略提供全方位的技术支持。因此，能取得较好效果的案例不多。

第二，开展网上营销的目的不明确，缺少计划性。有些房地产企业或项目上网可能仅仅是赶时髦，存在一定盲目性。实际上，房地产项目在开展网上营销活动时，应明确企业建立网站的目标，做出完整计划，包括目的、市场调研、互联网服务情况、所需的资源、资金分配、预期效果等。

第三，企业对上网营销的费用估计不足。利用互联网开展营销活动的费用到底要多少，目前多数房地产企业仍没有一个准确的概念，潜意识里不愿花太多的钱，认为其可有可无，无足轻重。其实，由于互联网营销是建立在日新月异的互联网技术之上的，互联网技术发展会使企业在互联网上的投资逐步增加，而一个经常需要更新和维护的网站费用可能更高。只有不断更新，才能使企业网站在互联网上保持较高水准，否则网站缺乏吸引力，不能取得良好的营销效果。

第四，企业缺乏有效评估互联网营销活动的手段。企业应建立监控机制和相应工具，来评估电子商务营销计划的进展和成果。浏览人数不能简单作为可靠的评估指标，更有效的参考指标包括查询成交人数、网页登记人数等。企业必须注意用户对网址的反应，在必要时做出修改；不断调整网上营销策略是互联网营销成功的关键。

3. 房地产项目电子商务营销方式探讨

首先，通过门户网站、专业网站及自建网站在网上对开发项目进行宣传。

其次，可对客户进行项目产品的网上调研，接受意见反馈。

网上市场调研可以承担的主要工作包括市场分析、产品和服务研究、市场营销策略研究等。在互联网上房地产企业可以开展低成本、高效、范围广泛的市场研究，为正确预测市场需求、做出市场决策打下扎实的基础。

调研市场信息，从中发现消费者需求动向，从而为企业细分市场提供依据，是企业开展市场营销的重要内容。网络为企业开展网上市场调研提供了便利场所，一般企业开展网上市场调研活动有两种方式：

一是借助 ISP 网站进行调研。这对于市场名气不大、网站不太引人注意的企业是一种有效选择。企业制定调研内容及调研方式，比如，客户喜欢的户型、能承受的单价、对项目位置区域的认同度等，将以上调研的信息放入选定的网站，就可以实时获取调研数据及动态信息。这种方法的弊端是：由于这些网站内容繁多，企业市场调研对上网者的吸引力可能会降低；同时，上网者如果想与企业交流，必须重新链接进入企业网站，增加了上网者的操作复杂性。

二是企业在自己的网站进行市场调研。对知名企业而言，其网站浏览者多是一些对该企业产品感兴趣或与企业业务有一定关系的上网者，他们对企业有更多的了解，有可能提供更多更有效的信息；同时也为调研过程的及时双向交流提供便利。

最后，可通过商品房网上竞拍给项目造势，提升项目人气。

网上拍卖是时兴的房地产销售方式，其通过市场需求来确定物业价格，具有公平的特性；同时又能为开发企业赢得尽可能多的利润。此外，由于网上拍卖形式的新颖性，可聚集足够人气，更多地对项目进行宣传，从而在直接追求物业利润最大化基础上，间接达到广告促销的效果，可谓一举两得。

当然，在目前市场条件及网络水平下，网上拍卖技术还不是特别成熟，容易出现拍卖延迟、买卖不同步等问题；另外涉及网上拍卖交易的有关法律法规不是特别健全，它要求房地产公司在执行之前在多方权利义务关系上做好约定。

二、企业规模与电子商务营销策略制定

电子商务营销具有的虚拟特性，使得传统的以规模大小来划分强弱的标准过时。现在小企业也可以通过开展电子商务营销活动占领传统上只有大规模企业才可以进入的市场，因此不同规模的企业在制定电子商务营销策略时应结合企业特点来进行。对于中小型企业来说，开展电子商务营销对企业更多的是一种机遇，利用电子商务营销中小企业可以在虚拟市场开展营销活动，将企业目标市场拓展到以前在传统市场上无法企及的市场。

首先，中小企业由于规模较小，各方面资源都比较有限，因此在开拓目标市场时一般要受到企业规模和地理位置的限制，无法同时跨多个地区经营，更谈不上开拓国外市场；但通过电子商务营销企业可以在无约束的网上虚拟市场同大企业展开竞争，因为网上市场竞争的是产品质量和服务，至于地理位置和企业规模大小则不是主要因素。

其次，通过电子商务营销获取新的竞争优势。网上虚拟市场不同于传统市场，传统市场的优势力量在网上虚拟市场不再起作用，因此中小企业有机会在新的市场上利用全新电子商务营销策略占领市场，也可以迅速成为新的强大企业，如美国的 Amazon.com 网上商店利用网上虚拟市场空间迅速壮大，到最后连传统市场的巨头 Wal-Mart 也不敢小看它。

最后，通过电子商务营销加强企业的顾客服务，树立品牌形象。中小企业由于条件限制很难提供满意的顾客服务，利用电子商务营销企业可以突破时间和空间限制提供全天候服务，同时树立企业在网上市场的品牌形象。中小型企业一般处在被动地位，因此中小企业应利用电子商务营销这种"十倍速"力量来冲击传统市场，壮大自己的实力。在制定电子商务营销策略时可以充分利用互联网的虚拟特性，整合外部有效的资源为实现企业的营销目标提供有效的营销活动支持。如企业的产品生产方面力量不雄厚可以借助互联网实现外包，企业只专注于开发新产品和建立品牌，以及提供服务等高附加值的经营活动。

对于规模较大的企业来说，由于在传统市场中占有一定优势，因此容易忽视新兴的网上虚拟市场，有的企业虽然关注到这一点，但也总是在等待网上市场成熟后再进入。规模大的企业这些内在的稳健做法，很容易受到一些新兴的成长型企业利用网络这一种超级力量所发起的挑战。如此电脑业的老大 Compaq 公司曾经利用它的独特的优势占领市场，它凭借快速的市场反应和品牌战略，以及完善的销售网络迅速占领市场，成为全球第一大 PC 厂商。而在 1994 年还处在亏损状态的 Dell 公司，利用其超前的直销理念，整合互联网开展网上直销迅速崛起，在 1999 年第三季度在美国本土市场一举超过 Compaq 公司成为市场份额第一的公司。目前 Dell 公司在全球市场的份额仅次于 Compaq 公司，而且它与 Compaq 公司之间的差距迅速缩小。

三、市场地位与电子商务营销策略制定

与企业规模大小类似，企业在市场上的地位对企业的电子商务营销策略也有很大影响。总的来说，对于弱者，电子商务营销是一种机遇和成长机会，对于强者，电子商务营销更多的是一种挑战，因为这些传统强势企业的传统营销策略优势可能在网络时代失去了竞争优势。根据市场地位不同，一般可以将企业分成领导者、挑战者、追随者和补缺者。

对于市场领导者，在传统营销策略制定过程中，大型企业在市场中占有很大优势，是传统市场的主导。因此制定电子商务营销策略时，考虑的是竞争者电子商务营销

策略对新兴市场和传统市场带来的威胁和冲击，然后根据时机选择合适的电子商务营销策略进行对抗和防御，以保持在传统市场和新兴市场上的竞争优势和领导地位。典型的例子是美国的 Wal-Mart 公司。利用其先进的物流管理信息系统，对其全美 3 800 多家超市进行统一管理、统一采购、统一配送，最大限度降低销售费用，从而降低价格获取市场竞争优势。当它面对网上商店如 Amazon.com 等公司的挑战时，采取了积极应对政策，在了解和把握网上市场特征后，Wal-Mart 也推出了它的网上商店服务，并且积极与 AOL 公司进行合作，扩大其网上虚拟市场的品牌知名度。

挑战者在传统市场上拥有一定实力，而且不断尝试成为市场领先者，因此一般都积极将电子商务营销看作是竞争的有力武器，制定电子商务营销策略时一般采取的是积极全力投入的态势，注意的是企业利用电子商务营销作为新的竞争手段。例如，联想电脑公司作为市场挑战者，它积极利用互联网技术整合企业营销策略，设计满足中国人需要的网络时代的天禧电脑，积极拓展电子商务，利用互联网整合传统营销渠道，在 1999 年年底一举成为亚太市场上市场占有率第一的电脑公司。

对于市场追随者和市场补缺者，在市场上处在一种从缝隙中求生存的地位，电子商务营销对企业的生存和发展既是机遇也是挑战。比如，在传统市场上利用地理位置和消费群体差异性而生存的补缺者，可能在电子商务营销时代难以生存，因为大企业凭借电子商务营销可以突破市场的地理位置限制，也可以通过其高效率的营销系统对过去难以覆盖的市场进行覆盖。因此，这类企业必须采取积极的电子商务营销策略，只有这样才能应对挑战，在新兴市场上挖掘机会并寻求成长和发展。这类企业采取电子商务营销策略时，由于企业规模一般较小，可以采用跟随挑战者的电子商务营销策略，而且要充分利用电子商务营销给小企业带来的机遇，寻找机会迅速成长。

四、产品周期与电子商务营销策略

电子商务营销是一种网上营销，它可以通过可测试的、交互式的互联网渠道来设计、研制、生产和销售产品。由于企业在销售产品时可以与消费者及时进行沟通，当企业的产品过了成熟期后，企业可以根据市场的及时反馈来调整其产品策略，设计开发出新的产品来替代原来处在衰退期的产品，避免当一个老产品在完全衰退时才设计开发新产品，延误市场时机，从而使企业的产品保持持续的竞争力。

当企业的一个产品引入成功后，步入市场成长期时，企业可以通过互联网及时了解市场需求变化和顾客新的需求和建议。在吸收顾客对产品的建议后，企业可以马上转入下一代更新换代产品的设计开发，并在上代产品的成熟期推出，当老产品步入衰退期时，新产品已经步入成长期，市场仍然保持持续增长。因此，企业采用电子商务营销策略后，要注意到产品周期大大缩短，新产品设计和开发与老产品销售要同步进行。为保证下一代产品设计开发能顺利进行，必须详细了解和记录当前产品的销售状况和顾客需求情况，为下一次营销策略制定提供详细的数据支持。企业在实施电子商务营销时除了要注意这将对产品周期产生影响外，还应该注意在产品周期不同时期采用适当的电子商务营销策略，以使该时期产品能顺利实现营销目标。根据产品周期，产品营销阶段一般分为：引入阶段、成长阶段、成熟阶段和衰退阶段。

在引入阶段，产品是作为新产品上市的，而互联网上的用户一般都是年轻人居多，而且在消费方面愿意进行新的尝试。因此，在引入阶段可以利用互联网市场的这一特性推广新产品，扩大新产品的知名度和影响力。

在成长阶段，企业产品得到认可，产品的销售和利润都持续增长，在这一时期关键是充分利用营销渠道拓展市场以扩大销售数量。这时，可以利用互联网的全球性和自由开放性特点，充分拓展市场空间，将产品以最短时间和最经济方式在不同市场进行销售，达到迅速占领市场的目的。

在成熟阶段，产品销售增长率达到极限，企业这一阶段应利用各种营销策略特别是促销策略保持持续销售。在这一阶段，企业可以利用互联网拓展新的市场空间，利用互联网了解顾客新需求，对产品进行适当调整，最大限度满足顾客的个性化需求，同时利用互联网渠道的效率来控制营销费用，获取最大利润。

在产品的衰退阶段，产品的销售量持续下降，在这个阶段企业应利用互联网尽快销售完库存产品，为新产品销售铺平道路，这时应将营销重点转移到新产品上来，同时要尽量缩短衰退期的时间，避免市场份额的丢失。企业在不同阶段实现不同营销目标时，要注意整合电子商务营销策略。比如，在衰退期可以利用互联网上的拍卖市场拍卖库存产品。

第三章 电子商务营销企业组织、实施与控制

第一节 电子商务营销的企业组织

一、电子商务营销的企业组织重组

（一）电子商务营销对企业组织的影响

电子商务营销的实施对组织的影响是非常深远的，它将影响到企业组织的形式和结构的基本构成。电子商务营销需要企业的组织形式摆脱传统地域的限制，更加灵活地适应市场环境的变化和电子商务营销建设的需要。

1. 组织形式的变化

传统企业一般根据企业规模大小和各部门之间的联系程度来设计企业的组织结构，但只能在集中化和分散化中选择其一。比如，制造工厂、服务设施和销售部门如果远离总部，就不得不将这些部门作为分离、分散、自治的组织，以保证部门的效率和效用，否则遇事由总部决策，必然引起决策滞后，影响决策管理效果甚至做出错误决策。而现在的网络通信信息技术提供宽带的通信网络，使得信息的收集、传播和处理不再受到地理位置的影响，将地理位置分离的部门联系在一起，因此企业各部门可以根据业务需要选择不同的管理方式。基于互联网的电子商务营销实施可以实现营销组织结构的跨地区、跨时空运转，而不用过多考虑地理位置的限制。

2. 对组织结构的影响

传统企业的组织结构一般都是垂直式的层次结构，信息沟通主要通过命令和报

告形式进行，容易滋生官僚主义，产生低效率，影响营销组织机构的正常运转。由于信息渠道的不畅，组织结构的设置主要考虑内部管理的需要，而没有考虑如何满足外部市场的需要。如顾客购买产品或寻求服务时，可能要与多个部门打交道，而且经常不得要领，到处碰壁。电子商务营销实施使得企业的组织结构可以运作在互联网平台上，信息沟通可以实现平等交互式的沟通。因此，电子商务营销实施后营销组织结构可以扁平化，减少中间层次，加强不同部门之间的合作，以统一协调的工作方式面对市场。

3. 对组织运行的影响

组织形式的变化和组织结构的调整，将使营销组织的运行方式也进行相应的调整。传统营销组织的运作只是单向传输信息，很少有交互；部门之间是相互平行隔离的关系，部门之间很少直接沟通，也缺少直接沟通渠道。企业实施电子商务营销后，组织的运行是市场驱动的模式，根据市场变化由相关营销部门组成临时团队变化。

（二）电子商务营销企业组织的重组

企业实施电子商务营销后，企业各个营销部门对外必须协调统一地面对市场，为顾客提供统一直接的服务；对内必须同其他业务部门进行紧密合作，使企业能及时提供产品和服务满足顾客的需求。因此，电子商务营销实施使得传统的条块分割的部门组织结构必须加强协调，转为统一地为顾客服务，同时企业必须建立与供应商联系畅通的渠道以支持企业的生产。企业实施电子商务营销后，供应、生产和营销为企业核心业务部门；其他的如人力资源管理和财务管理以及后勤管理属于核心业务的支持部门，它们的存在是保障核心业务的顺利处理，不影响企业与供应商和顾客之间交易的正常进行；构建在信息系统基础上的电子商务营销系统，为企业与外部的顾客和供应商，以及内部各业务单位之间的沟通和信息传输提供平台。组织的运转是由市场中的顾客进行驱动，由营销部门的客户服务部门提供统一的服务，然后通过企业内部的业务价值链往下传递，直至最后满足顾客需求为止。企业实施电子商务营销后的组织结构有如下特点：

1. 统一顾客服务部门

电子商务营销的主要目标是满足市场需求，为顾客提供更好的产品和服务。因此，能否简化和统一顾客服务程序，方便顾客购买产品，是电子商务营销能否取得成功的关键。

2.横向信息沟通

电子商务营销系统的顺利实施必须以为顾客提供统一的服务为基础。这需要不同职能部门之间的密切协作与配合，实现有效的横向沟通，而电子商务营销系统恰恰为部门之间的横向沟通建立了渠道和基础。

3.组织结构扁平化

电子商务营销要求实时为顾客提供服务，对企业反应速度要求很高，如果企业组织层次过多，势必影响对市场反应的效率。电子商务营销实施也为组织结构扁平化提出了要求，同时也提供了技术支持基础。

二、电子商务营销的业务流程重组

电子商务营销方案的实施除了要对原有的组织机构进行调整外，还要对企业的业务流程进行重组，业务流程重组（Business Process Reengineering，BPR）在电子商务营销中的应用主要是为了分析如何采用信息技术来改造企业业务流程，使之更能适应电子商务营销的需要，并有效地促进电子商务营销的顺利实施。所谓业务流程是指一系列为顾客创造价值的而又相互关联的活动。业务流程重组不是简单的随意设计，它是在依赖有关技术改进和方法改进基础上，对原有的流程进行再设计和调整，以提高流程效率和效用。在设计业务流程重组过程中应遵循以下几个基本原则：①围绕输出而不是任务进行组织重组。业务流程重组需要通过确定和识别流程服务对象和目标，以最小的成本和时间代价进行组织和管理。②把信息的处理纳入实际的工作。企业在业务流程重组过程中，没有必要再设计一个完全独立的操作处理，应配合实际工作处理进行设计和重组，否则将降低动作效率和效用。③将分散资源集中。网络技术使得信息工作者所在的地点无关大局，并能保持集中控制，因此可以将原来分散的资源实现集中调配。④连接平行活动。在企业运作过程中，业务活动的重复是常有的，业务流程重组过程中就需要通过信息分析来揭示业务重复的部分，并通过对这些活动背后的信息结构的理解，以取消重复和减少重复。⑤将决策置于工作的执行之中。工作流程经常被中断以便高级管理人员给予批准；通过搞清楚决策的基础和必要的信息，决策点可能被转移到实际工作中去。⑥在源头一次获取信息。在很多组织中，信息重复的水平是非常高的，信息重复导致信息的不完整性和模糊性，因此需要从源头获取统一信息，保持信息来源的一致性。

三、电子商务营销人员组织

企业实施电子商务营销后，营销组织结构必将发生变化，原来的地位也将相应发生变化，组织内部许多原有旧岗位不再需要设置，一些新岗位需要增加，同时一些岗位的人员可以减少，另外一些岗位人员需要增加。下面就电子商务营销运作过程中具体的几个重要岗位的变化进行分析说明。

（一）顾客服务部门岗位变化

在传统营销组织机构中，顾客服务岗位主要是接待顾客、记录顾客的问题，然后将问题移交给相关单位进行处理，处理完后再反馈给顾客。因此，顾客不但等待周期长，而且经常出现无人过问的现象。在电子商务营销中，顾客服务成为重要岗位，而且要求能马上直接给顾客进行答复。因此，许多企业都成立顾客服务中心，由许多有技术背景的专业人员提供服务。

（二）销售部门岗位变化

传统营销中，销售部门是企业的重要部门，因为销售人员业绩好坏直接关系到企业市场销售业绩的好坏。而在电子商务营销中，企业可以通过互联网进行直接销售，传统的一些销售人员，特别是推销人员的岗位就要受到冲击。随着越来越多的顾客在网上自主购物，推销员的上门销售将不再是主要渠道。但对于一些企业、组织客户，还需要销售人员上门推销，但其职能将发生变化。现在销售人员不再简单地推销，而是给客户进行产品介绍和说明，为企业的理性购买提供决策支持。

（三）市场部门岗位变化

传统营销中，市场部门岗位主要进行广告宣传和促销策划。在电子商务营销中，市场部门不但要在传统市场继续进行活动，还要面对网上市场开展促销活动。因此，市场营销部门的岗位要求发生变化，主要是要提升营销人员对网上市场的认识。另外，由于顾客购物由过去的被动式、有限选择变成主动的、大范围选择，企业营销策略也由过去推式营销转变成拉式营销。市场部门在采用传统营销手段的同时，还要考虑促销活动如何吸引顾客注意，这对市场部门的岗位要求更高。

上面分析的岗位调整必然带来营销人员的岗位再分配问题，对于服务部门岗位和市场部门岗位的需要加强，对岗位人员的素质要求提高，因此要求上岗人员必须通过培训学习，达到岗位要求的素质。对于销售部门岗位可能需要进行调整和重新安排，过去的上门推销人员可能需要削减，但对于继续保留岗位的销售人员的素质要求更高，不只是简单介绍推销产品，还要能与顾客沟通，为顾客的理性购买提供服务和帮助。

第二节　电子商务营销的实施

一、电子商务营销的实施过程

电子商务营销的实施需要涉及企业人员、技术、资金、物资四方面，而且需要有专门组织机构进行组织和管理，是一项复杂的系统工程。企业在实施电子商务营销的过程中，不单单需要考虑网络技术方面的问题，更多的是要研究相应的管理和组织方面的问题，而且电子商务营销的实施还要涉及企业高层的战略决策和业务流程问题。

由于电子商务的实施将影响到整个企业的各个层面和企业流程，并且可能影响到本企业与其他企业的业务关系。因此，电子商务营销计划和营销方案的制订需要从企业管理高层组织实施，并且在电子商务营销实施过程中要从企业内部和外部等不同角度，采用不同方法进行分析，以支持企业电子商务营销的顺利实施。

（一）内外环境分析

电子商务营销实施的过程包括若干环节，企业在实施电子商务营销之前要进行SWOT分析，即对企业所面临的外部机会与威胁、自身优势与劣势进行分析。一般需要对企业的内部经营状况和市场竞争环境进行分析了解实施电子商务营销的可能性和可行性，同时分析必要性和重要性。

1. 可能性

可能性主要是考察市场环境是否成熟，企业的目标顾客是否愿意接受电子商务营销方式。如果目标市场的信息化程度低或者消费者不愿意信息化处理，企业实施电子商务营销也就失去了基础。当然，企业在进行分析时，不仅要考虑当前的目标顾客和目标市场的状况，还要对其发展趋势进行研究。如果目标市场信息化趋势发展很快，那企业就应该提前考虑实施电子商务营销；如果目标市场在近期内信息化程度比较缓慢或者存在一定难度，企业可以根据自己情况选择时机进行。

2. 可行性

可行性主要考察企业内部是否有信息化基础，是否有足够的资金、技术和相关人才。一般来讲，企业要实施电子商务营销要求在企业内部实现信息化，而且企业内部的业务流程要实现自动化。企业内部信息化是指企业的业务操作和管理是建立在计算机信息系统的基础上的，企业只有实现信息化后才有可能按照企业业务需要向外拓展。在企业进行业务拓展时，应该首先与和企业紧密关联的企业建立联系，实现信息共享，达到共同降低成本、降低库存的目标；然后借助互联网将其业务拓展到互联网络，寻求更多商业机会和寻求更大发展。

3. 必要性

必要性主要考察企业的竞争环境变化，企业的竞争者是否开始启动电子商务营销，而且开始对企业造成潜在威胁，也就是研究当前和一段时间内，企业有没有必要实施电子商务营销。

4. 重要性

其目的是分析企业在面对市场竞争威胁时，是否可以通过电子商务营销的实施增强企业竞争能力，以削弱竞争对手的竞争能力，实现企业的快速发展。

（二）电子商务营销计划和实施方案的确定

因为企业间电子商务的实施将对企业的整个组织和各方面的管理都产生重要影响，所以电子商务营销计划的制订必须由企业管理高层统一领导和协调，而且计划制订必须从企业整体出发，由上到下制定。当企业确定了电子商务营销计划之后，就要制订具体实施方案，同时邀请相关电子商务方案提供商参与招标，从而确定最好的方案。

电子商务营销系统的建设是电子商务营销实施的核心内容，一般有三种实现途径，第一种是购买商业软件，第二种是自行开发，第三种为联合开发。第一种方式比较简便，但系统一般只能满足一些基本要求。采用第二种方式，便于企业自行维护，但可能会由于相关技术的欠缺导致效率比较低。第三种方式目前用得比较多，它是在综合前面两种方式，即在购买一些应用工具软件基础上，结合本企业实际情况联合专业电子商务方案提供商合作开发的。目前，许多电子商务软件服务商提供的也是解决基本方案，它需要与企业合作进行二次开发才能最终满足企业需要。

（三）组织方案的实施

电子商务营销方案确定后，最关键的环节是方案的实施。电子商务营销方案的实施需要资金准备、设备采购、软件采购、人员组织等几方面工作的相互协调。企业要适应电子商务营销的业务流程变化，并及时调整组织结构，建立新的管理体系，从而发挥电子商务营销的竞争力。企业如果不能及时按照电子商务营销的要求调整组织结构和管理体制，就会出现管理方式的滞后，要么使高效的电子商务营销系统无法正常运转，要么对企业原有营销体系起到反作用。因此，企业实施电子商务营销不仅仅是一个技术问题，还涉及组织结构变迁、管理方式变革，以及员工思维、工作方式的革新。下面将对电子商务营销实施的时机决策和投资决策进行重点分析。

二、电子商务营销实施的时机决策

企业实施电子商务营销的经验表明，电子商务营销的实施可以给企业带来很大的竞争优势，但是实施电子商务营销是一项投资比较大的、涉及高新技术的、有很大风险的决策。任何一种信息技术，只要在社会上健康存在，就必然会为企业所利用。但因为信息技术的应用必须能够有助于拓展企业的核心业务，因而信息技术的应用就必然受到行业特点的制约。虽然电子商务营销已经在一些行业中得到了成功的应用，但仍有相当多的行业尚未找到有效运用电子商务营销的途径，企业面临着实施电子商务营销时机的选择。

要掌握实施电子商务营销的时机，必须能够判断出行业竞争、消费行为、经济与社会在一段时间内的变化趋势及其对于信息技术的影响。企业主管必须积极主动地制订电子商务营销的实施规划，如果采取消极观望的态度，则很可能贻误战机。企业率先进入电子商务营销领域无疑是想借此获得先发性优势，但是，先进入的企业必须面对以下风险：

（一）市场观念风险

再好的电子商务营销观念都必须以顾客接受为前提，如果顾客不能接受，那么企业的目标也无法实现。例如，如果消费者对网上信用卡支付不习惯，于是网上支付滞后将会严重影响企业的电子商务营销实施。

（二）技术风险

一般技术越新所面临的风险就越大，因而新技术必须经过多次实践和反复完善才能满足需要。

（三）执行风险

电子商务营销是一个系统工程，涉及系统开发、组织结构调整、人员培训和市场培育等诸多方面，一旦某个环节出现问题势必影响整个电子商务营销的实施和企业整体目标的实现。

（四）经济风险

一项有效的商业观念与技术，实际执行的结果及所产生的成本与效益，很可能与原先的乐观估计有所出入，因此电子商务营销本身属于企业的一种风险投资。

（五）组织风险

一项技术上可行的新方案，可能无法保证公司内部人人都能接受。一方面它可能威胁到公司的传统、规范、管理过程或企业文化，而另一方面推行方案所需要的能力与技巧却正好又是公司员工所欠缺的。因此，内部员工的抵制或消极应对，将使电子商务营销工作的实施受到阻碍。

（六）政策风险

这指的是一项看似合理的应用方案，却因政府政策、法令、社会争议或利益集团的压力而产生问题。如企业在开展网上直销药品的电子商务营销活动后，国家马上出台禁止网上销售药品的规定。由于跟随者可以从领先者的经验中学习，因而想要独占鳌头的公司在各方面的风险难免增加。但选择等待与观望的公司，却又要冒落后的风险。究竟是采取领先政策还是跟随政策并无标准答案，但企业可以重点综合考虑三方面的因素：①行业内竞争手段的饱和程度：除了电子商务营销外，是否存在其他值得公司集中精力采用的主要竞争手段，如产品开发等；②网络应用方向的明显程度：是否可以预见到网络的应用能够明显提高企业某些核心竞争能力，如掌握顾客需求、顾客服务、配送等；③本企业在信息技术应用方面的能力：本公司在以往信息技术应用方面的成果如何，是否具有较好的基础架构以从事电子商务营销的一些实验性工作，同时不影响公司的正常运营。

如果企业虽然已经认识到电子商务营销的重要性，但由于现阶段实施电子商务营销还不够成熟，就需要进行等待，此时企业可以采取一种变通的方式，即在互联网上注册一个空的网址，许多企业都采用这一方式。这样做有几方面的好处：一是防止好的网址被其他企业强占；二是建立空网址花费甚少，却可以树立企业的先锋形象，至少可以向消费者展示本企业积极进取的态度；三是事实上目前拥有电脑并联网的消费者并不多，空网址并不会对他们造成多大伤害，而一旦电子商务营销开始普及化，企业便可以该网址为基础构建自己的电子商务营销系统。

所有这些都说明了一个问题，电子商务营销并不是万能的，至少在很长一段时期内，传统营销方式依然是大部分企业生存与发展的基础。随着电子商务营销技术与观念的发展，电子商务营销的重要性亦会日益提高，企业的任务是如何实现两者之间的良好配合，既充分利用网络互动性特点带来的营销观念与功能的变革，又避免其自身的不足，形成电子商务营销与传统营销之间的相互支撑结构，增强企业的市场竞争力。

三、电子商务营销实施的投资决策

电子商务营销实施的重点是电子商务营销系统的建设，作为电子商务营销系统的基础，网络及其配套信息设备与技术的投资是企业主管高度重视的内容。国外研究统计显示，当企业决定投资 100 万美元用于新的网络系统开发时，该企业必须做好准备在未来的 5 年里至少再投入 300 万美元的巨资。一般而言，在软件开发上每 1 美元的花费，意味着今后每年将造成 0.2 美元的营运成本以及 0.4 美元的维修成本，因此 100 万美元的初始投入将造成每年 60 万美元的额外开销。由此可见，电子商务营销的实施是一项投资巨大、周期较长的风险性投资活动。因此，企业实施电子商务营销时必须进行投资决策，分析电子商务营销带来的经济效益。

在进行经济效益分析时，常采用费用效益分析的方法，即对成本及效益分别进行估计，然后将两者进行比较。系统费用是电子商务营销系统在建立和实现过程中的费用之总和。从费用的用途方面划分，包括购置软件和设备、人力、外部费用等，成本是不难识别和估算的。

收益的估计涉及的范围较广，很难用数字精确表示，对不同系统表现也不一样。收益值通常较难定量化，但掌握了收益的基本成分，可以使其定量化过程容易些。

第一类收益是贡献收益，可通过分析因电子商务营销的实施而导致的每年人工成本的减少或人工成本的避免来计算，此类收益是完全可能计算出来的。对电子商务营销而言，其经济效果的标准就是社会劳动生产率的提高，从而使单位产品生产的劳动消耗不断降低。一般情况下，营销人员和管理人员的减少通常和这类收益有关。另外，当企业规模增大时，由于系统的运行，不再需要按常规增加人员，从而避免了某些成本的发生。

第二类收益是经营管理节省，它的产生是由于电子商务营销的实施减少了经营管理成本。例如，电子商务营销的实施加强了企业内部物料的控制管理，使原材料和在产品的库存减少了一定的百分比。经营管理节省等于库存金额的减少乘以和库存成本有关的流动资金的利息率。这类节省的其他形式包括运输费、出差费、能源费的节省和因改善了利用率而减少的所需的设备支出等。

第三类收益来自经营收入的增加，这类收益最难准确地定量化。例如，由于实施了电子商务营销，能有效地分析和综合市场和客户的信息，合理地制订生产计划、销售计划，有效控制坏账发生，使企业扩大了销售量，增加了销售收入和现金流入。凡是由于该系统的运行而使企业增加了的收入都属于这类经营收益。这类收益作为某一阶段经济收益值和系统成本费用间的差值的一部分时，必须换算成利润贡献。换算公式为：

净经营收益 = 销售收入增加部分 × 企业边际利润率

例如，企业实施电子商务营销后收入每年增加 100 万元，边际利润率为 10%，则：净经营收益 =100 万元 × 10%=10 万元。换句话说，经营收入必须增加 100 万元，才能使净经营收益值等于 10 万元的经营管理节省或人工成本。

以上讨论的几种类型的收益是直接收益。除此以外，还可以考虑在直接收益中加上无形的或非定量化的收益。

第四类收益是管理效益。管理效益通常也被称为间接经济效益或社会效益，是在评价一个电子商务营销实施效果时的一个不可忽视的重要因素。有时候，对整个电子商务营销的经济评价可能是很难进行的，但电子商务营销实施后的作用还是可以非常全面、仔细地分析出来的。实施电子商务营销的管理评价是针对系统的一般状况，检验其工作的好坏程度和对管理工作在效率方面及效果方面的影响。管理效益在实际工作中往往难以定量测算，只能做定性分析，在评价实施电子商务营销的经济效果时，不仅应考虑经济问题的本身，还应考虑电子商务营销的使用所引起的社会后果。例如，人们工作习惯的改变，劳动强度的减轻，工作时间的缩短，经济体制和组织机构的改革，科学文化水平的提高及普及等。一般来说，电子商务营销实施对管理效益的影响主要表现在以下几方面，企业可以结合自己的具体情况做定性分析。

①促进管理层观念的转变和素质的提高；

②提高管理工作的效率和质量；

③促进企业管理体制和组织机构的改革；

④改善企业内外部环境；

⑤重视信息导向的作用，增强信息意识；

⑥增强企业的决策和应变能力及竞争实力。

第三节 电子商务营销经营风险控制

一、产生电子商务营销经营风险的原因

识别电子商务营销风险的影响因素，主要是依据对网络交易整个运作过程的考察，确定交易流程中可能出现的各种风险，分析其危害性，旨在发现交易过程潜在的安全隐患和安全漏洞，从而使网络交易安全管理有的放矢。

（一）信息风险

网络交易的信息风险主要来自三方面：①冒名偷窃。"黑客"为了获取重要的商业秘密、资源和信息，常常采用源 IP 地址欺骗攻击。入侵者伪装成源自一台内部主机的外部地址传送信息，窃取企业的商业信息。②篡改数据。攻击者未经授权进入网络交易系统，使用非法手段，删除、修改、重发某些重要信息，破坏数据的完整性，损害他人的经济利益，或干扰对方的正确决策，造成电子商务营销中的信息风险。③信息丢失。交易信息的丢失，可能有三种情况：一是因为线路问题造成信息丢失；二是因为安全措施不当而丢失信息；三是在不同的操作平台上转换操作从而丢失信息。

从买卖双方自身的角度观察，网络交易中的信息风险来源于用户以合法身份进入系统，买卖双方都可能在网络上发布虚假的供求信息，或以过期的信息冒充现在的信息，以骗取对方的钱款或货物。而对这些信息的鉴别，目前还没有很好的解决办法。

（二）信息传递风险

信息在传递过程中，要经过多个环节和渠道，由于计算机技术发展迅速，原有的病毒防范技术、加密技术、防火墙技术等始终存在着被新技术攻击的可能性。计算机病毒的侵袭、"黑客"非法侵入、线路窃听等很容易使重要数据在传递过程中泄露，威胁电子商务交易的安全。各种外界的物理性干扰，如通信线路质量较差、地理位置复杂、自然灾害等，都可能影响到数据的真实性和完整性。

（三）信用风险

信用风险主要来自三方面：

（1）来自买方的信用风险。个人消费者可能在网络上使用信用卡进行支付时恶意透支，或使用伪造的信用卡骗取卖方的货物；集团购买者有拖延货款的可能，卖方需要为此承担风险。

（2）来自卖方的信用风险。卖方不能按质、按量、按时寄送消费者购买的货物，或者不能完全履行与集团购买者签订的合同，造成买方的风险。

（3）买卖双方都存在抵赖的情况。

（四）管理方面的风险

严格管理是降低网络交易风险的重要保证，特别是在网络商品中介交易的过程中，客户进入交易中心，买卖双方签订合同，交易中心不仅要监督买方按时付款，还要监督卖方按时提供符合合同要求的货物。在这些环节上，都存在着大量的管理问题。防止此类问题的风险需要有完善的制度设计，形成一套相互关联、相互制约的制度群。近年来我国计算机犯罪大都呈现内部犯罪的趋势。一些管理方面的风险主要是由工作人员职业道德修养不高、安全教育欠缺和管理松懈所致。此外，一些竞争对手还利用企业招募新人的方式潜入该企业，或利用不正当的方式收买企业网络交易管理人员，窃取企业的用户识别码、密码、传递方式以及相关的机密文件资料。

网络交易技术管理的漏洞也带来较大的交易风险，有些操作系统中的某些用户是无口令的，可以利用远程登录命令登录这些无口令用户，或利用系列服务存在的信任概念，作为被信任用户不需要口令进入系统，然后把自己升级为超级用户。世界上现有的信息系统绝大多数都缺少安全管理员，缺少信息系统安全管理的技术规范，缺少定期的安全测试与检查，更缺少安全监控。我国许多企业的信息系统已经使用了许多年，但计算机的系统管理员与用户的注册还大多处于默认状态。

（五）法律方面的风险

电子商务的技术设计是先进的、超前的，具有强大的生命力，但必须清楚地认识到，在目前的法律上还是找不到现成的条文保护网络交易中的交易方式，在网上交易可能会承担由于法律滞后而造成的风险。

除此之外，电子商务营销运作过程中，还存在其他方面的诸多不可预测风险。因此，在对风险源进行分析时，应把一切可能导致风险的因素，包括直接的和间接的因素、内部的和外部的因素、主要的和次要的因素、总体的和个体的因素等，从多角度加以考察、研究，尽可能把风险源考虑得多一些、全面一些。对风险源考虑得越细致、越周密，越有助于采取有针对性的防范措施。

二、电子商务营销交易风险的控制

一个完整的网络交易安全体系，至少应包括三类措施，并且三者缺一不可。一是技术方面的措施，如防火墙技术、网络防毒、信息加密存储通信、身份认证、授权等。但只有技术措施并不能保证百分之百地安全。二是管理措施，包括交易的安全制度、交易安全的实时监控、提供实时改变安全策略的能力、对现有的安全系统漏洞的检查以及安全教育等。在这方面，政府有关部门、企业的主要领导、信息服务商应当扮演重要的角色。三是社会的法律政策与法律保障。只有从上述三方面入手，才可能真正实现电子商务的安全运作。

（一）客户认证

客户认证（Client Authentication，CA）是基于用户的客户端主机 IP 地址的一种认证机制，它允许系统管理员为具有某一特定 IP 地址的授权用户制定访问权限。CA 与 IP 地址相关，对访问的协议不做直接的限制。服务器和客户端无须增加、修改任何软件，系统管理员可以决定对每个用户的授权、允许访问的服务器资源、应用程序、访问时间，以及允许建立的会话次数等。客户认证技术是保证电子商务交易安全的一项重要技术，客户认证主要包括身份认证和信息认证。前者用于鉴别用户身份，后者用于保证通信双方的不可抵赖性和信息的完整性。在某些情况下，信息认证显得比信息保密更为重要。例如，买卖双方发生日用品业务或交易时，可能交易的具体内容并不需要保密，但是交易双方应当能够确认是对方发送或接收了这些信息，同时接收方还能确认接收的信息是完整的，信息在通信过程中没有被修改或替换。另一个例子是网络中的广告信息，此时接收方主要关心的是信息的真实性和信息来源的可靠性。因此，在这些情况下，信息认证将处于首要地位。

（二）防止"黑客"入侵

"黑客"（Hacker）源于英语动词 Hack，意为"劈、砍"，进一步的意思是"干了一件非常漂亮的工作"。在 20 世纪初期的麻省理工学院校园中，"黑客"则有"恶作剧"之意，尤其是指手法巧妙、技术高明的恶作剧。到了 20 世纪六七十年代，它又专用来形容独立思考却奉公守法的计算机迷。这些人云集在技术精英的堡垒——麻省理工学院和斯坦福大学。正是这样一群人，将昔日美国的"梅脯之都"建成为今天的"硅谷"。

"黑客"可分为两类。一类是"骇客"，他们只想引人注目，证明自己的能力，在进入网络系统后，不会去破坏系统，或者仅仅会做一些无伤大雅的恶作剧。他们追求的是从侵入行为本身获得巨大的成功的满足。另一类是"窃客"，他们的行为带有强烈的目的性。早期的这些"黑客"主要是窃取国家情报、科研情报，而现在的这些"黑客"的目标大部分瞄准了银行的资金和电子商务的整个交易过程。目前，"黑客"的行为正在不断地走向系统化和组织化。如政府机构和情报机构招集"黑客"组成网络战士对其他的政党进行幕后攻击，企业、集团、金融界则高薪聘请"黑客"进行商业间谍幕后战。防范"黑客"的技术措施根据所选用的产品的不同，可以分为七类：网络安全检测设备、访问设备、浏览器/服务器软件、证书、商业软件、防火墙和安全工具包/软件。

（三）网络交易系统的安全管理制度

无论是参与网络交易的个人还是企业团体，都有一个维护网络交易系统安全的问题，只不过对于在网上从事大量贸易活动的企业来说，这个问题更为重要。网络交易系统安全管理制度是用文字形式对各项安全要求所做的规定。它是保证企业电子商务营销取得成功的重要基础工作，是企业电子商务营销人员安全工作的规范和准则。企业在实施电子商务营销伊始，就应当形成一套完整的、适应于网络环境的安全管理制度。这些制度应当包括人员管理制度，保密制度，跟踪、审计、稽核制度，网络系统的日常维护制度，数据备份制度，病毒定期清理制度等。

1.人员管理制度

电子商务营销是一种高智力的劳动，从事电子商务营销的人员，一方面必须具有传统市场营销的知识和经验，另一方面必须具有相应的计算机网络知识和操作技能。由于营销人员在很大程度上支配着市场经济下的企业的命运，而计算机网络犯罪又具有智能性、隐蔽性、连续性的特点，因而，加强对电子商务营销人员的管理变得十分重要。为保证电子商务营销系统安全运作，可以遵循下面一些基本原则：双人负责原则:重要业务不要安排一个人单独管理，实行两人或多人相互制约的机制；任期有限原则：任何人不得长期担任与交易安全有关的职务；最小权限原则：明确规定只有网络管理员才可进行物理访问，只有网络人员才可进行软件安装工作。

2.保密制度

电子商务营销涉及范围很广，主要包括企业的市场、生产、财务、供应等多方面的机密，需要很好地划分信息的安全级别，确定安全防范重点，提出相应的保密措施。信息的安全级别一般可分为三级：①绝密级。如公司经营状况报告、订/出货价格、公司的发展规划等。此部分网址、密码不在互联网络上公开，只限于公司高层人员掌握。②机密级。如公司的日常管理情况、会议通知等。此部分网址、密码不在互联网络上公开，只限于公司中层以上人员使用。③秘密级。如公司简介、新产品介绍及订货方式等。此部分网址、密码在互联网络上公开，供消费者浏览，但必须有保护程序，防止"黑客"入侵。

保密工作的另一个重要的问题是对密钥的管理。大量的交易必然使用大量的密钥，密钥管理必须贯穿于密钥的产生、传递和销毁的全过程。密钥需要定期更换，否则可能使"黑客"通过积累密文增加破译机会。

3. 跟踪、审计、稽核制度

跟踪制度要求企业建立网络交易系统日志机制，用来记录系统运行的全过程。系统日志文件是自动生成的，内容包括操作日期、操作方式、登录次数、运行时间、交易内容等。它对系统的运行监督、维护分析、故障恢复，对于防止案件的发生或在发生案件后为侦破提供监督数据，都可以起到非常重要的作用。

审计制度主要包括经常对系统日志进行检查、审核，及时查看对系统故意入侵行为的记录和对系统安全功能违反的记录，监控和处理各种安全事件，保存、维护和管理系统日志等。

稽核制度是指工商管理、银行、税务人员利用计算机及网络系统，借助于稽核业务应用软件调阅、查询、审核、判断辖区内各电子商务参与单位业务经营活动的合理性、安全性，堵塞漏洞，保证电子商务交易安全，发出相应的警示或做出处理的一系列步骤及措施。

4. 网络系统的日常维护制度

（1）硬件设备维护。目前，虽然我国已存在一些网管软件，但它们都只是企业级广域网管理的一部分，而广域网缺乏系统的监测和维护工具，还没有一套全面支持企业级广域网软硬件一体化的管理工具。国外虽有类似工具，但它需要较高的配置，国内较少采用，而这正是广域网管理和维护的发展方向。这就要求网络管理员必须建立系统设备档案。一般可用一个小型的数据库来完成这项功能，一旦某地设备发生故障，可便于网上查询。该数据库一般应包括如下内容:设备型号、生产厂家、配置参数、安装时间、安装地点、IP 地址、上网目录和内容等。对于服务器和客户机还应记录其内存、硬盘容量和型号、终端型号及数量、用户卡型号、操作系统名、数据库名等。

（2）软件的日常管理和维护。一个是支撑系统软件，包括操作系统 UNIX 或 Windows NT，数据库 Oracle 或 Sybase，开发工具 Power Builder、Delphi 或 C 语言等。

如操作系统的维护包括定期清理日志文件、临时文件，监测服务器上的活动状态和用户注册数，处理运行中的死机情况等。另一个是应用软件，应用软件的管理和维护主要是版本控制。

（3）数据备份制度。备份与恢复主要是利用多种介质，如磁介质、纸介质、光碟、微缩载体等，对信息系统数据进行存储、备份和恢复。这种保护措施还包括对系统设备的备份。

（4）病毒防范制度。病毒在网络环境下具有更强的传染性，对网络交易的顺利进行和交易数据的妥善保存造成极大的威胁。从事网上交易的企业和个人都应当建立病毒防范制度，排除病毒的骚扰。防止病毒，一是安装防病毒软件，二是不打开陌生地址的电子邮件，三是认真执行病毒定期清理制度。

（5）控制权限。可以将网络系统中易感染病毒的文件的属性、权限加以限制，对各终端用户只许他们具有只读权限，断绝病毒入侵的渠道，从而达到预防的目的。

（6）高度警惕网络陷阱。网络上常常会出现非常诱人的广告及免费使用的承诺，在从事电子商务营销时对此应保持高度的警惕。

（7）应急措施。应急措施是指在计算机灾难事件，即紧急事件或安全事故发生时，利用应急辅助软件和应急设施，排除灾难和故障，保障计算机信息系统继续运行或紧急恢复。在启动电子商务营销业务时，就必须制订交易安全计划和应急方案，一旦发生，立即实施，最大限度地减少损失，尽快恢复系统的正常工作。

（四）电子商务营销交易安全的法律保障

虽然很多专家从各个角度开发了不同的网上交易安全技术保障措施，但仍难以完全保障电子商务的交易安全，众多商家和消费者仍然对网络上大量进行商业活动心存疑虑。合同的执行、赔偿、个人隐私、资金安全、知识产权保护、税收以及其他可能出现的问题使得商家和消费者裹足不前。在这种情况下，相应的法律保障措施必不可少。目前，各国政府正在加大法律调整的研究力度，纷纷出台各种法律法规，规范网络交易行为，以求网上交易安全得到可靠保证。

网上交易安全的法律保护问题，涉及两个基本方面：第一，用户交易首先是一种商品交易，其安全问题应当得到相应民商法的保护；第二，网上交易是通过网络而实现的，其安全与否依赖于计算机及其网络的安全性，在我国目前还没有专门针对网络安全的法律法规，与之相配套的各种法律制度尚不完善，因而面对迅速发展的这种商品交易与计算机网络技术结合的新型交易形式，难以出台较为完善的安全保障法规。所以，我们应当充分利用已经公布的有关交易安全和计算机安全的法律法规，保护网上商务交易的正常进行，并在不断的探索中，逐步建立适合中国国情的电子商务法律制度。

三、电子商务营销中的消费者保护

企业在开展电子商务营销活动的过程中，一个最突出的问题就是要保护消费者的利益。消费者利益的保护问题也得到许多国际组织的广泛关注。经济合作与发展组织（以下简称经合组织）在 1999 年年末专门通过了一系列关于保护消费者和鼓励全球电子商务持续发展的指导原则，这标志着该组织在鼓励企业和消费者进行跨国电子贸易方面所取得的重大进展。如果消费者对电子商务没有信心，则无论技术上取得怎样的进步和突破，电子商务绝对不可能发挥其巨大发展潜力。

电子商务营销作为电子商务的重要组成部分，面临同样问题。如果缺乏对消费者保护，消费者不敢在网上购物，那么电子商务营销也难以顺利发展。经合组织制定《电子商务环境下消费者保护准则》呼吁从事电子商务的企业：①公平地进行贸易、广告和市场营销等商业活动；②向消费者提供关于企业、产品或服务、交易条款和条件的准确无误的信息；③交易的确认过程应做到透明化；④要建立安全的支付机制；⑤及时地、公正地、力所能及地解决纠纷和给予赔偿；⑥保护消费者的个人隐私；⑦向消费者和其他企业进行电子商务宣传。

对于从事电子商务营销的企业来说，在开展电子商务营销过程中保护消费者，也是保护企业自身利益，培育市场的发展。目前，企业在电子商务营销过程中对消费者的保护要从下面几方面进行考虑。

（一）保护消费者的隐私

在信息透明度很高的互联网上，企业可以很容易地在消费者不知情的情况下获得消费者的个性化信息，而许多信息都是消费者不愿意透露的。当企业为自己利益利用或者透露消费者个人隐私信息时，就对消费者造成了伤害。根据研究，一些担心企业会使用他们个人资料的消费者或者停止在线购物，或者他网上的支出要低于其他消费者。

目前许多网站都缺乏对消费者的保护，这些网站广泛使用各种客户跟踪和信息记录技术是造成消费者隐私受到威胁的主要原因。美国电子隐私信息中心曾对 100 家知名电子商务网站进行抽样调查，结果发现它们当中只有极少一部分比较重视保护在线消费者的个人隐私。

中心在调查过程中主要是看这些网站是否使用了 Cookies 和客户跟踪等引起广泛

争议的技术。这 100 个网站中，18 家没有任何关于消费者隐私保护政策的说明，35 家使用了基于客户跟踪技术的广告，而如果按照更为严格的《公平信息在线》（美国政府部门颁布的关于保护消费者隐私的规定）来衡量，则没有一家网站达标。

企业保护个人隐私的主要措施有三方面：一是让消费者在知情的情况下来收集消费者的个人信息，并承诺对个人信息保护和非公开商业化使用。目前，许多网站通过免费或者奖品赠送来获取消费者隐私信息。二是收集消费者的信息时，隐藏消费者信息的隐私部分，不包含消费者的个体识别信息（身份证号码、电话号码、姓名等）。三是在使用方面，如果企业收集的消费者信息只限于企业内部分析使用，消费者一般都比较能接受；如果企业将收集的消费者信息出售，则有可能造成对消费者隐私的侵犯，这是企业应当非常注意的。

（二）保证消费者免受侵扰

由于网上信息发布非常方便，特别是随着 E-mail 的广泛使用，许多企业为发布信息，经常向消费者发送 E-mail 广告，造成对消费者的侵扰。这类电子邮件一般被称为垃圾邮件。垃圾邮件虽然偶尔能提供一些有用的信息，但也给电子邮件用户带来不少烦恼。不期而至的电子邮件不仅占去有限的电子邮件存储空间，对于按时计费上网的用户，花时间接收、阅览、删除垃圾邮件就意味着经济上的损失。因此，企业在向消费者发送 E-mail 时，要注意减免对消费者的侵扰。企业发送 E-mail时，避免对消费者造成侵扰主要有两种方式：一种是企业利用一些邮件列表公司，向那些愿意接收广告信息的消费者发送广告信息，采用这种方式要收取一定的费用。另一种是在收集 E-mail 地址时要遵照消费者的意愿，只对愿意接收的消费者发送 E-mail，而且允许消费者取消对 E-mail 的接收。对消费者减少侵扰的最好方法是减少给消费者发送对消费者无用的 E-mail。研究显示，用户收到的电子邮件中 65% 都是垃圾邮件。分析人士认为，新技术和既有技术的延伸，正逐渐影响垃圾邮件的数量。随机乱写主旨列信息和随机建构垃圾邮件信息内容并显示下载自网络服务器的图文件，是目前最盛行的技巧。滥发邮件者"仿效电子商务营销商的绝活，然后追踪收信者"。

（三）提供真实可靠信息

企业在网上开展电子商务营销活动时，要注意提供的信息的真实性、可靠性。消费者对网站访问的动因一个是感兴趣，另一个是信任。企业在电子商务营销活动中提供一些不真实信息，对消费者造成损害，势必对企业自身造成负面影响。因为消费者可能将个人感受在网上发布，而互联网信息传播速度非常快。因此，审视企业网站提供的信息的真实性和可靠性是非常关键的。如美国 IBM 公司由于人为原因，将笔记本电脑售价标成 1 美元，结果许多消费者都竞相购买，事后 IBM 想追回损失，但负面影响是在所难免的了。

（四）提供完善的售后服务

企业利用电子商务营销渠道销售产品时，要特别注意产品质量和提供完善的售后服务。消费者在网上购买产品，最担心的问题是无法现场检验产品的质量和感受产品的品质。因此，消费者在网上购物时，比较关心网站的信誉和售后服务。如果消费者在购买产品后，发现产品质量不符合要求，或者购买的产品与预期有很大差距，则可能给消费者带来不满足感。如果企业不能保证产品质量，同时又没有完善的售后服务，势必妨碍消费者利用电子商务营销渠道进行购物。为提升企业的售后服务水平，美国著名网络商店 Amazon 公司专门设立一些实体商店，方便消费者看样和退货。如果消费者不能得到完善的售后服务，同样可能在网上发表自己的评论，影响其他消费者对企业的评价，造成对企业的负面影响。企业保护消费者既是保护消费者权益，同时也是保护企业自身权益。在互联网的虚拟网上市场中，企业实施电子商务营销活动，最大的挑战是树立网站的信誉，增强消费者对网站的信任。如果不采取积极措施保护消费者的合理权益，消费者的反抗可能给企业带来致命的打击。

第四章　电子商务国际营销

第一节　电子商务与国际贸易

一、电子商务对国际贸易的影响

没有任何媒体能像互联网这样轻而易举地超越国界。电话与邮政在它们进入人类社会活动之初是有这种潜力的，但它们很快就被各国政府所控制，理由是为了保护国家利益。当然，互联网络也存在着被各国政府控制的可能，但在倡导贸易自由化，经济全球化趋势日益加强的今天，各国公众对政府将互联网络国家化的做法大多是持反对意见的，而且由于电子商务自身所拥有的巨大优势，其不断的发展和完善必将对国际贸易发展产生广泛而又深远的影响，主要体现在如下几方面。

（一）加快全球经济贸易一体化进程，有望形成一个统一、虚拟的国际化大市场

电子商务的出现，突破了传统市场必须以一定的地域存在为前提条件，导致了全球"网络市场"的崛起，开辟了一个崭新的市场空间，全球以信息网络为纽带连成一个统一的大"市场"，在这种网络环境中各国间的经贸联系与合作得以大大加强，成为世界经济一体化的加速器。

首先，产生了全球统一的虚拟市场。建立在互联网基础上的电子商务成为全球统一的虚拟化的交易市场。其次，市场价值规律将在全球范围内发生作用。虚拟市场的形成，超越了以往地理界限的制约，使商品与服务等有关信息能在全球范围内充分准确地流动，表现出公开、完整和实时等特性，减少了进出口双方信息的不对称性，从而避免或减少了市场信息不完全而引起的扭曲，同等质量的商品或质量相似的商品之间的竞争更加激烈，保证了价值规律充分发挥作用。最后，增大市场风险。电子商务运用于国际贸易，交易者、交易方式、交易意向过程与结果的不确定性增加，

加上网络黑客侵扰，商品和服务的提供方式、支付方式的信用风险，质量风险和技术风险都大大增加。

（二）促使国际分工进一步深化，比较优势得到充分发挥

由于电子商务的"去中"作用，可以最大限度地消除生产厂商与最终用户之间的信息沟通障碍，极大地缩短生产和消费间的距离，因而电子商务将通过国际贸易进一步延伸到国际生产领域，从而深化国际分工，使各国的比较优势得以充分发挥。

第一，电子商务催生"弹性"企业，使生产更具灵活性。所谓弹性企业，就是根据客户的要求利用高新技术降低企业的转置成本，随时从企业内部部门或外部自制调用信息、人员、财务组成新的企业，为客户要求的产品进行设计、加工生产，企业的生产方向和组织形式可以随时发生变化，经营更加灵活。

第二，电子商务的发展将促进跨国公司生产布局在全球范围内的优化。企业借助网络直接根据订单组织生产，一方面可以缩短产品的生产周期，减少库存；另一方面则有利于跨国公司在全球范围内配置资源，安排生产。促进不同企业之间在全球范围内的分工与协作关系。比如，在原材料、元器件的采购方面，企业可以通过互联网络在全球范围内招标，以取得最优惠的供货条件。在产品设计方面，隶属于不同公司的科研人员也可以通过网络实现共同设计。比如，海尔与西方大公司之间就是通过这种方式实现产品的共同设计的。

第三，电子商务推动电子协作，提高贸易产品的技术含量和服务贸易在全球贸易中的比重，推动世界产业结构向高级化发展。

第四，电子商务导致发达国家之间的水平分工进一步发展，这又加速了产品和半成品在国家和地区间迅速流动。

（三）提高国际贸易效率，更新国际贸易交易手段

电子商务时代的到来，使得服务于国际贸易的一些交易手段在不知不觉间变得更便利、更快捷了。订单、发票、提单、报关单、进出口许可证等日常往来的贸易单证，可以以加密的数据格式通过网络在各交易主体、监管部门之间进行传送，省去了通过传真与信函等传统方式传输的书面文件，提高了效率、降低了成本。网上信息发布、网上广告部分代替了电视、报纸、杂志等传统媒体中的广告宣传。企业可以通过网上市场、虚拟洽谈来开发新的客户。

电子货币代替纸质货币，实现网上信用证结算和转账，将引发国际贸易付款方式的巨大变革。电脑软件、电子书刊、电子音像制品等数字（无形）产品，通过计算机网络直接完成交易，成为一种全新的国际贸易交货方式。

（四）引发国际贸易经营主体和经营方式创新

由于时间与空间的限制，在传统的国际贸易模式中信息收集的成本相当高，致使许多国内商品生产企业没有足够的人力、财力和物力来实现商品的出口。外贸公司正是利用了这个信息缺口，凭借自身对国际市场信息掌握相对充分的优势，一方面在国际市场上寻找买主，另一方面在国内寻找出口商品制造企业，进行商品的跨国"倒卖"，进而从中获取经济利益。换言之，在传统的国际贸易模式中，外贸公司正是利用了存在于生产者和消费者之间的信息非对称性，而能够在从出口商品制造企业到国外最终用户之间这条长长的销售链中取得一席之地。如果在出口商品制造企业与国际市场之间出现一条便捷且成本低廉的信息沟通渠道，那么外贸公司也就失去了其竞争优势与生存空间。互联网正是这么一条全球性、成本低廉的信息交换渠道，它所具有的"去中"作用使得中间商利用信息的非对称性，以封锁、独占信息的方式来赚取利润的可能性越来越小。正因如此，像"电子做市商"（E-Market Maker）之类新的国际贸易模式随之发展起来。

（五）改变国际贸易成本结构

在传统的国际贸易交易模式中，在信息搜寻、合同订立和执行、售后服务等方面所花费的费用是国际贸易成本的主要组成部分，而电子商务则可以大幅度降低这些成本。有调查显示，在传统的国际贸易模式中，一笔进出口业务要处理相关的单据 200 ~ 350 份，业务流程长达一至数月；而纸张、行文、打印及改错的总开销约为货值的 7%。另外，在公司间共享的所有信息中，70% 是从采购订单中获得的。电子商务的应用，可以发掘订单附加的信息潜力，简化数据处理程序，缩短国际贸易的文件处理周期，降低企业的库存水平，消除信息传递过程中的人工干预，从而降低成本。美国《福布斯》杂志的统计表明，电子商务可以节省企业交易成本的 5% ~ 10%。

（六）降低国际贸易门槛，使得众多的中小公司及个人消费者都可直接参与国际贸易

在传统的国际贸易模式下，由于参与的成本较高，使得众多中小企业无法直接进行国际贸易，而是要通过专业外贸公司代理来进行；同样，个人消费者也无法直接从外国供应商那里购买商品，而是国内的批发商或零售商从国外供应商那里以批量订单的形式购买，然后零售给个人消费者。而在电子商务时代，互联网低廉的接入成本，使得势单力薄的中小企业及个人消费者都可以上网，直接参与国际贸易，进而使国际贸易的格局发生了根本性的变化。

（七）分化国际消费偏好

首先，电子商务的商务模式给予消费者更多的选择性。由于个人消费者可以直接以 B2C 的方式参与国际贸易，通过互联网消费者可以了解更多的商品与服务的信息；同类商品的种类较多，产品之间的替代性强，消费者有更多的选择余地，可以做到足不出户就可以"货比千家"。其次，网络贸易给小额消费提供了便利，节约了消费者的购物时间。再次，最大限度地缩短了生产与消费间的距离，使得按需消费在技术上讲成为可能。最后，电子商务还有分化世界消费偏好的倾向。

（八）创造新的国际贸易营销模式

电子商务在国际贸易领域的应用将引起市场营销的巨变，促进国际贸易营销创新，产生新的市场营销形式——电子商务营销。电子商务营销是电子商务在市场营销上的应用，也就是通过电子信息网络进行市场营销。以互联网为核心的电子商务营销正在发展成为现代国际贸易营销的重要方式。与传统国际贸易营销方式相比较，国际电子商务营销的主要特点是：网络互动。网络互动的特性使客户真正参与到国际贸易营销过程中来成为可能，客户在整个国际贸易营销中的地位得到提高，客户参与的主动性和选择的主动性得到加强。在这种网络互动式营销中，卖方和买方可以随时随地进行互动式双向（而非传统国际贸易营销中的单向）交流。

（九）促进国际贸易发展的同时，重组全球贸易利益格局

首先，电子商务的应用，使国际贸易对经济增长的促进作用更为明显。一方面，电子商务将会促进国际商品贸易发展。另一方面，电子商务促进了国际服务贸易的发展，它突破了服务业固有的时空限制，提高了服务贸易的效率，降低了服务贸易的成本。总之，电子商务做大了国际贸易这块蛋糕。

其次，电子商务所带来的贸易利益在发达国家和发展中国家间的分配不均，将有可能拉大各国之间的贫富差距。发达国家经济实力强大，技术发达，电脑网络设备普及率较高，企业人员素质好，而且大多数企业都已经上网，因此发达国家在电子商务方面具有先入为主的优势，占尽了市场的先机。电子商务提高了欠发达国家参与国际贸易的门槛，可能会进一步恶化欠发达国家的贸易条件，使贸易财富对发展中国家变得更难获得。这些不太富裕的国家多数不具备自我调整以适应更开放的市场的金融资源、技术能力和政治力量，在这些国家中，贸易自由化只有当伴随着进入外国的更开放的市场时才有益处。

（十）给国际贸易政策提出了新的命题

作为一种全新的交易模式，电子商务也给国际贸易政策提出了新的命题：电子商务基本属性的界定问题、安全性问题、关税问题、发展中国家问题等。WTO 现有的货物和服务贸易协议很难直接适应电子商务。由于其自身的多种属性和一些前所未有的特点，电子商务要求贸易政策的制定者充分考虑其规则约束的归属及其难以界定的电子商务行为处理程序。再者，目前尚不存在统一的国际法来约束网上犯罪，而各国国内的立法既不完善，又不尽相同，增加了对国际电子商务交易的监管难度。此外，电子商务使一个国家的经济安全也面临挑战。

当经济日益电子化后，互联网络的连通使数据很容易被他国掌握，尤其是技术相对落后的国家保护经济数据、机密信息和商业秘密将更加困难。

二、电子商务时代国际贸易的特点

前文所述的电子商务在降低交易成本、提高经营管理效率、交易无纸化、交易透明化、"去中"作用等方面的特点，同样会体现在电子商务时代的国际贸易领域中，而且会有更加明显的效果。因为电子商务在国际贸易领域的应用，使国界、时间和空间距离变得不再像以前那么重要。除以上特点外，电子商务时代国际贸易还将呈现以下几个特点：

（一）国际贸易管理手段的"电子化、网络化"

互联网的发展在推动国际贸易方式从传统的"有纸化"向"电子化（无纸化）"方向发展的同时，也在全方位影响政府的贸易管理行为，要求政府贸易管理部门改进管理手段，提高管理效率。政府通过建立专门的网站，更加透明、快捷地发布贸易政策，处理企业登记、审批业务，由传统政务走向"电子政务"，使国际贸易管理逐步实现"电子化、网络化"。政府贸易管理"电子化、网络化"主要体现在以下几方面：

通过政府网站发布国际贸易政策、法规，通过网络开展进出口统计和统计资料发布，进出口商品配额实行网上招标。企业在网上发出投标书竞标，外贸管理部门在网上对标书进行评选和确认并将配额迅速发放到企业。在配额使用过程中，企业通过网络及时向有关部门汇报配额使用情况，管理部门则对各企业进行监管，对配额使用不当的企业进行指导纠正或者取消其配额；实现网上申领发放进出口许可证。网络在进出口许可证管理中有着广泛的应用，可以帮助实现全面的进出口许可证核查：海关凭许可证验收，银行凭许可证结汇，这样可大大减少不必要的中间环节，提高效率，节省费用；实现海关管理和报关的网络化；网上进出口商品检验检疫管理；实现外贸业务全过程管理的电子化。

（二）国际贸易主体的多元化

电子商务在国际贸易领域的应用和发展，将使国际贸易主体呈现多元化趋势，主要表现在：传统贸易体制下进出口经营权受到约束的企业，尤其是大量的中小企业将会成为国际贸易的重要主体；消费者个人由于可以实现网上直接订购，因此也会成为国际贸易主体的一部分，这在传统贸易体制下几乎是不可能的；在传统贸易"中间商"的主体地位不断下降的同时，电子商务发展催生的新型中间商——"电子做市商"（也叫电子商务运营商）将会大量涌现，为国际电子商务的普及搭建"贸易平台"；随着电子商务的发展而逐渐形成的网上"虚拟市场"，也带动了新的企业形式"虚拟企业"（在网上登记、注册，从事国际商品和服务贸易，但没有具体办公场所的企业）的产生和发展，并在网络贸易中发挥越来越重要的作用。

（三）国际贸易单证、报文的"标准化、统一化"

传统有纸贸易方式下，国际贸易中所使用的大量单证和报文，无论在格式还是在内容上，不同国家或地区的贸易企业之间存在着明显差别，但由于是人工处理和寄送，不会影响贸易的正常进行。但在"数字"传输的电子商务方式下，不同格式和标准的单证、报文根本无法通过 EDI 方式或互联网，在不同的贸易企业和机构之间实现传输，更不能实现信息的共享。因此，电子商务在国际贸易领域的应用和发展，要求国家政府部门、企业和机构之间实现代码、单证、报文等的标准化和统一化。为此，各国的企业、政府主管部门和国际组织都在做出积极的努力，并取得一定的进展。如中国国际电子商务中心根据中国贸易企业开展国际电子商务的需要，先后制定了国际贸易方式代码、国际贸易单证代码、国际贸易交货条款代码等 7 项代码国家标准；商业发票、装箱单、装运声明等 6 项外贸单证标准；进出口许可证格式、原产地证明格式、联合国标准发票报文等 7 项国际贸易报文格式。联合国也设计制定了《联合国行政、商业、运输电子数据交换规则》（UN/EDIFACT）等一系列规则和标准。

（四）交货方式的多样化

以网络为媒介的电子商务方式，使部分商品，比如，样品和无形商品的交货方式发生了变化。凭样品成交的买卖中，样品可以通过网络以图文信息发送给对方，省时、省钱，而且可以在网上实现样品的修改、确认。技术贸易资料、音像制品、图书等无形商品，可以实现网上的直接交货，而在传统方式下，这些商品的交付则要通过跨国的邮寄运输来完成，成本高、时间长。当然，对于上述商品，贸易双方仍然可以选择传统方式实现交付。

（五）从业人员知识结构的综合化

电子商务由于减少了贸易环节，提高了企业经营管理效率，使得进出口企业可以大量减少业务人员及管理人员。但同时企业对所需从业人员的知识结构、能力水平也提出了更高的要求。电子商务时代的国际贸易从业人员，除具备传统贸易方式下需要的外语、贸易、金融、管理、市场营销、国际经贸政策、法规、国际惯例以及商品知识外，还要求具备开展国际电子商务必需的计算机信息技术知识、网络技术知识和网络操作技能，并随着电子商务技术的发展，做到知识的不断更新；否则，难以适应电子商务时代开展国际贸易的需要。

第二节　国际电子商务

一、国际电子商务的概念

国际电子商务是电子商务在国际贸易领域的应用，即利用现代通信技术、计算机技术和网络技术，以电子数据传输方式完成从建立贸易关系、商业谈判、电子合同签订到租船、订舱、报关、报验、申请许可证、配额及货款结算全过程的交易方式。简单地讲，国际电子商务是指利用电子商务运作的各种手段部分或全部地完成国际贸易的整个交易过程。

在国际电子商务交易中，首先，参与交易的各方应是来自不同的国家，即交易本身是跨越国界的。其次，交易各方抛开传统的交易方式，利用方便快捷、低成本、开放性、全球性的现代信息技术和通信手段进行交易，从推广、洽谈、签约、付款乃至交货整个交易过程的部分或全部以电子化的手段完成。再次，从参与国际电子商务的交易各方来看，除了传统国际贸易中公司之间的大宗交易（B2B）之外，也有一定量的 B2C 交易，即个人消费者也可直接参与国际贸易。最后，从国际电子商务的交易标的来看，一类是有形产品的贸易。对此类产品的贸易而言，通过国际电子商务可以完成推广、洽谈、订货、开发票、收款等相关的交易步骤，但商品的配送仍须以传统的方式进行。另一类是无形产品的贸易，这包括电脑软件、影视产品、咨询报告等数字产品。对于无形产品的贸易而言，利用国际电子商务可以完成包括商品配送在内的所有国际贸易交易步骤。另外，从电子商务的广义定义来看，国际电子商务也应该包括 EDI 等基于非互联网的电子交易手段。

二、国际电子商务的特点

由于国际电子商务的交易各方来自不同的国家，与国内电子商务相比，它的主要特点表现在：

（1）语言不同。由于交易双方来自不同的国家，因而在通常情况下他们的母语是不同的。这一点对于 B2B 国际电子商务而言影响不大；但对于 B2C 国际电子商务而言，如何有效地与客户沟通成为一个不可忽视的问题。

（2）文化习俗、消费习惯不同。如果目标市场仅局限于国内，那么交易双方的文化习俗与消费习惯是单一的；但在国际电子商务中，交易双方由于历史、语言、传统等方面的差异，因而在消费习惯方面有很大的不同。

（3）法律不同。虽然 WTO 为其成员之间的贸易制定了系统而详细的规则框架，但各国的法律在很多方面还是有所不同，因而国际电子商务必须遵守交易双方所在国的法律要求。

（4）货币不同。这涉及货币换算、结算货币的选定、外汇管理等方面的因素。

另外，与传统的国际贸易模式相比，国际电子商务特点还表现在：

（1）对于已经从事国际贸易与跨国经营的公司而言，国际电子商务为它们提供了一种全新的跨国营销模式。例如，戴尔计算机公司（Dell Computer Corp.），原先就因以邮购方式直销电脑而业绩非凡，而自 1996 年开始网上销售以来更是成绩斐然。目前戴尔已经在全球范围内建立了近 80 个采用目标市场国本地语言显示的"国家专一网站"（Country-specific Sites），并通过这些本土化网站销售其产品。顾客只要访问该公司的网站（http://www.dell.com），选好国别，网站便切换成顾客所在国的语言显示；然后选好机型并网上付款，其所订购的电脑在几天之内便可送上门。

（2）对于众多的中小公司而言，电子商务为它们提供了打开潜力巨大海外市场的捷径。如果没有网络的话，这些公司的业务多数只能局限于本国市场，而有了互联网，它们则可以直接将自己的产品"上网"，直接推向国际市场。

（3）国际电子商务的特点还表现在国际贸易销售渠道的变化上。传统的国际贸易只能采取批量销售的方式，将出口商品批发给国外的进口商，再由它们通过其国内的分销渠道，最终由零售商销售给消费者。而网上销售则不然，出口商除了可以进行这种"公司对公司"（B2B）营销模式外，还可以撇开中间商，直接与最终用户进行交易。前面提到的戴尔计算机公司、首都图书大厦网上书店、珠穆朗玛公司均属于这种"B2C"营销模式。国际电子商务的这种所谓"去中效用"省去了传统分销渠道中的层层中间环节，因而大大提高了效率、降低了成本，有着传统的跨国营销模式不可比拟的优势。

（4）从具体操作程序上来讲，国际电子商务使得国际贸易中各种信息的传递变得更为便捷、成本更为低廉。传统的国际贸易交易磋商一般要经过询盘、发盘、还盘和接受几个环节。双方在这些方面取得一致的意见后，签订合同，再进一步完成整个交易。在这个过程中，信息的传递是其核心。在传统国际贸易模式下通常采用的邮寄、电话、传真等手段，都有各自的缺陷。邮寄费时费力；电话虽然能较方便地解决磋商问题，但不能解决单证的传递；而传真的安全和保密性不足。于是，在传统的通信技术条件下，重要贸易文件传递主要靠邮寄。但是，通过邮寄来进行贸易磋商既费时又费力，尤其是国际邮资十分昂贵，如果贸易磋商的回合较多，对交易双方来说，在时间和经济上都是一种负担。

而以国际电子商务为基础的交易磋商，能够抛开这些传统的信息传输手段，有效地节约时间、降低成本，因为整个磋商过程可以完全在网络上以数字信息流的方式完成。原来的贸易磋商中的单证交换过程，在国际电子商务中演变成为记录、文件和报文在网络中的传递过程。各种各样的国际电子商务系统和专用的数据交换协议将贸易信息以加密的形式传输，保证了其准确性与安全可靠性。各类贸易单证、文件，如价目表、报价单、询盘、发盘、还盘、订单、订购单应答、订购单变更请求、运输说明、发货通知、付款通知等在国际电子商务下都变成了标准的报文形式，从而提高了交易过程的速度，减少了漏洞和失误，规范了整个商品贸易过程。

三、国际电子商务与一般电子商务

国际电子商务由于是一般电子商务在国际贸易领域内的具体应用，因此，国际电子商务与一般电子商务相比有共性，也有其特殊性，其特殊性主要表现在如下几方面：

（1）一般电子商务泛指所有商务活动的电子化过程，既包括国内商务活动，也包括国际商务活动；而国际电子商务则是针对一般电子商务中，国际商务活动电子化的这部分。

（2）一般电子商务包含所有类型的电子商务活动，如 B2B、B2C、B2A、C2A 等。而在国际贸易活动中，交易行为一般涉及政府的行政管理部门、贸易伙伴和相关的结算、运输、商检等商业部门，国际贸易的交易行为和过程本身并不直接针对市场上的消费者。因此，国际电子商务多指 B2B 和 B2A 两种模式的电子商务活动。贸易伙伴之间以及贸易伙伴与相关银行、运输部门、保险部门、商检、海关和政府部门等传输订单和相关单据和文件就成为国际电子商务活动的主要内容之一。虽然 B2C 模式也是国际电子商务的一部分，但其业务所占比重很小。

（3）一般电子商务虽然使企业直接面对全球市场，可以采取网上成交模式在互联网上直接达成交易，但是企业所从事的国际商务活动行为不仅是成交活动本身，它往往涉及从交易前准备到合同履行的方方面面。这些活动与一般贸易活动毕竟不同，要受到不同国家的对外贸易政策与措施的制约，同时又要纳入国际规范。国际电子商务的具体运作涉及的部门和范围要远远多于一般电子商务的情况，其相关的协调工作和法律管理规范都是国际性的。

（4）在我国，国际电子商务的特殊性还反映在，其发展将具有社会联动和示范效应。我国国内电子商务的发展相对西方发达国家起步较晚，相应的国内电子商务规范还没有建立起来。但是，这并不意味着我们电子商务的发展始终是落后的。我们可以充分借鉴发达国家在电子商务发展方面所积累的经验和教训，首先在对外经济贸易领域建立国际电子商务框架，逐步带动国内电子商务的发展，使我国的电子商务在较短的时间内赶上发达国家。因此，在我国发挥国际电子商务的社会联动和示范效应，是尽快缩小我国与国外的信息技术差距、推动我国企业参与国际竞争、规范我国贸易活动与世界接轨的有效手段。

四、国际电子商务与 EDI

从特定行业角度看，国际电子商务的交易方式主要涉及三方面：信息、EDI 与电子资金转账。国际贸易活动的电子化和无纸化就是通过这三方面实现的。其中，EDI 是国际电子商务活动的主要基础设施。

联合国贸易法委员会 EDI 工作组于 1994 年 10 月 14 日在维也纳举行的第 28 届会议上通过的法律定义是："EDI 是计算机之间信息的电子传递，而且使用某种商定的标准来处理信息结构。"从定义上看，EDI 必须包括三方面的内容：统一的标准编制资料、电子的方式传递信息和计算机应用程序之间的连接。

从商业及贸易的角度看，EDI 是将与贸易有关的运输、保险、银行和海关等行业的信息，用一种国际公认的标准格式进行编制，并通过计算机通信网络实现有关部门或公司、企业之间的数据传输处理，并完成以贸易为中心的全部业务过程。EDI主要用于商业、贸易过程，以电子传递的方式进行商业贸易单据的交换，取代了纸张单据，人们习惯将 EDI 称为"无纸贸易"。但 EDI 并不是从事国际电子商务的唯一技术手段，由于 EDI 的非开放性、设施的专用性，其应用范围受到限制，有逐渐被 Imemet 取代的趋势。

国际电子商务涉及更多的内容，它还包括这样一些不同的活动，如进行市场调研，确定交易机会及伙伴，发展与顾客和供应商的关系，单据交换，以及联合产品设计，提供售后服务等；而 EDI 则局限于那些预先已编制好程序与标准的交易。

第三节　国际电子商务交易程序

一、国际电子商务的基础条件

（一）搭建国际电子商务平台

企业开展国际电子商务，最基本的条件是购置和安装计算机网络设备和必需的系统与操作软件，实现与专用网络或互联网的互联，即"上网"，但上网只是企业从事电子商务活动的第一步。要进入真正的信息发布、查询，网上订购，实现与贸易方和有关机构的单证、报文交换，则必须自建或通过专业电子商务运营商搭建国际电子商务平台。

1. 通过第三方的交易平台获取信息

假如你有一批纺织品要出口（假设是非配额商品），首先可以选择一个第三方交易平台如中国商品交易市场（http://www.chinamarket.com.cn），点击进入，申请免费注册，可以进行简单的查询。一般电子商务类网站都有免费区域，初上网站的会员可以搜索商贸供求信息。如果你想获得进一步的信息资料，如外商联系方式，或想得到更进一步的增值服务，则需要申请交费注册成为正式会员，然后根据联系方式直接和需求方进行接触。这是企业进行国际电子商务的最简单形式。

2. 直接利用第三方 B2B 平台建立公司主页

在成为 B2B 平台的专业会员后，例如，中国商品交易市场的会员后，利用第三方平台及其技术力量，建立公司黄页或公司主页，外商可以通过搜索找到你的公司，增加贸易的机会，实现信息的互动和交易愿望的双向沟通。但此类服务仍然是较有限的，好比你在一座电子商厦里租用了一个门面，好处是有人给你提供物业管理服务，省心；不利之处是所提供的服务是有限度的，并且不利于长远发展和建立自己独立的电子商务品牌和形象。

3.建立自己的网站并与 B2B 平台连接

如果条件允许，资金充足，企业最好建立自己的网站，实现自己的网上交易系统，并通过付费注册的方式和专业的 B2B 平台建立连接，享受专业平台提供的系列贸易服务。这样，外商就可以直接和你的网上公司建立联系，并可以不受时间地点限制与你的公司洽谈业务，根据往来单据，跟踪业务进程。

4.与其他企业合作建立联盟专业网站或行业网站并与 B2B 平台连接

这一过程和上第 3 种类似，只是由几家企业联合投资来构建共同拥有和适用的网站。几家企业联合构建网站的好处是实力更加雄厚，资源的互补能吸引更多的客户。电子商务流量的增大将有利于每个参与的企业扩大业务范围，提升信息共享度，提高效率。但网站的管理与高效运转需要企业之间的良好协作，而经营品种的重叠或雷同，会导致网站内的企业争抢客户信息资源。

（二）建立国际电子商务人才队伍

国际电子商务作为一种全新的国际贸易交易方式，建立国际电子商务平台只是具备了开展国际电子商务的基础设施，能否实现网上交易，并进而提高贸易效率、增加盈利，关键还在于是否有业务精通、结构合理的国际电子商务经营人才队伍。

美国电子商务咨询顾问 Brian Walsh 在 1998 年的《网络计算机杂志》上发表文章指出，企业开展国际电子商务需要的人员包括：

1.业务管理人员

他们负责实施业务计划并实现内部团队设定的目标。业务经理应具备国际电子商务网站业务活动的经验和知识。例如，国际贸易知识、计算机操作技能、网络基本知识等。

2.电子商务应用专家

他们的任务是安装企业自行开发的或购买的各类国际电子商务软件包，并维护软件的正常运行。

3. 客户服务人员

他们的任务是在国际电子商务运营中实现国际电子商务企业的客户关系管理职能，如收集客户信息、处理客户电子邮件和电话请求、在网上发布信息调查等。

4. 系统管理员

他们的职责是维持国际电子商务网站 24 小时的运转和网站安全，包括预测和监控网络负荷，解决网络出现的各种问题，设计、开发和应用容错技术等。为此，他们必须掌握服务器硬件和操作系统的相关知识。

5. 国际电子商务操作人员

他们的任务是按照国际电子商务交易程序和网络操作指令完成某种产品网上贸易的全部过程，以实现赢利的目的。

6. 数据库管理员

国际电子商务的交易处理、订单登录、查询管理以及后勤运输等活动都需要相应的数据库来支持，因此开展国际电子商务的企业必须有数据库管理员来负责数据库建立和维护的职能。

（三）制定国际电子商务发展战略

企业发展战略是企业在分析外部环境和内部条件的现状和变化趋势的基础上，为求得企业长期生存和不断发展壮大而进行的整体性、全局性和长远性的谋划及其相应的决策和对策。它是企业发展和制胜的行动纲领。国际电子商务与传统贸易方式的不同，决定着企业发展战略的差异。

1. 企业发展战略的构成要素

企业发展战略的构成通常包括企业战略指导思想（企业使命）、战略目标、战略步骤、战略重点和战略对策等五个要素。其中企业使命是企业生产经营的总的战略指导思想，它是整个企业发展战略的灵魂。具体来说，企业使命要界定企业的经营领域（定位），确定企业经营理念，明确企业的公众形象，决定企业未来满足的对象（利益群体）。

2. 企业发展战略分类

根据职能的不同，企业往往把战略进行分类，并依次制定相应的分战略，企业的分战略主要有：产品战略、人才战略、市场战略、价格战略、竞争战略、营销战略、财务战略、投资战略、技术开发战略及多种经营战略。

3.企业发展战略制定程序

战略制定是战略管理的起点和首要环节，企业必须制定一个既符合客观环境变化趋势，又有利于长远发展的战略使命和战略目标，并以此为基础，进一步制订出实现企业战略目标的战略方案。战略方案是保证企业战略使命和战略目标顺利实现，所必须经过的程序、步骤，采取的手段和具体措施。无论传统贸易企业还是国际电子商务企业，在战略制定程序上是基本一致的。

4.企业开展国际电子商务的外部环境分析

企业分析开展国际电子商务的外部环境一般从以下几方面入手：

第一，分析国际电子商务总体发展状况。这一分析具体包括国内外国际电子商务发展所处的阶段，国际电子商务在国际经济贸易中的地位与作用，国际电子商务的基本特征，国际电子商务法规、政策环境，国际电子商务技术与安全环境，国际电子商务的发展趋势等。

第二，分析企业在国际电子商务领域的竞争状况。这一分析包括两部分：①现有企业间的竞争，具体又包括现有竞争者的数量及力量，企业间国际商务技术与人才质量，企业间网上经营产品和服务的差异化程度等。②潜在进入者的实力和可能采取的竞争策略，以及形成的威胁程度。

第三，分析企业在国际电子商务领域的经营地位。企业在某个领域的经营地位分析可借助"波士顿矩阵"进行。其中，企业战略经营领域的吸引力的强弱主要由市场因素（市场规模和市场增长速度）、竞争者因素、投资回报率、技术因素（如技术变化的快慢）以及社会政治因素（如是否受到政府支持）等因素决定。

根据"波士顿矩阵"，企业在国际电子商务经营领域中可能面临四种情况：前景乐观的"明星"类企业（有较强吸引力，企业有较大竞争优势和良好发展前景）；需要维持或增加投资的"幼童"类企业（具有较强的吸引力，但企业的经营地位低）；采取挤干榨尽策略的"金牛"类企业（企业有强式竞争力，但行业吸引力差，即属于"夕阳产业"）；以及必须放弃的"瘦犬"类企业（行业属于"夕阳"，且企业没有竞争优势）。

企业只有明确了自己在行业中的竞争地位，才可能制定出相应的战略对策。

5.企业开展国际电子商务的内部条件与能力分析

企业分析开展国际电子商务的内部条件和能力分析可以从四方面入手：

第一，企业经营资源分析，也叫企业经营实力分析。分析的内容主要包括：①企业经营者的决策能力和组织能力。这些能力体现在三方面：企业经营者的思想性格（是进取型还是稳健型性格）、专业水平（是否用于相关专业的知识水平）、价值观与经营经历等个人的素质；企业经营者对企业内部的管理能力和对外部环境的洞察力、判断力和应变能力；企业经营者的决策能力及领导层的协调配合能力、发挥集体智慧的能力等。②人力资源。企业要想顺利实施国际电子商务，就必须了解自己是否拥有开展国际电子商务所必需的各类技术人员、管理人员、业务人员，以及考察他们的数量、水平和来源。③财务资源与融资能力。广告时代在 1999 年对小企业的一项调查显示，小企业建设电子商务网站的平均费用为 7.8 万美元。国际数据公司（IDC）和 Gartner Group 公司 1999 年的调查表明，大企业建立和实施一个全面的电子商务网站大约需要花费 100 万美元。而建立一个一流的国际电子商务网站则需要花费 200 万 ~ 300 万美元，并且一旦网站建立并开始运营，不管其规模大小，年维护成本会达到其建设投资的 50% ~ 100%。因此，企业必须评估自己的财力，能否负担得起国际电子商务计划实施所需的全部费用，并与传统方式下的经营成本进行比较，与开展电子商务节约的成本和提高的贸易效率进行比较。如果企业资金不足，还需考察自身的融资能力，包括融资数量、来源、归还能力、方式，不同融资渠道的筹资比例，采用何种方式最为适宜，以及企业资金与运营资本的长期与短期需要等问题。④物理资源与技术条件。企业还需考察自己是否具备实施国际电子商务计划所需的硬件和软件及其他相关物理资源。如果尚不具备这些物理资源和技术条件，企业是否能够得到它们，以及如何得到。

第二，企业价值链与供应链分析。迈克尔·波特在 1983 年出版的《竞争优势》一书中提出了企业"价值链"的思想，他把企业业务活动分解成一系列为企业创造价值的活动，其中产品和服务的原材料进货保存、生产、销售、运输和售后服务被称为"关键活动"，采购、研究与开发、人力资源管理以及企业的全面管理和计划、财务、会计、法律等活动被称为"支持活动"。这些活动结合在一起可以为企业带来利润，即增加价值并实现企业的其他目标。

企业供应链，是产品从生产到销售过程中供应商、生产商、运输商、分销商与消费者之间形成的相互供求关系链条。在企业供应链中，各个环节之间必须紧密配合，否则就会出现信息延误或供应链中断，其后果则意味着丧失商机或资源浪费。

在国际电子商务方式下，供应链中的各个环节通过网络实现"在线"传送动态数据流，它以实时数据信息联系着世界各地的贸易伙伴，大大减少了传统人工方式下数据信息传递的延误和信息失真。

企业价值链的效率是企业竞争优势形成的基础，而企业的价值链与其供应商、分销商价值链组成的供应链的效率则是企业竞争取胜的基础。企业价值链分析实际上考察企业各职能单位是否能够密切合作。在考察企业价值链的同时，还应把它同上下游企业联系起来统一考察，构成一个供应链价值系统。

第三，企业竞争优势分析。通过企业竞争优势分析，国际电子商务企业能认识到如何培育和发挥竞争优势，从而在国际市场竞争中取胜。竞争优势通常包括地位优势和实力优势两方面，而后者包括直接竞争力（指企业在市场、产品、服务、企业成长因素等方面的竞争优势）和基础竞争力（指企业的人、财、物、技术、信息等资源的数量、质量及其对电子商务运作的满意程度，优越的管理能力等有形和无形的资源）两方面。

第四，企业战略因素综合分析。企业战略因素综合分析，是为了综合评价企业的外部环境和内部条件，并达到最佳组合。企业战略因素综合分析，通常采用强项、弱项、机会、威胁分析方法，即 SWOT(Strengths，Weaknesses，Opportunities，Threats) 分析。SWOT 分析通过识别企业的强项和弱项、机会和威胁的相关因素，就可能发挥优势，克服弱点，充分利用有利的机会，避免威胁，找到真正有利于企业发展的时机。

SWOT 分析方法为企业提供了四种可以选择的战略：SO(Strengths，Opportunities) 战略、WO(Weaknesses，Opportunities) 战略、ST(Strengths，Threats) 战略和 WT(Weaknesses，Threats) 战略。

（1）SO 战略：企业利用自身优势去抓住外部环境机会的战略。

（2）WO 战略：企业利用外部有利机会来扭转自身劣势的战略。

（3）ST 战略：企业利用自身优势来减轻或避免外界竞争环境的威胁的战略。

（4）WT 战略：企业克服自身弱点和避免外部威胁的战略。

在对外部环境及其变化趋势和内部条件进行全面、科学的分析之后，企业就可以有针对性地制定开展国际电子商务的战略定位、战略目标、战略步骤和战略措施。

二、国际电子商务交易程序

国际贸易企业在建立了自己的站点（或在第三方网站建立自己的主页），实现了与互联网的互联，对所经营的产品的国际市场行情进行了全面分析，确定了企业产品的营销策略，并且取得本国国际电子商务认证机构的认证后，下一步就可转入与国外客户的实质性网上交易阶段。

（一）国际电子商务交易网络

1. 国际电子商务交易网络

国际电子商务与国内电子商务的最大区别在于，前者的整个交易过程涉及的当事人及机构多，程序复杂，任何一个环节出现问题，都会给贸易的进行带来障碍。因此，将国际贸易涉及的所有当事人及管理机构，通过数据交换中心，全部纳入一个开放的网络系统，实现所有各方计算机系统的互通互联，是国际电子商务顺利进行的基础。不仅如此，该系统还应实现与世界各国或地区企业、政府机构的链接。

2. 国际电子商务交易与管理流程

由于国际贸易交易过程的完成，涉及众多的当事人和机构，虽然国际电子商务与传统贸易方式相比，具有成本低、效率高的特点，但交易过程所涉及的基本环节却不能有任何缺损。因此，不管是国际电子商务专业运营商，还是企业自建的网络交易系统，都必须能实现交易的各项功能。例如，一个完善的 B2B 国际电子商务交易平台应具备以下系统结构及特点：商品管理系统、信息发布与管理系统、平台管理系统、用户注册与管理系统、通用数据接口、高度自主的多用户管理功能、高智能的信息定向传递系统；在线销售、采购、招投标，通过数字合同与合同认证，实现无纸合同、多层次的网络安全保障、严格的信用与资质体系、基于同一数据库的多语言用户界面。

（二）网上交易磋商

国际贸易交易磋商涉及询盘、发盘、还盘和接受等一系列环节，目前专业电子商务运营商和大型企业网站，均可实现网上交易。

1. 交易磋商前的产品查询

对于初次交易者而言，在进入交易磋商之前，查询产品供求信息，以确定合适的交易对象是必不可少的环节。目前国内外的电子商务网站，尤其是专业国际电子商务网站可以提供数万家厂商、几十万种商品供查询。在查询后，可实现网上即时询价和下订单。

2. 网上交易磋商

网上交易磋商是在对某种商品的供求状况进行全面了解之后进行的。下面以出口商出口电视机，通过某国际贸易电子商务交易平台网站进行交易磋商为例，说明网上交易磋商的基本程序。上网后输入网址，进入该网站主页。用鼠标点击"海外采购"，进入页面。在该页面的产品询盘列表中，找到有关电视机的询盘，用鼠标点击进入，查看该询盘的详细内容和要求。

如果出口商能够按询盘要求供应该项产品，要进一步了解进口商的资信状况，可以按照页面所给联系方法，做进一步了解。确认无误后，即可向进口方进行发盘。如果企业已经进行网上注册，进入主页交易平台，就可对外发盘；如果企业是初次上网，则要先进行登记注册，才能进入交易平台对外发盘。

双方经过网上磋商，交易条件达成一致后，通常还要签订正式的合同。由于合同的法律性和严肃性，以及网上签约的安全性，目前进出口商对网上合同的采用还比较少。因此达成交易后，多数还是通过传统方式来签订正式合同。

3. 网上合同履行

（1）合同履行的基本环节。国际贸易合同的履行比国内贸易要复杂得多，主要表现在涉及的部门和环节多。

（2）网上合同履行。就目前我国及世界绝大多数国家或地区而言，由于网络技术及安全方面的原因，合同履行所涉及的各个环节还无法全部实现网上完成，尤其是不同国家间的单证、报文实现网上传输还存在很多障碍。但是，网络技术发达的国家或地区以及国际机构，为此已做出众多的尝试和努力，并取得了明显的进展。至少，在合同履行的某几个环节上，可以实现网上完成。比如，在企业申请政府发放配额、许可证环节，在产地产证申请、发放环节，在企业租船、订舱环节，在进出口报关环节等，我国已基本实现网上进行。

三、出口贸易电子商务营销策略战术

出口商在网络时代面临全球市场范围的激烈竞争，但决不能坐以待毙，必须主动出击进行电子商务营销，在网上传播自己所有的符合潜在买家要求的信息，占取先机、赢得商机。可以通过建网站，做网页，发布供给信息、样品信息和企业信息等方式进行宣传推广，并且必须想方设法扩大访问量，让买家可以很容易地找到你，吸引买家注意，否则可能一年半载都没有买家来访问一次。网站的结构必须简单，网页上产品图片要清晰，要让买家能顺利下载，无困难地浏览，在短时间内了解出口商的实力、产品的品质、价格与交货能力等他们关心的内容。

（一）宣传推广

吸引买家访问的招数很多。最直接的做法是打知名度，申请让人好记的域名，让人轻松记住域名。各大搜索引擎门户网站仍是许多人上网查找信息时优先考虑的方法，出口商主动到这些搜索引擎登录网站或网页资料，让买家可以很快搜索到，便宜又很有效率，登录越多，由其导入的访问量会越多，被查到的概率越大。有些网站还在提供登录服务之外，用一些技巧让网上资料更易被查到，以及查询时排名会排在较前面的位置。在搜索引擎注册要花工夫，有很多软件可帮你自动注册到搜索引擎上，如"登陆奇兵"可帮你在世界上 5 000 余个搜索引擎上注册。某些网站也可以帮你注册，输入关键词"免费搜索引擎注册"就可找到。它们确实有帮助，但实际用处是有限的。

还可以设计小型的网站识别图标，然后找别的网站作为合作伙伴，双方做友情链接、互换广告，提高访问量。若财力充足也可到一些访问量大的门户网站，花钱做网上横幅广告。许多网站都有 BBS 功能，可用来发布信息。但最好的还是用一些专业国际贸易网上的信息发布服务，发布你的商品信息、样品信息和企业信息，能够引起买家的注意。

（二）推式促销

电子商务营销的主动出击中，用 E-mail 向买家发送信息，成本低而有效，但得慎用，以免被视为垃圾邮件。出口商可用电子刊物的方式，经读者的勾选许可后，发送指定的电子商务营销信息，这种许可营销（permit marketing）既可取得信任感，又可建立良好的顾客关系及自己内部的资料库。免费程序提供也是有效的方式，例如，设计了一个好用的程序工具，除了从网站免费下载，还可用抽奖活动鼓励，加上网友间的 E-mail 传送，效果惊人。有技巧地在各大网站的留言板、BBS、新闻组、论坛、聊天室等引起一些话题，也能吸引买家访问你的网站或网页。

（三）推式营销

以上电子商务营销方式也可说是出口商把商品信息往买家"推"，出口商在看了买家在网上发布的信息后主动回应，将自己的信息送到买家门上让其选择，也是推。但推还不够，还必须"拉"买家。出口商发现有买家访问过自己的信息，怎样拉住买家继续了解自己的商品呢？出口商可用邮件列表系统，源源不断地将最新产品信息通知买家，始终拉住那些访问过自己网站的目标买家，保持其长期兴趣和关注，从而留住回头客或促成新买家下单。网上接到的询盘多是试探性询盘，无品质、数量、交货期等描述，仅仅是了解出口商的产品;真正询盘（实盘或虚盘）实际上较少。出口商不可忽视试探性询盘，对之推拉并用，就有可能获得买家真实发盘。

（四）网络调研

网络的互动功能为出口商提供了高效率低成本的市场调研环境，为出口商跟踪买家的采购倾向提供了便利。出口商可以根据买家选择信息的形态，或用技术手段解析得知潜在买家是谁，顺藤摸瓜分析买家的采购习性和喜好，迅速掌握买家的动向，从而对症下药，投其所好地供给相应的商品和服务，卖出产品赚到外汇。

"知己知彼，百战不殆。"网上信息浩如烟海，出口商利用搜索引擎作为"探海夜叉"可以搜集从买家信息到市场环境信息的大量商业情报，对搜集到的不同地区、不同行业甚至不同买家的情报加以分析整理，作为决策参考，有的放矢，针对性强，从而大大降低成本，提高成功率；而这也正是营销要实现的重要目的之一。一些专业的外贸网站给出口商提供有大量优质的国际贸易市场研究报告和评论文章，而其部分源头商业情报就来自互联网。出口商在电子商务营销中，还可以通过搜索引擎、垂直门户、行业资源网、专业 BBS、新闻组、论坛、分类广告，甚至 ICQ、交友网站等主动出击，寻找潜在买家，推拉并用，拓展市场。

（五）突出重点

电子商务营销中，也可用铺天盖地的信息密集轰炸来引起买家的注意，可以广而告之，可以群发 E-mail，可以到各网站上发布信息……总之是出口商要经常地、广泛地传播信息。这么做当然会有买家注意，但是出口商都有自己的市场开拓重点，做电子商务营销也得注意抓重点，对重点地区加大力度，重点营销，在营销中突出自己的重点和优势，突破重点。记住这个规律：80% 的利润来自 20% 的买家。

（六）借助外包

许多中小出口商因为资金、人才和技术的限制，对做电子商务营销是心有余而力不足。怎么办？最好的办法当然还是外包了，巧借专业国际贸易电子商务服务商之力进行电子商务营销。有些专业的国际贸易电子商务服务商提供电子商务解决方案的同时，还进行个性化电子商务营销支持，使出口商少花钱多办事。出口商若成为他们的会员，普通会员可在网上发布信息，高级会员可得到域名注册、虚拟主机和网上商店，出口商还可把这个网址印在名片上。上去看看，你会发现这真是多快好省地做电子商务营销！

四、国际贸易公司如何开展电子商务营销（案例分析）

国际贸易公司由于业务涉及出口，所以网站就显得非常重要了。下面以某国际贸易公司为例说明国际贸易公司如何开展电子商务营销。首先要设计一套电子商务营销方案，然后按下面四个具体步骤来开展电子商务营销。

第一，通过企业的自身情况选定合适的搜索引擎注册，并且隔一段时间观察排名情况，并总结出哪些搜索引擎能带来实际效果。根据这个国际贸易公司有国内业务也有国际业务的特点，而且国际业务又占了大约 70% 的比例，建议这个公司注册 Yahoo 英文搜索引擎、MSN 英文搜索引擎。在免费英文页面搜索引擎方面，将这家公司的网站注册到 Google 等英文搜索，并在提高排名方面做出了努力，现在在查询的时候基本上在搜索关键词的第二个页面能出现这家公司的网站链接。在国内搜索注册方面，注册了新浪和搜狐两个搜索引擎，另外还注册了百度竞价排名服务以及网络实名。另外由于这家公司也有相当一部分日本客户以及印度客户，又将其网站提交给了日本门户网站 www.Yahoo.co.jp 以及印度门户网站 www.rediff.com。

第二，在 B2B 网站推广方面，为企业订购了发布信息类软件，比如，《商务快车》以及《环球商务信息发布系统》等，这类软件能把产品信息及时而且批量发布到国内外各个 B2B 网站上去。另外，该公司又加入了阿里巴巴（alibaba.com）诚信通会员服务。

第三，为企业培训电子商务营销人才，在电子营销中，培训人才是关键，因为企业没有专业的电子商务营销人才，而电子商务营销又需要长期做下去，如果没有专业人才来进行营销，就不能产生很长期的效果。主要培训怎样通过网络手动发布及搜索信息，怎样通过软件进行营销，怎样"群发"分类电子邮件，怎样和相关网站做友情链接，等等。通过半年多的推广工作，该公司的网站已经注册成功了 60 多家中英文搜索引擎，其中有 10 家左右是知名度最高的搜索引擎。通过英文搜索引擎，吸引了大量欧美客户通过网络订购产品，原来欧美客户在国外客户中的比例很低，最近在逐步提高。在国内推广方面，由于该公司几乎垄断了搜索引擎前三名，国内业务也比以前提高了很多。通过邮件群发以及软件的主动出击，客户能知道产品的最新信息以及动态。最重要的是，通过培训的企业内部营销人才进一步加强网站的电子商务营销，新客户能源源不断地找上门来。

第五章　电子商务营销实用营销技术

第一节　虚拟社区营销

一、虚拟社区简介

以前，很多人共同生活在一个小村落或者一个小社区里面，大家经常交流。茶余饭后，一个社区的人聚在一起聊天、娱乐等，彼此之间互相了解，性格爱好非常相似。但随着经济的发展、社会的进步，人与人之间的沟通在减少。很多人非常不习惯现代人快节奏的生活，喜欢过去那种单纯的人际关系和真诚的情感交流。互联网的出现，似乎打破了这个局面。通过网络的连接，过去日渐崩溃的人际关系又重新巧妙地联系在一起，从而形成另一种类型的"社区"（Community），这也就是我们通常所说的"网络社区"（Online Community）或"虚拟社区"（Virtual Community）。很多人上网是为了获取信息，但更为重要的是为了人际沟通、互动和交往。我们既需要去浏览信息，也有发表信息的欲望，虚拟社区为我们提供了一个很好的生活空间。

（一）何谓虚拟社区

1. 从"社区"到"虚拟社区"

"社区"一词有多种含义，社会学对社区的定义也是包罗万象。德国社会学家 F. 滕尼斯从社区的起源上认为，社区指的是一种基于血缘关系或自然情感的社会有机体；而英国的社会学家爱德华和琼斯从社区结构与组织形式判断：有一群人，居住在一定的地方，在组织他们的社会生活时行使一定程度的自治；美国的社会学家威廉·怀特则从社区成员的内在联系上指出，社区一方面有一种情感上的力量，另一方面它还是一种对于发生在身边的熟悉的社会环境的归属感。我国一些学者认为，社区是进行一定的社会活动、具有某种互动关系和共同文化维系力的人类群体及其活动区域（也有人强调：社区是以一定地理区域为基础的社会群体）。

"虚拟社区"是从英文"Virtual Community"翻译而来的。"虚拟"一词在《现代汉语词典》中是指"不符合事实的、假设的"。因此，从中文的角度理解，"虚拟社区"似乎是非实在的、类似于乌托邦的"理想国"。所以人们很容易得出"虚拟社区"是人们在网络上构造的虚幻世界的结论。然而，虚拟社区并不虚假，网络是真实的，网上社区也是真实的，人们在此获取信息、广泛交流，甚至购物、交易、娱乐等。目前，全世界都用 Virtual Reality 来描述网络给我们营造的新空间，即"虚拟现实"。虚拟现实能使人造事物像真实事物一样逼真。

2. 虚拟社区的定义

所谓虚拟社区，一般是指一群拥有相同或相似兴趣、爱好、经验的人（如学生、上班族、女性、男性等）或是有着一定知识和技能的专业人士（如软件程序员、营销人员、医生等）通过各种形式的电子网络，以电子邮件、即时通信软件、新闻小组、聊天室或论坛等方式组成一个社区，让参与的会员进行沟通、交流、分享信息。由于这种社区不需要固定的聚会时间及实体的聚会地点，而是建立在虚拟的网络环境之中，因此称为虚拟社区（Virtual Community）。

（二）虚拟社区的产生

最早的虚拟社区产生于 20 世纪 80 年代早期，美国一个连接各大学计算机中心的网络 USENET，它的主要目的是传播不同主题的新闻。参与者可以在这个网络上建立自己的"新闻组"（NEWSGROUP），其他人则可以依据该新闻组的主题张贴相关信息，也可以读取他人所张贴的相关信息，因此形成一个交流经验、分享兴趣的虚拟社区。新闻组式的虚拟社区起先并没有任何商业上的行为，直到通过网络提供服务的在线服务公司（Online Service）出现，才开始为虚拟社区加入了商业活动的气息。到 20 世纪 90 年代中期，互联网的迅速普及与其开放又隐匿的特性，让虚拟社区的发展更加迅速，被 Lycos 购并的 Pripod.com，被 Yahoo 购并的 Geocities、The Globe.com，以及女性网站 iVallage.com，都是当时相当知名的以经营虚拟社区起家的网站。

国内一些知名的社区有：网易社区（club.163.com）、新浪论坛（people.sina.com.cn）、阿里巴巴的以商会友社区（club.china.alibaba.com）、通过做校友录虚拟社区起家的 Chinaren.com 网站（现已被搜狐收购），以及焦点 Smiling 电子小组（www.smiling.com.cn）等。

一般而言，虚拟社区的产生有以下几个条件。

1.网络的匿名性

为了一个社区的持续生存，社区成员之间必须有相当程度的认识和了解，第一步先要建立每个成员在社区中的身份。虚拟社区中的身份是通过自己设定的称呼、签名档、扮演的角色以及文章中的自我披露，建立个人在社区参与者之间的身份。经过长时间的在线交流，个人的身份就能够渐渐被其他成员接受。

2.成员之间的关系

虚拟社区中的成员有些是在现实社会中就已经认识的，这样可加速社区关系的发展。同样的道理，通过在虚拟社区建立关系，不断地沟通和了解，在线的朋友也可能成为离线的朋友。

3.建立网络礼仪和规范

在一个虚拟社区中大家共同遵守约定俗成的规范。例如，不得恶意灌水，不得发布违反国家法律的言论，不得发布色情文字和图片，不得直接宣传企业的产品，不得发布与社区主题不一致的文章，等等。

（三）虚拟社区的种类

不同的学者对虚拟社区有不同的分类，我们根据虚拟社区的互动形式，将其分为三类：异步互动虚拟社区、同步互动虚拟社区、WWW集成式虚拟社区。

1.异步互动虚拟社区

异步互动虚拟社区可使社区成员相互沟通，但不强调沟通的即时性。如电子公告板（BBS）、新闻组（Newsgroup）、留言板、讨论组（Discussion Group）等。其中最具代表性的是BBS。BBS是一项已被使用多年却历久弥新的应用服务，它允许使用者自由地通过网络互相沟通，受到众多计算机网络使用者的青睐。BBS让参与者通过发表帖子，回复他人的帖子来进行讨论以达到社区互动。在国内可登录的BBS主要是各个大学建设的，最有名的是北京大学的未名站（bbs.pku.edu.cn）和清华大学的水木清华站（bbs.tsinghua.edu.cn）。

2.同步互动虚拟社区

同步互动虚拟社区中的成员沟通具有即时性的特点。例如，一些网络聊天系统（IRC、QQ、MSN Messenger等），还有MUD网络游戏。MUD是英文Multiple User Dimension、Multiple User Dungeon或Multiple User Dialogue的缩写，可以译为"多人世界""多人地下城"或"多人对话"，俗称"泥巴"。对MUD游戏的定义是要能够Virtual Reality(虚拟现实)，也就是说，在MUD中你所接触到的，是一个由电脑构造出的广阔的虚拟世界，在这个世界中的每一个游戏角色背后，都有一个现实中的人在操作，他的七情六欲、喜怒哀乐、脾气嗜好、价值观念，无不完全投射到游戏角色身上，并影响游戏的进程。玩家在 MUD 中可以实现在现实生活中根本无法体验到的人生感受，在 MUD 中你可以是一名风流倜傥、助人为乐的大侠，也可以是一个杀人不眨眼的大魔头，这都凭玩家高兴，只要愿意，你可以扮演任何不同的角色。在 MUD 世界中没有游戏结束，没有固定的剧情，在这里只是虚拟的空间，所有的角色和物品都只是玩家意愿的体现，既真实又虚幻。正是这种感觉倾倒了世界各地的无数玩家，每天都有来自世界各地的成千上万的玩家在分布于世界各地的 MUD 上奋斗，营造自己的梦想。

3.WWW 集成式虚拟社区

一般情况下，WWW 站点设计的虚拟社区，普遍都具有留言板、文章精华区、通讯簿、聊天室、主页空间、相片集及发送邮件或即时信息等功能。聊天室和即时信息实际上是属于一种实时的同步在线互动，但其他的功能则可以不需要实时反应，也就是属于异步互动。随着互联网的发展，虚拟社区网站也纷纷设立，国内大部分的大型门户网站（如新浪、搜狐、网易、首都在线等）和搜索引擎网站（如雅虎中国、百度网等）都建设有这类集成式虚拟社区，免费为用户提供一个互动交流的空间，在上面设立各式各样的讨论小组。这样就使得具有相同兴趣和爱好的人彼此有交流的机会，由于有相同的话题可以作为互动的基础，虚拟社区扩展了人际交流的机会，提供了一个情感抒发的渠道。

二、虚拟社区的经营与发展

（一）虚拟社区的成立

1.虚拟社区的定位

要建设一个虚拟社区，首先要进行目标用户定位。根据罗家德的观点，通常有六大类型的用户群可以在网络上发展成为虚拟社区，分别是：

第一，在现实世界中已经有社区意识的一群人。比如，常见的同学会，可在网上建立同学录，通过网络保持联络。同样的还有联谊性的俱乐部、家族以及同乡等人群。

第二，具有相同的社会经济背景。例如，相同的年龄、性别、宗教、社会地位、收入水平，以及地域（这里主要指在城市与乡村之间的差距）等。这类人组成的社区，由于他们具有共同的社会经济背景,因而往往有相同的消费风格,可以发展合作消费。

第三,相同的专业。因其职业的技能而区分,如医生、律师、会计师、软件工程师、大学教授、营销经理等。这类社区可以发展合作生产,如 Dobig.net 社区汇集了一群管理理论和实践方面的精英,大家资源共享形成互动,常常一起来承担企业的咨询业务,发表在论坛里的精华文章,会有专人负责向传统媒体杂志投稿。

第四,通过产业来划分。区分不同的产业,而形成的不同的虚拟社区。例如,在我国最大的 B2B 商业网站阿里巴巴的以商会友虚拟社区(club.china.alibaba.com)里,按行业划分为化工论坛、纺织服饰、轻工工艺、农业论坛、食品饮料、电脑软件、医药养护、建筑装修、电子与通信、机械设备、金属矿产、家用电器、汽摩世界、包装印刷等 14 个行业论坛。

第五,由地理区域划分。因某一城市、某一地区或某一省而划分,在我国各个省、各个城市都建有自己的信息港,如青岛信息港(www.qd.sd.cn)、淄博信息港(zbinfo-net)及日照信息港(rzinfo-net)等。地理社区通常对该地民俗风情、人文景观、食宿交通等进行介绍,所以非常适合旅游业的发展。

第六,共同的主题。因共同的主题而结成的社区,是目前在网络上最多的社区种类。如红楼梦讨论、网络营销小组、JAVA 程序设计、歌迷俱乐部等。这类社区既可以发展合作消费,也可以发展合作生产。

首先要建设一个虚拟社区,其次要对社区名称和功能进行定位。在确定社区的具体名称时,要注意保持名称的醒目、简洁、易记,这样可以抓住网民的眼球,例如,阿里巴巴网站的"以商会友虚拟社区"。一般情况下,社区应该有一个简介作为宣传,体现社区的特色和对会员的吸引力。同时,还要确定社区提供哪些功能和哪些服务。常用的虚拟社区服务有聊天室、即时信息发送、免费电子邮箱、电子邮件列表、论坛、免费个人主页空间、社区主页空间、搜索服务、留言板、地址簿、相册、日历、网络硬盘、电子贺卡等。建设社区时,可根据社区特色来确定服务的选择。

2.虚拟社区的价值

对于虚拟社区的价值,台湾元智大学网络社会学教授罗家德先生认为,虚拟社区网站要比一般的门户网站(Portal Website)和内容网站(ICP)更吸引人的地方,不在于网站上有多少信息可供查询浏览,而在于它能够把互动的人集中起来,提供一个沟通、社交和发表的良好园地。成员在社区里,发帖子或者是灌水,经过专栏版主或社区经营者的整理成为有用的信息。信息吸引人,人又创造信息。虚拟社区的这种互动机制会吸引更多的人来加入,新成员又会创造更多的互动,如此良性循环下去,虚拟社区会呈指数曲线快速增长。

一般的网站是通过提供丰富的信息和功能强大的服务来吸引网民浏览，而一旦另有网站提供相同的类型的服务和更多更好的信息，会员的流失是在所难免的。而虚拟社区网站则不会，社区内错综复杂的人际关系将留住会员的脚步。有了互动才能创造关系，有了关系才会带来认同，有了对社区的认同就会产生忠诚度。

那么这种会员之间相互的信任以及对社区的忠诚度，是社区最重要的财富，这样可以形成交易的可能，减少交易的成本。成员在社区里经过长时间积累起来的信用，以及对社区的忠诚将会使成员与社区共同受益。

在虚拟社区的经营中，成员的人数一旦突破了关键点（Critical Mass），就进入起飞阶段，倍数增长。有了一定数量的成员，社区的经营者就可以从中获得丰厚的利益。虚拟社区在长期的积累中，获得了丰富的成员资料，对成员的生活风格、消费风格、兴趣爱好、主要的技能、职业以及大体的收入水平等有了相当的了解。会员的相互信任及对社区的忠诚使交易成为可能，而对成员具体资料的收集可促进一对一关系营销的实际操作。

（二）虚拟社区的经营

1. 社区的内容（Content）经营

虚拟社区的内容一般就是指成员在社区里面发的帖子，帖子越多越有价值，会吸引很多成员来加入。成员在社区发了一个帖子，后面会有人来回复，或赞成或反对，然后再有人来辩论，如此来形成互动。如果只是把信息堆在网站上，等着网友来翻看，这算不上对内容（Content）的经营。只有吸引网友来主动地发表信息，才会持久地经营下去。一般在一个虚拟社区里，有近20%的人热情、主动、喜欢展示自己，与他人分享自己的思想，经常在社区发表一些帖子，此类人被戏称为网络灌水者或贡献者（Contributor）；而另一类大约有80%的网友比较被动，不善于或不喜欢表达自己，很少在社区发言甚至从不发帖子，只是默默地浏览别人的帖子，该种类型的网友常被称作网络潜水者（Lurker）。社区网站的经营者，不应该自己去做内容，这样成本要高而且不一定能让浏览者喜欢。社区的经营者应让成员成为不付薪水的员工，鼓励他们灌水、评论，这样才会使整个社区里面的内容越来越丰富。

2. 社区的事件（Event）经营

经营者若想使社区的人气旺起来，不仅需要丰富的内容，而且需要不断地制造一些事件让成员来参与，以增进成员之间的交流，加强成员对社区的认同感。以"网络营销小组"虚拟社区为例，该社区定位于"营销人的网上社区"，探索中小企业网上营销、电子商务之路。小组里面经常会有人来组织成员在网下聚会，很多成员由此从网上结识，网下成为好朋友。相当一部分成员往往具有自己独特的优势，比如，有的资本实力雄厚，有的实践经验丰富，还有的是计算机网络技术人员等。他们通过聚会，在相互信任的基础上达成了很多交易，同时也加强了对社区的认同。另外，该小组的组长老海还经常把小组内部的精华文章和热点讨论转发到"网络营销论坛"网站（www.webpromote.com.cn）上，供非小组成员浏览，以此吸引更多的人加入小组。

3. 社区的忠诚度经营

有的社区，成员去过一次后便很少光顾，而有的社区则会让成员流连忘返。这就需要加强社区的忠诚度经营，不但要抓住网友的眼球，更要抓住网友的心。进行社区成员的忠诚度经营，可以有很多的做法，这里简要介绍几种。

第一，定期更新社区的服务和内容，始终保持你的社区内永远有新鲜、有趣、热闹的事发生，让成员每次进入社区都会感受到惊喜。

第二，将成员发表在社区里的原创精华文章和讨论热点放在社区的显眼位置，供社区的成员来浏览和评论。

第三，记住成员的生日，每天在社区的固定位置向该天的社区"寿星"祝贺，并以社区的名义发送电子贺卡或赠送礼物。

第四，经常在社区内举办各种活动，鼓励成员参加，可以根据表现在社区成员中选举社区明星并给予奖励。

第五，社区网站推出新的服务和内容时，对社区成员要有优惠，社区提供的有偿服务要给予成员一定的折扣，等等。

4. 社区的激励机制经营

要想提高你的社区成员的参与积极性，必须建立一套完善的激励机制。虚拟社区的激励机制，一般包括成员投入的量化机制对于他们的奖励机制。例如，Smiling 电子小组社区给成员投入的量化是这样的：每一小时之内登录 Smiling 电子小组 +5 分；邀请一名好友注册 +1 分；发表新帖子 +1 分；回复帖子或帖子被回复一次 +2 分；帖子被点击一次 +1 分；上传一张图片 +5 分；图片被查看一次 +1 分；上传一个文件 +2 分；上传一个书签 +2 分；创建投票议题 +5 分。另外，给成员的活动量化出分值以后，要相应地建立奖励机制。成员分值的高低就是一种激励，再加上社区根据成员的分值给予不同的称号，如新手上路、初出江湖、一般站友、高级站友、白银长老、黄金长老、本站元老，直到最高级别的开国元老。同时，有的虚拟社区网站还会让成员利用手中积累的分值来交换礼物、服务，或者通过虚拟货币的形式来抵消部分消费。

（三）虚拟社区的发展

1. 虚拟社区发展的四个阶段

社区的最大财富就是会员，但如何来经营会员？如果你正在准备成立一个社区或者已经成立了社区，如何来发展？面对众多的社区网站，如何赢得良好的口碑，在竞争中脱颖而出？有四个基本步骤：

第一，吸引会员，初步建立起虚拟社区。要建立一个社区网站，首先要进行市场研究。主要分析谁将是你的目标成员，他们有什么需求，有什么使用偏好等问题。其次，要在准确把握自己社区的核心价值的基础上，进行定位。网友们为什么要加入你的社区，你要给予他们充足的理由。最后，需要进行必要的营销宣传。资金实力较为雄厚的网站可以在一些传统媒体（如电视、报纸、路牌等）上打广告，而实力较弱的网站可以在网络上发布一些 Banner 广告，通过交换链接、注册搜索引擎、免费服务等方式来宣传。

第二，增加社区交通量，扩大社区的品牌知名度。这里所说的社区交通量是指访问该社区的人数和每人平均在社区停留时间的乘积。如果仅仅是通过大量的宣传而带来访问者，但访问者在社区停留的时间很短，这样也不能算是成功。一方面，社区经营者可以使用病毒式营销，鼓励社区成员向他们的亲朋好友介绍社区，或者在现实的社区中打造声势，增加访问量。另一方面，还要通过会员互动，在会员之间建立起良好的网络人际关系，或者不断地增加更多更好的内容和服务，尽量延长会员在社区内的停留时间。

第三，建立忠诚度，增强社区的品牌美誉度。要在会员与会员之间、会员与社区经营者之间建立良好的互动关系。通过一定的激励机制和一些诸如网友聚会之类的事件来逐步建立会员对社区的认同。注重对社区成员个人资料的收集，加强客户关系管理，尽量为会员提供个性化服务。一些较为具体的做法，可以参看上面的社区经营部分。

第四，获取价值，进入良性发展轨道。前面提到的三个阶段，仅仅是单方面的投入。有了一定的会员，并建立起了会员的忠诚度以后，社区经营者的任务是要将这些潜在的资源转化成为实实在在的利益。下面介绍几种常用的方法。一种是社区经营者为社区会员提供合作机会，以虚拟企业的方式共同完成一个项目，获取利润。或者是联合购买一些商品或服务，社区赚取佣金。另一种方法是在有着相同需求的社区会员中投放定制广告，赚取广告费。再有就是社区的经营者为成员推出较为实惠的有偿服务，甚至有专门经营虚拟社区的网站。例如，www.smiling.com.cn 网站就直接推出收费的 VIP 电子小组，让电子小组的经营者来购买。

2. 虚拟社区的成功要素

目前在互联网的虚拟社区已经是不计其数，在这些众多的社区中，有的人气很旺盛，每天都会增加很多新帖子，也有很多惨淡经营的社区。如何才能使得社区的经营获得成功呢？要注意以下几个关键要素：

第一，一个虚拟社区要想经营成功，最关键的是要建立人与人之间的互动（Interaction），让社区成员都能够针对有兴趣的主题进行交流、彼此沟通及共同合作。

第二，要经营一个活跃而且成功的虚拟社区，就必须要有清楚、明确的定位，给社区会员提供一个高品质的对话环境，经营者要尊重每个会员的发言权利以及保持客观中立的立场。除此之外，匠心独运的创意也是不可或缺的。

第三，虚拟社区要有一个友好的用户界面。由于虚拟社区是在网络上建造的一个虚拟的、互动的世界，因此如何让用户界面更人性化、更具亲和性，就成为社区网站在衡量技术优劣时的一大因素。

第四，成员可自主维护自己的资料。在虚拟社区的经营环境中，"个人自主性"无疑是一个重要的议题。不同于传统的单向信息传播模式，虚拟社区成员之间需要更多的互动与交流，需要在资料维护方面拥有更高的自主性。

第五，良好的网站硬件设施及软件程序设计。社区要导入任何一项新技术，都必须将其与现有技术平台兼容。如果你的社区网站的服务器不稳定，服务程序经常出错，就会引起成员的不满，造成社区经营的失败。

3. 经营虚拟社区可能引发的问题

当然在社区经营时也会引发一些问题，这些会直接关系到社区的成败，必须引起社区经营者的注意。常见的问题如下：

第一，虚拟社区在收集个人资料时，应符合隐私权保护原则。社区必须向成员明确说明使用的目的，个人资料要坚持网友自愿填写的原则，并有隐私保密协议。在使用成员个人资料时，必须遵照和成员达成的保密协议，否则要承担法律责任。在维护成员个人资料时，要注意为成员保密，防止数据破坏或丢失。

第二，社区经营者不要过多地干涉网友的言论，对于成员之间的争论保持中立。但有时这样会失去社区的控制权。一些网友会在社区内发布一些与主题无关的帖子，经营者可以进行劝说，积极引导大家回到社区主题上来，不应该简单地把帖子删除或将该成员封杀，以免挫伤成员的积极性。

第三，加强社区管理，在社区醒目的位置告示大家，不要发表宣扬色情、民族和种族仇恨、颠覆国家政权、污蔑他人等违反国家法律的言论，同时也要禁止明显的广告发布。遇到该类帖子，经营者要及时将其删除并警告发帖人。对于多次违规的成员，可以考虑封杀其 ID。

第二节　病毒式营销

一、病毒式营销的基本概念

病毒式营销（Viral Marketing）自 1997 年由网络创业者 Steve 提出以后，一直引领着网络营销发展的脚步。根据美国 IMT Strategies 公司的研究，病毒式营销已经成为美国营销人员的常用工具，高达 97% 的受访者表示现在或者将来会采用病毒式营销。随着社会的进一步发展，网络已成为普通消费者生活的一部分，未来会有更多的消费者把时间和精力转移到网络上。要想发展网络时代的客户，病毒式营销将会成为企业的利器。

Netscape Navigator、Hotmail、ICQ、QQ，都是网络兴起后的新软件或工具，在这几种工具中，ICQ、QQ 是即时通信软件，Hotmail 是网络电子邮件，而 Netscape Navigator 是网络浏览器。它们共同的特点是传播速度极快，从产品公开到成为千万使用者的热门产品，都只在短短的两年时间之内，这中间没有任何电视、杂志、广播的广告与宣传，这些网络工具的年成长率甚至高达千倍。

（一）病毒式营销的定义

美国的一位著名的电子商务顾问 Ralph F.Wilson 博士观察到了这一独特的网络营销现象，并于 2000 年年初写了一篇在互联网上广为流传的文章《病毒式营销的六个简单原则》。Wilson 博士在该文中认为，通过鼓励个人向他人传递营销信息（Marketing Message），从而使得信息的传播和影响呈指数式的爆炸性增长，这种战略能将信息像病毒一样迅速地传向成千上万的受众，因此可以将这种战略称为"病毒式营销"。当然，在互联网之外，病毒式营销一直被称为"口碑营销""消息传播""媒体杠杆""网络营销"等，但是在互联网上，通常按照惯例被称为"病毒式营销"。

（二）营销病毒的种类

如今，所有的网络营销人员都希望病毒式营销像 Hotmail 和 ICQ 一样成功，越来越多的人希望把自己的产品变成"营销病毒"迅速地传染给顾客。但是，不同的营销病毒有不同的特点，其经营方法也各不一样。根据美国的一位网络顾问 Blake bhrbactm 的观点，营销病毒分为五种，其中有四种良性病毒，能给你带来收益；有一种恶性病毒，会破坏你的经营。当然，营销成功的基础是高质量的产品和服务。

1. 价值病毒（Value Virus）

当人们使用了一种效果很好的产品时，总会忍不住向朋友推荐，因为好东西总是要和大家一起分享。价值病毒就是利用人们的这一特点，鼓励人们把使用过的优质产品推荐给其他人。例如，Hotmail 免费电子邮件，Yahoo 搜索引擎网站和Amazon 网上书店就是属于这样的一类网站，它们共同的特点是功能强大、品质优秀，能赢得顾客的一致好评。当然，网站要为用户提供"推荐"之类的功能。

2. 诡计病毒（Guile Virus）

利益有时会激发人们的动力。如果你的产品的用户向其他人推荐时，能得到某种利益（比如，赠品、折扣、积分、免费软件等），用户就会激发出推荐热情，甚至会成为你的兼职推销员。当然，用户也会对你的产品和推荐报酬做一个评价，他会考虑是否值得去这样做。所以你的产品和服务的质量不能忽视，否则不会得到顾客的响应。在你和竞争对手的产品质量相当的时候，使用诡计营销病毒会给你带来市场。

3. 关键病毒（Vital Virus）

当你的朋友需要某种产品时，而你又恰好使用过这种产品，可以介绍他来使用。有时候人们要想完成某些任务必须接受推荐。比如，你的朋友把他的 QQ 号码告诉你，那么不去下载 QQ 软件和申请一个 QQ 号码，你就无法和朋友在网上聊天。同样的情况还有很多，如果你不去下载一个 RealPlayer 软件，就无法看网络电影；你的浏览器如果没有 Flash 插件，就无法欣赏 Flash 动画，没有 Adobe Acrobat Reader 就无法阅读电子图书；等等。这类产品往往具有一定的垄断地位，人们不得不使用它们。

4. 螺旋病毒（Spiral Virus）

人们总是喜欢把自己所经历的有趣、惊险、刺激的体验和朋友们一起分享，希望他们一样也能感受到刺激。比如，痞子蔡的《第一次的亲密接触》，雪村的网络音乐就是这一类的"病毒"。这些关于网络的图书和音乐都能给网友以新鲜、刺激的体验，于是他们就在网友之间互相推荐，使得这些产品在很短的时间内就拥有了大量的读者或观众。制造这种病毒，需要独具特色的创意，能给顾客带来惊喜和刺激的体验。

5. 卑鄙病毒（Vile Virus）

这种病毒是一种恶性病毒，应引起商家的注意。当人们在使用某种产品时，感觉很糟糕，他们一样会对亲朋好友们诉说，当然这次不再是推荐而是警告，告知别人以后不要再使用该产品。同样是传播，良性病毒能让你的产品美名远扬，而这种恶性病毒会让你声名狼藉。制造这种病毒的方法很简单，你只需要不再关心你的产品质量，随意地发送垃圾邮件，等等。

（三）病毒式营销的战略要素

前面提到几个关于病毒式营销的例子，就是对这一战略最好的应用。根据Wilson博士的观点，病毒式营销的战略需要六个基本要素，一个病毒式营销战略不一定要包含所有要素，但是包含的要素越多，传播的威力就越大，营销效果就会越好。

1. 提供有价值的产品或服务

在一个市场营销人员的眼里，"免费"一词是最有威力的，大多数病毒式营销计划提供有价值的免费产品或服务来吸引网民的注意力。例如，免费的E-mail服务、免费信息、免费的软件下载等。虽然"便宜"或者"廉价"之类的词语可以使人产生兴趣，但是"免费"通常可以更快地引人注意。病毒式营销的实践者由于提供很多免费的服务，短期内暂时不能盈利，但是他们可以从一些免费服务中刺激其他的需求兴趣。"免费"可以吸引人们的注意力，然后人们可以注意到你所销售的其他产品和服务，这样就会给你带来盈利的机会。很多的门户网站就是通过这种免费策略，从而带来了有价值的电子邮件地址、广告收入、电子商务销售机会等。

2. 简易的信息传递方式

医学专家们通常会在流感多发季节提醒公众：远离咳嗽的病人，经常洗手，不要触摸眼睛、鼻子和嘴。病毒之所以传播迅速，是因为它的传播方式简单、传播途径广泛。因此，如果想让营销信息像病毒那样传播，就必须要把营销信息设计得易于传递和复制，如电子邮件、网站、图片、软件下载等。病毒式营销之所以能在互联网上很好地发挥作用，是因为网络让即时通信变得容易而且廉价，数字格式信息使得复制更加简单。从营销的观点来看，你也应该把营销信息简单化，从而使信息容易传播且不容易被误解。最经典的一个营销信息是："Get your private，free email at http://www.hotmail.com"，这条信息被复制在每一个Hotmail的电子邮件里，非常简洁和醒目。

3.信息传递的范围易于扩大

信息的传播规模必须迅速扩大，就像野火一样快速蔓延开来。Hotmail 模式的弱点在于要想提供免费 E-mail 服务就需要有自己的邮件服务器来支持。如果这种战略获得成功，就会有很多的用户前来注册，电子邮件用户增多的同时也必须迅速增加邮件服务器，否则将抑制需求的快速增加。像这样的发展趋势，你必须提前就做好增加邮件服务器的计划，以便能适应迅速增加的用户。如果没有很好的规划，你的营销病毒还没来得及扩散出去，就被扼杀在母体里面，这样就什么目的也达不到。

4.开发公共的动机和行为

巧妙的病毒式营销计划常常利用公众的动机。在早期网页上使用的 "Netscape Now" 按钮被人们看成是 "酷" 的标志，所以很快被更多的人所使用。人总是贪婪的，有很多的欲望，比如，饥饿、爱、理解等，这些能造就人们的动机。人们对于沟通需求的动机直接导致产生了数以百万计的网站和数以十亿计的 E-mail 信息。基于公众的动机和行为而设计的病毒式营销战略，将引导你走向成功。

5.利用现有的通信网络

大多数人都是社会性的，当然也会有很多人是排斥社会的。社会学家告诉我们，每个人都生活在一个 8 ~ 12 人的亲密人际圈子之中，这个圈子里可能是朋友、家庭成员和同事，根据在社会中的不同位置，一个人的社会交往圈子可能包括几十、几百甚至数千人。例如，一个服务员可以在一星期之内与数百位顾客交往。网络营销人员早已认识到这些人际网络圈子的重要作用，包括亲密的朋友人际圈子和较为宽松的人际交往圈子。在互联网上，人们同样会发展人际关系形成交往网络。每个人都会有自己好友的电子邮件地址列表和自己喜欢的网站地址收藏夹。病毒式营销人员要学会把自己的信息放置于人们现有的沟通交往网络之中，并鼓励他们把这些信息迅速地在自己的人际网络里传播。

6.利用他人的资源

最具创造性的病毒式营销计划是利用别人的资源让自己的信息传播出去。例如，你可以通过会员加盟的方式，在别人的网站放置能链接到你自己网站的文本或图片。同样，你也可以写作一些免费的文章在别人的网站上发表，之后，会有更多的网站或者杂志转载或引用你的文章。由于其他印刷媒体或网页转载你的营销信息，你就成功地使用了别人的资源来传播自己的营销病毒。

二、病毒式营销与网络传播理论

（一）弱连带网络与病毒式营销

传播学家 Mark Granovetter 有一个"弱连带优势"理论（the Strength of Weak Ties），弱连带与强连带比较起来，会有更好的信息传播效果。至于理论本身很容易理解，每个人都有自己最亲密的亲属和朋友，这些人共同组成一个较为亲密的圈子，通常有 12 人左右，这些人之间被称为强连带关系。当然人们也会有自己的社会交往圈子，不过大都是泛泛之交，可以被称作弱连带关系。两种连带关系本身各有特点，但就信息传播而言，弱连带比强连带更具优势。

首先，强连带会消耗人们更多的精力和时间来维持这种关系，这会浪费掉你很多社交的时间。这样会使你的社交圈子缩小，从而接受的信息量也会减少。其次，在强连带圈子里面，人与人之间的互动很多，信息在整个圈子里面传来传去，这会在信息通路上产生浪费。而且越是亲密、有内聚力、强烈排他性的圈子，里面的信息越不容易向外界传播，外面的信息也很难进来。所以，就整个社会而言，这种内聚性的圈子越多，信息的大面积传播就越慢。而在弱连带的圈子里面，人们对于自己听到的事情会很容易地随口说出去，会有一传十、十传百的效果，这是强连带所不能比拟的。

（二）影响口碑传播的因素

病毒式营销实际上就是网络上的口碑传播。在现实中的口碑传播，往往会受地域、人际关系等各种因素的制约。而到了虚拟世界中，通过网络，信息传播速度快，不受地域限制，弱连带交往更加突出，这使得口碑传播能像大众传播一样地迅速、广泛。通常影响口碑传播的主要因素有两个，一是要在参照群体（Reference Groups）里成为主流意见，二是得到意见领袖（Opinion Leader）的肯定。

1. 参照群体（Reference Groups）

参照群体是影响消费者行为的很重要的一部分。通常，人们会有一些价值观念的模仿对象，这些模仿的对象代表着一类人的行为方式，这一类人则为参照群体。关于参照群体的理论有很多，经济和社会学专家从不同的角度研究这一现象。比如，德国社会学家 Sombart 提到，普通的老百姓总喜欢不断地向最高层的人学习其消费行为。就像在新中国成立初期的人们向往的：楼上楼下，电灯电话。但后来这些都普及了。20 世纪 70 年代，社会上流行的是"老三件"：手表、自行车、缝纫机。到 20

世纪 80 年代，"老三件"改成了"新三件"：彩电、冰箱、洗衣机。20 世纪 90 年代后人们追逐的目标已成为轿车和别墅等。这些最初都被看作奢侈的享受，而后来成为日常生活的一部分。整个经济的发展就是消费市场不断扩大，也是一个奢侈普及化的过程。

美国哈佛大学经济学教授 Duesmberg 认为，一般人的消费行为是以社会的中产阶层作为标准。就像人们常说的，既不要出太多风头，也不要落后于他人，生活跟随大众中游水平。在一些发达国家里，70% ~ 80% 的人都会认为自己属于中产阶层，而这种中产阶层意识会影响人们的消费行为。

另一位美国经济学家 Robert Frank 则认为，消费者的参照群体既不是最高阶层，也不是中产阶层，而是地方群体（Real Social Groups）。你决不会因为比尔·盖茨（Bill Gates）赚了多少钱而羡慕不已。但是，如果你的同事小王这个月比你多发了一些奖金，这可能会让你愤愤不平好些日子。所以同事、朋友、亲戚、邻居以及所交往的人群才是一个人最常参照的对象。

2. 意见领袖（Opinion Leader）

人们不仅有参照的群体，而且常常关注某个有权力、有社会地位的人，这种权威人物会起到示范效果，我们称为意见领袖。意见领袖可能是一个专家，人们因为对其专业上的信赖而接受他的意见，意见领袖也可能是一个有权力的人物，作为下属需要服从他的意见。通常情况下，意见领袖是你的一个好朋友或者亲人，友情和亲情的力量让你相信他的经验。一般而言，意见领袖们受过良好的正规教育，有着较高的社会经济地位，而且有很高的大众传媒曝光机会。意见领袖有机会接受更多的信息，有较为宏观的视野，具有创新性，能得到大众的追随。当然，意见领袖也不是唯一的，消费者购买不同的商品，可能其意见领袖也会不同。比如，当你购买技术性的产品时，专家的意见最重要，而购买时尚性的产品，明星的魅力是无穷的。

三、病毒式营销的应用

（一）如何实施病毒式营销

1. 要提供有价值的产品和服务

如果想让你的营销信息像病毒一样传播，形成口碑，就必须要有高质量的产品和服务做后盾。因为，口碑也会有优劣之别，而营销病毒也有良性和恶性之分。只有重视产品的品质和售后服务，得到消费者的认可和好评，才能保证病毒式营销的效果。当然，也不要认为有了好的产品和服务，口碑就有了，没有好的营销计划，也难以获得成功。

2. 意见领袖

根据上面所提到的原则，意见领袖有创新性，接受新产品的能力强。而且在某个领域内，意见领袖的知识丰富，个人意见具有权威性，能引导大众的观点。同时，意见领袖的社会经济地位高，社会活动多，弱连带关系多，接收的信息和传播的信息都是普通人所不能比拟的。按照这些特点，可以找到符合你的产品的意见领袖。

3. 利用意见领袖推广产品和服务

找到了意见领袖，就需要向他们来展示你的产品和服务。常见的做法有：给他们寄送产品介绍；给他们提供样品，免费试用；给意见领袖所在的团体提供优惠（如药品公司可以给某医学权威所在医院提供优惠条件等）。这样的做法，使得意见领袖们能够进一步了解你的产品和服务。下一步，可以让他们帮助你推荐产品。他们的推荐，能引起很多和他们有弱连带关系的人群的效仿，这些人又会形成参照群体再去影响周围的人，进一步形成主流意见，成为口碑。需要注意的是，一般不要给予意见领袖直接的利益回报，以免破坏他们在公众中的形象。当然，也可以寻找你的目标顾客的偶像人物，做产品和服务的形象代言人，直接参与产品的推广。例如，可以请某位明星到公司的虚拟社区的聊天室和公众对话。

（二）病毒传播媒介

1. 虚拟社区

企业建设了自己的网站，就要让它发挥应有的作用，不能只是让访问者来浏览。企业网站要尽量让访问者留下一些基本的个人资料，并鼓励他们在网站留言板上发表个人意见，而且企业也要积极地回复这些意见。客户资料和留言的积累，能使企业掌握大量的客户信息，而且还会吸引更多的人参与讨论。

2. 电子邮件

电子邮件（E-mail）尤其是邮件列表（Mailing List），是传播营销病毒的第一利器。企业应该重视 E-mail 的营销力量，把它纳入营销工作的范围，E-mail 可以让企业花最少的成本，把营销信息传播给更多的客户。企业要建立自己客户的邮件列表，让客户或潜在客户主动填写资料，成为你的电子杂志的订户。企业定期传送相关信息给他们，既是服务又是营销，比一般的载体有更多的优势。

3. 其他媒介

电子图书（eBook）。eBook 广告既可以拥有一般网络广告的所有优点，同时比一般的网络广告具有更多的优势，如离线浏览，得到读者的重复阅读，并能在很多人之间传播等。eBook 广告会让读者对广告的印象更加深刻。企业可以考虑将电子图书作为一种营销工具，就某一方面的问题、解决方案、分析评论，或者一批资料、分析报告等制作成电子图书，放在自己的网站或者合作伙伴的网站，供访问者下载，当然，书中包含一些企业期望推广的产品或服务信息。

即时信息（Instant Message）服务。常用的即时通信工具有 QQ、MSN Messenger、Yahoo Messenger，等等。企业可以在网站上留下网站主持人的即时通信工具的账号，便于直接和顾客沟通。企业可以利用 IM 工具为客户解答问题，进行售后服务，向用户推广产品信息，并鼓励客户将这些短信息发送给好友。

网络动画。广告的首要条件就是吸引众人目光，引起大家的注意。一个设计精巧的网络动画发送到用户邮箱中，会给用户带来惊喜，并得到欣赏，甚至认真收藏。通常的网络动画是 Flash 格式，创意新颖的动画出现在客户邮箱中，消费者不仅不会删除这些可爱的卡通人物，还会转发给朋友们一起分享好心情。当然，动画里面的广告标语一并也传播了出去。

（三）病毒传播策略

（1）创新策略。营销学大师菲利普·科特勒（Philip kotler）认为，营销是一种试图从机会中发掘、发展并从中获利的机会。创新就是要找新的机会，开创新的市场需求，或满足其潜在需求。QQ 的发明就在于满足在线即时通信的需求，因而能快速地在网络中传播；卡秀网站的电子贺卡能满足大部分人寄贺卡的需求，任何千奇百怪的寄送贺卡理由（如问候、友情、求爱、节日以及祝贺等）都能在卡秀找到满意的答复，卡秀的 Flash 设计者有着敏锐的观察力、细腻的情感、丰富的想象力、一颗爱与关怀的心，当然最重要的是网站经营者有着不断的创新精神，使得卡秀成为中文贺卡的第一站点。创新是企业不断成长的基石，具有超前和创新的产品是企业成功的重要因素之一，如 Sony 的随身听、3M 的"立可贴"（Post-it）都是经过创新、开拓新事业带动企业成长。

（2）创新追赶策略。这种策略又被称为定点赶超（Benchmarking），通常是寻找某些公司怎么样和为什么在执行任务时比其他公司做得更出色，其基本做法是在业内寻找一个最佳竞争对手或最佳实践者，模仿他的一些最好的做法并改进。施乐公司曾经通过购买日本的复印机，学习日本竞争者生产性能可靠和成本更低的能力。

　　企业在实施病毒式营销的时候，也要善用创新追赶策略。Netscape 公司的 Navigator 网络浏览器市场占有率曾高达 70%，但如今浏览器的第一品牌则是微软的 Internet Explorer。微软并没有发明浏览器，但微软看见了新趋势，软件市场的网络化成为大势所趋，在 1995 年微软授权 Spyglass 公司在 Mosaic 技术的基础上，开发出了 Internet Explorer 1.0 版浏览器，并且通过不断的技术改进以及与 Windows 进行捆绑销售的策略，让 Netscape 黯然失色，最后卖给 AOL。另外，腾讯公司推出的 OICQ 软件本身并非是完全创新，也是对 ICQ 进行技术改进和中文汉化的结果，但正是这种改进使 QQ 成为第一大中文即时通信软件。最早进入市场者也许有"先入为主"的优势，但最早进入市场者却不一定是最终胜利者，使用创新追赶策略必须及早发现市场的变化，快速追随创新者，并且改进原创者技术和营销的缺陷，奋起直追争取打败原创者，这是追赶策略的核心含义。

　　（3）免费策略。虽然免费并不是病毒式营销成功的最关键因素，但免费策略在病毒式营销中的应用是十分重要的，在本章中所提到的案例，也大都采用了免费的产品推广策略。当然，免费是为了将来的盈利，绝不是目的。免费的策略一般可分为下列三种：完全免费；部分免费；试用。

　　免费策略要考虑广告效果和转移成本，广告效果是指赠送这些产品能给企业带来的广告宣传效果，如果效果很好，企业则可以考虑无限制地免费大赠送。转移成本的意思是，当公司或者消费者使用了该免费产品，可能需要购入其他的相关设备及人员培训等，如要再转换使用其他产品，则可能因为转移成本过高而放弃。当然在实际具体使用时，上述三种免费模式并非界限分明，可以混合使用。

第三节　网络会员制营销

　　如果说互联网是通过电缆或电话线将所有的电脑连接起来，因而实现了资源共享和物理距离的缩短，那么，网络会员制计划则是通过利益关系和电脑程序将无数个网站连接起来，将商家的分销渠道扩展到地球的各个角落，同时为会员网站提供了一个简易的赚钱途径。可见，这种模式是一种商家与加盟会员利益共享的网络营销方法。

　　网络会员制营销实质上是一种联盟形式，是一对多的联盟，因此有时也将各种不同形式的网络会员制营销笼统地通称为网络联盟。网络会员制营销的同意词汇包括联属网络营销、网络联盟、网站联盟、网上连锁销售等。

一、会员制营销的起源和基本原理

会员制营销（Associate Programs）早已不是什么新鲜话题，在美国，从理论到实践都已经比较完善，并被认为是有效的网络营销方式，现在实施会员制计划的企业数量众多，几乎已经覆盖了所有行业，而参与这种计划的网站更是不计其数。

关于会员制营销的文章，国外一些网站上已经非常丰富，但国内系统研究的还很少，网上营销新观察也曾翻译过几篇有代表性的作品，如"会员制计划成功的关键：会员培训""实施会员制计划中 7 项致命的失误"等，通过对一些网站营销人员以及电子商务培训教师的了解，发现会员制营销的概念和方法对很多人来说几乎还是空白。

（一）会员制营销的起源

一般认为，会员制营销由亚马逊公司首创。因为 Amazon.com 于 1996 年 7 月发起了一个"联合"行动，其基本形式是这样的：一个网站注册为 Amazon 的会员（加入会员程序），然后在自己的网站放置各类产品或标志广告的链接，以及亚马逊提供的商品搜索功能，当该网站的访问者点击这些链接进入 Amazon 网站并购买某些商品之后，根据销售额的多少，Amazon 会付给这些网站一定比例的佣金。从此，这种网络营销方式开始广为流行并吸引了大量网站参与——这个计划现在称为"会员制营销"。

纽约会员管理联合会的发起人、Clubmom.com 的会员经理 Shawn Collins 的研究表明，其实早在 Amazon 之前两年，就已经出现了会员制营销的雏形，只不过当时没有系统的描述。在 Amazon.com 之前实施会员制计划的公司主要有 PC Flowers & Gifts.com（1994 年 10 月）、AutoWeb.com（1995 年 10 月）、Kbkids.com/BrainPlay.com（1996 年 1 月）、EPage（1996 年 4 月），等等。

尽管会员制营销的概念不是由 Amazon 首创，但是，谁也不能否认，是 Amazon 将会员制计划发展得如此完美，并对这种营销方式的普及起到了至关重要的作用，从这种意义上来说，将 Amazon 视为会员制营销的鼻祖也并不过分。人们大都通过亚马逊才真正认识了会员制营销，许许多多的小网站也正是通过加入亚马逊的会员计划赚到了网上的第一张支票。

（二）会员制营销的基本原理

如果说互联网是通过电缆或电话线将所有的电脑连接起来，因而实现了资源共享和物理距离的缩短，那么，会员制计划则是通过利益关系和电脑程序将无数个网站连接起来，将商家的分销渠道扩展到地球的各个角落，同时为会员网站提供了一个简易的赚钱途径。

会员制营销听起来似乎很简单，但是在实际操作中也许要复杂得多。因为，一个成功的会员制计划涉及网站的技术支持、会员招募和资格审查、会员培训、佣金支付等多个环节。

简单说来，亚马逊在 1996 年 7 月的"联合"行动已经描述了会员制营销的基本原理。

从会员制营销的基本思路也可以看出，一个会员制营销程序应该包含一个提供这种程序的商业网站和若干个会员网站，商业网站通过各种协议和电脑程序与各会员网站联系起来，因此，在采取会员制营销中存在一个双向选择的问题，即选择什么样的网站作为会员，以及会员如何选择商业网站的问题。

电子商务顾问 Ralph F.Wilson 博士认为，如果你的网站因为营销活动而带来较多的访问量，那么可以考虑采用会员制营销来争取更多的访问量，在选择会员制程序时，有六条需要关注的基本原则：

是否与自己网站的核心业务内容有关？

是否可以将会员制程序集成到自己的网站内容中去？

是否与网站访问者的兴趣有关？

是否考虑到会员网站的需要？

是否可以反映自己网站的价值？

是否可以取得较好的效果？

其实，提供会员制计划的商业网站在对会员网站资格进行审查时，同样要考虑会员网站是否可以带来新的顾客，是否是一个健康的网站，会员对网站的选择和网站对会员的资格审查，只是计划实施的开始，更加复杂和重要的内容还在后面。

二、网络会员制营销模式的七项功能

网络会员制营销是互联网上一种特有的网络营销模式，有多种不同的具体表现形式和名称，国内一些网站所采用的各种"网站联盟"都是基于网络会员制营销原理而实现的。网络会员制营销（或者简称为网络联盟，有些文章则译为"联属网络营销"，来源于英文"Affiliate Programs"）这种形式之所以在电子商务领域获得了很大成功，其重要原因在于符合电子商务中的一般优势，如资源共享、高效率、用户拥有更大的选择便利等。

网络会员制营销模式的七项功能：

（1）按效果付费，节约广告主的广告费用。广告主的广告投放在加盟会员网站上，与投放在门户网站不同，一般并非按照广告显示量支付广告费用，而是根据用户浏览广告后所产生的实际效果付费，如点击、注册、直接购买等，这样不会为无效的广告浏览支付费用，因此网络广告费用更为低廉。另外，对于那些按照销售额支付佣金的网站，如果用户通过加盟网站的链接引导进入网站（如亚马逊网站），第一次并没有形成购买，但用户仍然会记着亚马逊网站的网址，以后可能直接进入网站而不需要继续通过同一会员网站的引导，那么亚马逊并不需要为这样明显的广告效果支付费用，因此对于商家来说更为有利，这种额外的广告价值显然胜过直接投放网络广告。

（2）为广告主投放和管理网络广告提供了极大的便利。网络联盟为广告主向众多网站同时投放广告提供了极大便利。在传统广告投放方式中，广告主通过广告代理商或者直接与网络媒体联系，由于各个网络媒体对广告的格式、尺寸、投放时间、效果跟踪方式等都有很大的差别，一个厂家如果要同时面对多个网络广告媒体的话，工作量是巨大的，这也在一定程度上说明为什么只有少数门户网站才成为广告主投放网络广告的主要选择。实际上大量中小型网站，尤其是某些领域的专业网站，用户定位程度很高，广告价值也很高，但因网站访问量比较分散，广告主几乎无法选择这些网站投放广告，这无论是对于广告主还是网站主来说都是损失。网络联盟形式完全改变了传统网络广告的投放模式，让网络广告分布更为合理。与网络广告投放的便利性一样，广告主对于网络广告的管理也比传统方式方便得多。有些网络广告内容的有效生命周期不长，或者时效性要求较高，如果要在大量网站上更换自己的广告，操作起来也会是很麻烦的事情，采用网络联盟模式之后，只要在自己的服务器上修改一下相关广告的代码，不希望出现的广告即刻消失了，而新的广告立刻就会出现在加盟网站上。

（3）扩展了网络广告的投放范围，同时提高了网络广告投放的定位程度。相对于传统的大众媒体，定位性高一直是网络广告理论上的优势，但在传统门户网络广告投放的模式下，实际上很难做到真正的定位，即使选择某个相关的频道，或者某个专业领域的门户网站，也无法做到完全定位，基于内容定位的网络广告则真正做到了广告内容与用户正在浏览的网页内容相关，更为重要的是，这种定位性很高的网络广告可以出现在任何网站上，从而拓展了网络广告的投放范围。在这方面

Google AdSense 已经做出了表率，在采用网络联盟策略之前，Google 的关键词广告只能出现在搜索结果页面上，由于网页空间有限，使得大量的广告没有机会出现，无论对于广告主还是广告媒体都是损失，通过联盟方式，Google AdSense 成功地将关键词广告投放在众多相关的网站上。

（4）大大扩展了商家的网上销售渠道。网络会员制最初就是以网上销售渠道的扩展取得成功而受到肯定，其应用向多个领域延伸并且都获得了不同程度的成功，直到现在，网络会员制营销模式仍然是在线销售网站拓展销售渠道的有效策略之一。以国内最大的中文网上书店"当当网"来说，自从 2000 年开始当当联盟以来，经过几年的发展，至今仍然非常重视这一在线销售渠道策略，在 2004 年 10 月还对当当联盟栏目进行了全新的改版，增加了更多会员可供选择的链接形式，并改进了账户查询等技术功能。国内另一家知名网上零售网站卓越网，也在 2004 年开放了网站联盟，这充分说明网上零售商对于网络联盟价值的肯定。

（5）为加盟会员网站创造了流量转化为收益的机会。对于加盟的会员网站来说通过加盟网络会员制计划获得网络广告收入或者销售佣金，将网站访问量转化为直接收益。一些网站可能拥有可观的访问量，但因为没有明确的盈利模式，网站的访问量资源便无法转化为收益，通过参与会员制计划，可以依附于一个或多个大型网站，将网站流量转化为收益，虽然获得的不是全部销售利润，而只是一定比例的佣金，但相对于自行建设一个电子商务网站的巨大投入和复杂的管理而言，无须面临很大的风险，这样的收入也是合理的。对于内容为主的网站，获得广告收入是比较理想的收益模式，通过加盟广告主的联盟计划而获得广告收入，例如，加入易趣的创业联盟，通过会员网站引导而成为易趣网站的注册会员，将获得易趣网支付的引导费用，这样就很容易地实现了网站流量资源到收益的转化。

（6）丰富了加盟会员网站的内容和功能。有时网站增加点广告内容的点缀，一下能发挥意想不到的作用，不仅让网页内容看起来更丰富，也对用户获取更多信息提供了方便，尤其是当网络广告信息与网站内容相关性较强时，广告的内容便成为网页信息的扩展。对于广告主为在线销售型的网站，比如，当当网上书店，加盟会员在网站上介绍书籍内容的同时，如果用户愿意，可以根据加盟网站的链接直接开始网上购书行动，尤其是当网站用心为读者推荐了某一领域最有价值的书籍，为用户选择书籍提供了更多的方便。例如，在网络营销教学网站（www.wm23.com）中就有一个网络营销与电子商务书籍栏目，其中大部分书籍都可以通过链接直接在当当网购买，这个栏目内容主要来自当当网上书店，作为网络营销教学网站的一部分，为学习网络营销的读者提供了详细的在线购买相关专业书籍的信息，比自行到当当网选择更为省时。如果网络联盟计划中提供了会员网站可以利用的功能，则进一步扩展了会员网站的功能，如 Google ADsense 除了提供基于内容定位的广告之外，还为会员网站提供搜索功能，用户利用 Google 搜索，如果点击了搜索结果中的关键词广告，同样也会带来用户获得收益的机会。

（7）利用了病毒性营销的思想，联盟会员主动进行推广。病毒性营销的价值是巨大的，一个好的病毒性营销计划远远胜过投放大量广告所获得的效果。病毒性营销是一种网络营销方法，常用作网站推广的手段，病毒性营销同时也是一种网络营销思想，其背后的含义是如何充分利用外部网络资源（尤其是免费资源）扩大网络营销信息传递渠道。网络会员制营销正式利用了病毒性营销的基本思想，一个好的网络会员制计划往往可以取得巨大的成效而只需要投入很少的费用。

第六章 农村经济组织与产业经营

我国农村经济组织形式的变迁，是随着社会、经济、政治等综合环境因素的变化而发生的。要实现乡村发展，推进传统农业向现代农业过渡，农业产业化是必然趋势，其原因包括以下两方面：一方面，由于社会经济环境变化和政府改革与制度创新的引导，农业经济组织形式自身不断优化和改进；另一方面，随着市场经济的发展，不断出现改革农业经济组织形式的迫切需求，市场经济与农业经济组织形式的关系往往处于不断的发展变化之中。在当前阶段，随着市场经济的发展，尤其是我国加入WTO（世界贸易组织）之后，农业经济组织形式发生了深刻的变化，这是为了更加切合市场经济的需要，更好地切合市场竞争并提高社会整体资源的配置效率。

第一节 农村生产经济组织形式

一、当代中国农村生产经济组织形式的演变

1978年，党的十一届三中全会以后，我国农村社会经济组织形式开始变革。

（一）家庭联产承包责任制开启新篇章

1958年建立起来的人民公社体制，随着国民经济的发展，已不符合当时我国农村生产力发展水平，这种超越社会发展阶段的农村经济和政权组织形式，是导致农村经济长期迟滞发展的一个主要原因。

党的十一届三中全会以后，农民自发的"包产到户"得到政府的肯定，随即在全国范围的农村实行了各种形式的生产责任制，特别是家庭联产承包责任制的确立，实现了农村经营机制的深刻改革和农村生产关系的重大调整。

（二）家庭联产承包责任制

家庭联产承包责任制，是指农民以家庭为单位，在集体经济组织承包土地等生

产资料的基础上，向国家缴纳农业税，交售合同订购产品以及向集体上交公积金、公益金等公共提留，其余产品归农户所有的农业生产责任形式。家庭联产承包责任制把劳动者的责、权、利结合起来，克服了传统的"三级所有，队为基础"的人民公社体制的生产经营和劳动过分集中，以及分配上的平均主义的弊端。

家庭联产承包责任制这一经济组织形式在我国出现，是由我国农业生产本身的特点决定的。由于我国传统农业是以人畜动力和手工业为主，基层经营和劳动单位不大，劳动力以家庭为单位分布，集中程度不够。此外，我国农业生产自然条件丰富多样，以农户为主的生产单位，可以根据复杂多变的气候和土壤条件，因地制宜，采取灵活的生产方式和适宜的措施。

（三）双层级管理，统分结合

把家庭承包经营方式引入集体经济并非只有家庭一个层次。原来的生产队仍然作为集体经济的一个层次发挥作用，形成统一经营与分散经营相结合的双层经营体制。

集体层次的作用主要有：按国家的计划指导，代表集体和承包户签订合同；保证粮、棉、油按合同收购的任务完成；管理集体保留的土地、大型农机具等生产资料；组织农民从事农业基本建设；为农户提供必要的社会化服务。这种统分结合的双层经营的体制，既保障了农民有经营自主权，又坚持了土地等基本生产资料的公有制和必要的统一经营。

（四）农村经济组织的创新形式

统分结合的双层经营的体制，在 20 世纪 80 年代初期为中国农村的高速发展做出了重要的贡献。但是，随着市场经济改革力度的加强，双层经营的组织形式与市场经济在运行上的碰撞，日益暴露其存在的不足。

统分结合的双层经营体制虽然承认农户对土地具有使用权，但作为农户最基本的生产要素，其所有权依然外在化，农户十分担心现行组织经营形式所依赖的制度发生变化，担心土地经营权随时消失，因此对长期经营不关心，考虑的只是眼前的利益分红，没有形成长期共赢的利益共生格局。受生产行为短期化的影响，农业生产的波动性加大。农户在此背景下，在毫无组织和准备的情况下被推向市场，他们对市场信息、成本、价格、信贷以及政策反应迟滞，并由此导致经营决策的盲目随从，进入市场的风险增大。

双层经营体制的不足，使进入市场的农户痛感建立新的组织的必要性。20 世纪

80 年代中后期，他们或在政府的领导下，或依靠自身的创造才能，发动了自农村经济改革以来的第二次组织创新。

这次农村经济组织创新的主要形式有：

1. 专业户和重点户

为突破双层经营体制管理的弊端，部分农户率先找准自家生产的优势，在土地承包责任制的基础上积累生产经验和管理经验，找准生产经营领域，从基础性农耕地承包养殖逐渐向其他擅长领域发展，在尝试中摸索出适合的养殖技术，抑或是销售渠道，重点发展某一领域，逐渐在农村经济发展中脱颖而出，成为某一生产领域的专业户、重点户。

2. 农村新经济联合体

为克服传统土地流转与承包的单一性生产问题，许多农户在发展成为专业户、重点户的同时，逐渐将传统农业与林、牧、渔等产业联合起来，实现多产业联合经营，相互渗透。

3. 农村专业技术协会

专业技术协会是以专项生产为基础，以该项生产的技术为核心，同行之间、农户之间组织成立新型合作组织。这类专业协会主要分布在养殖业及种植业中技术较为复杂的非粮食作物种植领域。由于该类型的专业协会既不触动家庭经营的基础，又以具有较强吸引力的技术为纽带，因而深受农户的欢迎。

4. "公司＋农户"的合作组织

"公司＋农户"的合作组织这种形式在国际上较为通用。它是以专业化的生产厂商或销售厂商为中心，借助公司在资金、技术、设备、科研和市场营销等方面的优势，把分散的生产农户组织起来进入市场的一种组织形式。公司具有完备的产前、产中和产后服务体系，可以帮助农户解决生产中出现的问题。公司出于经营活动最终获利的考虑，将会照顾到农户的经济利益。农民也会从自身生产和营销等不利因素出发，从发展生产、提高收入的角度照顾到公司的利益。这种组织形式由于把产、供、销放在一起统一考虑，把农户和公司的利益捆在一起，因而使农民的权益得到保障，在实际运营中受到农户的欢迎。

我国农村合作经济组织不论在合作领域，还是合作组织数量上都远无法满足农村经济发展的需要。农村合作组织的建立还缺少必要的法规指导，存在组织运作不规范，成员正当利益得不到保障等问题，这些问题得不到解决，将影响合作经济在数量和质量上的提升。

家庭经济比大农场式的经营更迫切地需要组织建设完备、运行操作规范的经济合作组织，从这一点上看，我国农村正在经历一个合作经济组织发展的高潮。

二、农村经济组织形式的内容

经济组织是为了实现特定的经济目标而从事其经济活动的单位和群体。它是社会生产关系的体现，是一定劳动组织形式，是一定生产要素配置和组合方式。社会再生产过程是由经济组织实施并完成的。人类社会的经济活动，均是在经济组织内或经济组织之间进行的。由此可知，人类社会的一切经济活动，有其一定的经济组织形式和基本单位。

经济组织有其特定的社会性质、组织形式和经济功能。

经济组织的性质由社会经济制度的性质决定。它既是生产关系的具体表现形式，又是生产力的具体组合形式。经济组织形式在一定所有制基础上随生产力的发展而变化。部落和氏族是原始社会的经济组织形式。家庭是小私有生产和个体劳动的组织形式。企业是社会化商品生产的经济组织形式。从家庭向企业演进，是经济组织形式的根本性变革。但这一演进要经历一个漫长的时期，其间两者会互相交错，出现重叠的具体形式，例如，家庭农场、家庭工厂、家庭商店等家庭式的企业。企业也采用家庭式的组织形式和经营管理方式。即企业家庭式经营管理方法。当今世界各国都有采用家庭或企业，甚至家庭企业一体化的管理方式来进行生产。

经济组织功能是指经济组织所拥有的实现经济目标的物质技术力量和组织力量。经济组织功能除了受到物质技术力量和组织力量的限制外，还受到社会制度、政治因素、生产关系和经营方式等影响。经济组织形式包括具体经济单位组织形式和经济单位之间相互联系的组织形式。

（一）农村具体经济单位的组织形式

1.家庭

农户家庭是我国农村最主要的经济组织形式。家庭，既是社会生活的基本单位，又是社会生产的经济组织形式，其作为社会生产的经济组织形式至今仍被广泛采用。其原因主要是我国农业生产力水平不高，社会化程度也不高，家庭中有许多可利用的资源，为组成生产力提供了优先条件，能够将生活基本单位和经济组织有效结合在一起，一家人有血缘、亲缘关系有直接的利益相关，这样的组织形式有较强的凝聚力和忍耐力，同时稳定性较强，有助于取得长远经济效益。家庭这一具体经济组织形式，在当前和今后相当长的时期内将发挥其应有的作用。

2. 企业

企业是人们从事物质资料生产、流通，或从事劳动活动的营利性的具体经济组织形式。企业是商品经济的产物。企业一般特征如下：①拥有一定数量的劳动者和生产资料，进行自主经营，是具有法人主体地位的独立的商品（劳务）生产经营者。②在经济上施行独立核算，自负盈亏，以收抵支并有盈余。③法律上具有"法人"地位。公司是企业的组织形式，一般意义上说，公司即企业。

（二）经济单位之间相联系的经济组织形式

1. 农村合作社

农村合作社即农业合作经济组织，是指农民，尤其是以家庭经营为主的农业小生产者，为了维护和改善各自的生产及生活条件，在自愿互助和平等互利的基础上，遵守合作生产的法律和规章制度，联合从事特定经济活动所组成的企业组织形式。农业合作经济组织的盈利以成员与农业合作经济组织的交易额分配为主。

2. 农村联营企业

根据平等、自愿、互利等原则，在保持生产资料所有制性质不变和独立自主经营地位不变的前提下，经济组织之间发展组合成的联合经营企业，一般称联营企业。

3. 农村企业集团

根据地区、行业和供产销之间的联系，由若干个农村企业按照自愿互利的原则而组成的组织形式称为农村企业集团。农村企业集团是现代企业的高级组织形式，是以一个或多个实力强大、具有投资中心功能的大型企业为核心，以若干个在资产、资本、技术上有密切联系的企业、单位为外围层，通过产权安排、人事控制、商务协作等纽带所形成的一个稳定的多层次经济组织。

农村企业集团的整体权益主要是通过明确的产权关系和集团内部的契约关系来维系的；其核心是实力雄厚的大企业、龙头企业，也是指按照总部经营方针和受统一管理的进行重大业务活动的经济实体，或者指虽无产权控制与被控制关系，但在经济上有一定联系的企业群体。

我国农村企业的组织形式，种类较多，现按照所有制划分，有以下种类：

（1）全民所有制国有企业

生产性的国有农场、林场、牧场、渔场及其农副产品加工厂等。服务性的国有农机站、排灌站、农技推广站、种子公司、饲料公司和农机公司等。

（2）集体所有制的农村企业

1）地区性合作经济组织。当前主要是指统分结合双层经营的农业合作企业，其统一经营层次，在全国各地农村已演变为两类合作经济组织形式：①保留原有集体所有制的合作经济组织；②新成立的为分散经营层次服务的各种农技、农机等服务公司。其分散经营层次有两部分：农户使用集体公有土地和集体公有的水利设施等，这是集体经济部分；投入家庭私有的种子、肥料和农技具等生产资料，这是个体私有经济部分。由此可知，农户家庭是带有两种经济成分的经济组织，是一种统分结合的家庭经济。每个农户的家庭，既是统分结合双层经营的一个层次，又是一个独立核算、自负盈亏的经济实体。

2）专业性合作经济组织。以专业（行业）组成的合作经济组织形式，如种植、养殖、加工、运输、建筑、供销、金融、技术等合作企业。

（3）个体农业企业

由农户家庭个体经济发展起来的个体企业，如家庭养殖场、家庭加工厂、家庭经营商店等。如规模大，雇用一定数量工人生产的企业，一般称私营企业。

（4）外商投资企业

有来料加工、来样订货、来件装配和补偿贸易的"三来一补"企业。有中外合资经营企业、中外合作经营企业和外资独资的"三资"企业。

（5）港澳台投资企业

其形式基本上与外商投资企业相似。

上述企业是仅从所有制角度划分，如从企业的经营项目和内容分，又可以划分为若干种类型。

三、农村企业的组织机构

企业要生存、发展需要有一定的原则和方法，原则和方法共同作用于企业本身，就形成了组织机构。农村企业的组织机构划分层次并规定职权范围，以统一意志和行动，指挥和管理企业的人、财、物、供、产、销等经济活动。

（一）设置企业组织机构的原则

组织机构设置需把握五条原则：战略导向原则、简洁高效原则、负荷适当原则、责任均衡原则、企业价值最大化原则。

1. 战略导向原则

战略决定组织架构，组织架构支撑企业战略实施。内贸企业不会设立外贸部，代工企业不会成立研发部，零售企业不会设立生产部。设置任何部门都必须成为企业某一战略的载体。如果企业某一战略没有承载部门，就会导致架构残缺。例如，华东某企业在全国设立了十个分公司，经营规模超过十亿元，但由于企业没有成本核算部门，公司欠银行贷款一亿多元。

2. 简洁高效原则

部门绝不是越多越好，以层级简洁、管理高效为原则。部门过多则效率低下，过少则残缺不全。

3. 负荷适当原则

部门功能划分适度，不能让某个部门承载过多功能。功能集中不仅不利于快速反应，而且会形成工作瓶颈，制约企业发展。

负荷适当体现的是功能多少，责任均衡体现的是权力大小。如农村生产型企业，生产部是功能多的部门，相对而言品质部则是权力大的部门，也许生产部有成百上千的员工，品质部只有十几人甚至少到几个人，但品质部员工却拥有产品是否合格的最终裁定权。

4. 责任均衡原则

责任均衡体现企业的授权艺术。如果让某部门"一枝独秀""权倾四野"，可能有工作效率，无企业效益，权力失衡、制约乏力往往会滋生腐败。

5. 企业价值最大化原则

部门设置的根本原则，是让部门组合价值最大化，即确保企业以最少的投入获得最大的市场回报。该过程是合理配置资源的过程，形成企业内部生态圈，把企业内部各部门视为企业生态圈中的种群，各种群为维持生存，与其他种群相互联系、相互制约，共享生态圈中资源，分工协作是维持种群得以生存和发展的动力，在现有的一定的市场生态资源下，减少种群间内耗，实现共赢。

（二）组织架构设置方法

设计组织架构可以分五步进行：战略对接、选择类型、设计部门、划分功能、确定层级。

第一步，战略对接。企业先有战略，然后才有组织架构。先有组织架构，然后才有岗位设置。部分企业本末倒置，结果就出现了因人设庙、因人设岗的种种管理乱象。由战略推导企业组织架构也让很多企业从业人员不习惯，所以要遵循组织架构设计的战略导向原则。组织架构设计是由无到有的过程，而组织架构优化是在企业已有架构基础上的调整升级。

战略对接是让组织架构设计者想清楚企业战略可以细化为多少目标，各种目标可能从何种途径实现，企业决策者应该关注的重点是什么，有哪些目标可以分解到他人负责。

第二步，选择类型。组织架构的类型因企业战略不同而不同，因管理方式不同而有异，因企业不同发展阶段而有别。到目前为止，企业组织架构形成的主要类型有五种：职能式组织、事业部制式组织、直线式组织、矩阵式组织、三维组织（或称立体组织）。选择何种类型，企业可根据组织架构设置的五原则均衡考虑后做出取舍。

第三步，设计部门。此时就可以进行部门划分了，不论选择何种组织类型，都需要将企业战略承载功能列出，如总经理办公室、人力资源部、财务管理部、生产部、物控部、技术研发部、品质管理部、营销管理部、物流配送部等。初创企业划分到此，组织架构就基本确立了。规模大的企业还需要继续往下细分管理功能。

第四步，划分功能。组织功能因企业选择的组织类型不同会有不同的组合。不同企业的总经理办公室承载的功能可能有天壤之别，有的总经理办公室负责采购功能，有的总经理办公室负责合同管理。另外，还与企业主营业务或企业规模、性质有关，以及与部门职能范围或者生产对象有关。例如，有的小规模企业生产部包揽了除行政后勤、营销之外的所有职能，从材料采购到计划安排，从技术研发到工艺指导，从成品检验到订单交付，一条龙负责到底；有的大型企业的人力资源部则可能承载人才规划、招聘任用、培训开发、绩效管理、薪酬管理、劳资关系、员工发展、企业文化建设、社团管理等诸多职能；有的制造型企业的生产部因产品不同、规模不同，其承载的职能也是千差万别的；有的销售型企业由于属于供应链中下游，衔接市场，无生产部，但根据销售品类设有采购一部、二部、三部。

某企业组织架构中的"品牌发展部"下面的"市场开拓""产品研发""技术管理""客户服务"就是品牌发展部的职能。功能划分越具体，后面的岗位设置就越简单。小型企业的组织架构设计至此大功告成，大型企业则有待进一步细化。

第五步，确定层级。对于管理跨度大的企业，需要进一步考虑管理层级，避免出现管理真空。如全国连锁企业，就需要考虑企业区域公司、省级公司、办事处等管理层级的细化，以保证企业组织架构设计的责任均衡原则得到落实。组织架构设计的最终呈现方式就是组织架构图。

第二节　家庭农场经营与管理

一、家庭农场概述

（一）家庭农场的定义

2008年党的十七届三中全会报告第一次将家庭农场作为农业规模经营主体之一提出。2013年中央一号文件再次提到家庭农场，鼓励和支持承包土地向专业大户、家庭农场、农民合作社流转，发展多种形式的适度规模经营。2018年中央一号文件明确提出，要"实施新型农业经营主体培育工程，培育发展家庭农场、合作社、龙头企业、社会化服务组织和农业产业化联合体，发展多种形式适度经营"。实际上，中国农村在实行家庭承包经营之后，有的农户向集体承包较多土地，实行规模经营，便已经出现家庭农场雏形。

家庭农场作为新型的农村经营主体，是以具体经济单位——家庭为基础的组织形式，是以农民家庭成员为主要劳动力，运用现代化生产方式，主要以生产要素中的土地为核心，进行规模化、标准化、商品化农业生产，并以经营收入为主要的家庭收入来源的新型农业经营主体。家庭农场一般是有独立的市场法人。家庭农场的经营范围包括：种植业、养殖业、种养结合，以及兼营与其经营产品相关的研发、加工、销售或服务。

随着我国工业化和城镇化的快速发展，农村经济结构发生了巨大变化，农村劳动力大规模转移，部分农村出现了弃耕、休耕现象。一家一户的小规模经营，已突显出不利于当前农业生产力发展的现实状况。同时，农村熟练劳动力和青壮年劳动力自愿或不自愿地流向城市和其他产业，宽松的招生政策和不断扩招的大学规模，致使70后不愿种地，80后不想种地，90后不知种地，轻农化成为一种现象。农村劳动力严重短缺，出现了"空心村"，这致使农业生产经营效率下降，农民增收困难，农业科技的推广应用缓慢。家庭农场的出现促进了农业经济的发展，推动了农业商品化的进程，有效地缩小了城乡贫富差距。家庭农场是现代农业发展的重要组织形式和重要推动力量，代表了今后现代农业的发展方向。作为一种新型经营主体，家庭农场保证了"农地农有、农地农用"，避免了农地"非农化"使用，能够促进农业经济的发展，是中国特色现代农业的发展方向。发展家庭农场，能在坚持家庭联产承包责任制基础上，促进土地等生产要素向生产经营能手集中。开展集约化经营是农业生产经营组织形式的创新，有利于实现农业机械化，大幅度提高土地利用率、投入产出率、劳动生产率和农产品商品率，提高农产品的科技含量和市场竞争力，对发展现代农业具有重要的作用和现实意义。

一是集约化经营有利于激发农业生产活力，助推农业集约化经营。集约农业是农业中的一种经营方式。集约经营的目的是要从单位面积的土地上获得更多的农产品，不断提高土地生产率和劳动生产率。目前，我们的农业生产还比较低效，土地利用率不高，生产方式又比较传统，无法达到规模化生产。所以必须走集约经营的道路。家庭农场的生产经营具有以市场为导向的企业化特征，能较好地维持和保护农业生产力，实现农业可持续发展，有助于克服和消除小农经济的弊端。

二是集约化经营有利于增加农产品有效供给，保障农产品质量安全，能有效解决农村家庭承包经营效率低、产出小、管理散的问题。家庭农场是法人，不是个体，它要生存和发展，就需要保证产品品质，从注册开始就形成了约束力。同时，有一定规模，并且是登记注册商标的家庭农场，会比较重视自己的品牌，操作也更规范。随着国家对农产品的重视程度逐渐提高，以及电子商务的兴起与发展，我国农产品供产销一体化追溯系统也逐渐完善，可以通过追溯系统及时查询农产品信息，追根溯源，因此家庭农场会将更加注重食品安全。

三是集约化经营有利于农业科技的推广与运用，这是发展现代农业的关键。通过家庭农场适度的规模经营，能够机智灵活运用先进机械设备、信息技术和生产手段，极大地提高农业新成果集成开发和新技术的推广应用，在很大程度上降低生产成本，大幅提高生产能力，加快传统农业向现代化农业的有效转变，并有助于形成新的职业农民阶层，活跃城乡社会和经济。

（二）家庭农场的特点

在我国，家庭农场就是农户家庭承包经营的"升级版"。借鉴国外农场的一般特性，结合我国基本国情及生产特点，家庭农场主要有如下 5 个特点：

1. 以家庭为经营单位

家庭农场兴办者是农民，是家庭。相对于专业大户、合作社和龙头企业等其他新型农业经营主体，家庭农场最鲜明的特征是以家庭成员为主要劳动力，并以家庭为基本核算单位。在生产要素投入、生产作业、产品销售、成本核算、收益分配等环节，都以家庭为基本单位，继承和体现了家庭经营产权清晰、目标一致、决策迅速、劳动监督成本低等优势。家庭成员劳动力可以是户籍意义上的核心家庭成员，也可以是有血缘或姻缘关系的大家庭成员。家庭农场不排斥雇工，但是雇工一般不超过家庭务农劳动力数量，农忙时主要是家庭临时性雇工。

2. 以农业为主要产业

家庭农场以提供商品性农产品为目的开展专业生产，这使其区别于自给自足、小而全的农户和从事非农产业为主体的兼业农户。家庭农场主要从事种植业、养殖业生产，实行一业为主或种养结合的农业生产模式，专业化生产程度和农产品商品率较高。满足市场需求、获得市场认可是家庭农场生存和发展的基础。家庭成员可能会在农闲时外出打工，但其主要劳动场所仍然是农场，以家庭为单位的农业生产经营为主要的收入来源，是新时期职业农民的主要特征。

3. 以资源集约为生产手段

家庭农场经营者具有一定的资本投入能力、农业技能和管理能力，具备一定的生产技术和装备，经营活动的开展有明确和完善的收支记录。根据定义，家庭农场是经过登记注册的法人组织，农场主首先是经营管理者，其次才是市场劳动者。家庭农场具备协调与管理资源的能力，其经营管理方式具有现代企业管理标准，从而能够获得较高的土地产出率和资源利用率，实现集约化经营管理。

4. 以适当规模为经营基础

家庭农场的内涵告诉我们其种植或养殖必须达到一定的生产规模，这是区别于传统小农户的重要标志。结合我国农业资源禀赋和发展实际，家庭农场规模并不是越大越好。首先，经营规模需要与家庭成员的劳动能力相匹配，确保充分发挥全体家庭成员潜力。其次，经营规模与能取得的可观收入相匹配，即家庭农场人均收入达到甚至超过当地城镇居民收入水平。最后，经营规模与家庭投入的生产要素相匹配，以保证要素的集约分配和利用。

5. 以市场价格为导向

内涵决定本质，家庭农场具有企业化管理特征，必然以利润最大化为生产经营目标。利润最大化目标终将以市场价格为导向进行生产经营。这也是工商登记时把家庭农场登记为企业的主要原因。

二、家庭农场与农村其他新型经营主体的关系

家庭农场、专业大户、农民合作社被认为是重要的农村新型经营主体。三者的共同之处都是期望能够扩大农业经营规模，充分运用现代农业生产要素，提高农业

生产和经营效率，解决农业生产经营分散、规模过少，农民收入水平难以有效提高的问题。

迄今为止，对专业大户没有清晰的定义和内涵的界定。实际上，专业大户和家庭农场没有本质区别，只不过对专业大户的经营规模和雇工的多少没有像家庭农场那样给予清晰界定。

未来农民合作社将是家庭农场和专业大户自愿结合的经济组织，农民合作社是农民采取自愿联合、民主管理而形成的互助性经济组织。然而，在现实中，由于大多数农户生产规模较小，即使他们参与合作社的经营，其实际收益也是微乎其微的。但是，规模较大的家庭农场则不同，其合作收益可能远远大于合作成本，从而产生强烈的合作愿望。因此，鼓励家庭农场、专业大户之间建立合作社有助于真正形成具有较强市场竞争力的农业专业合作经济组织。同时，通过市场机制的培育，市场生态链、生态圈的逐渐拓展，它们的定义和界限将逐渐模糊化。

三、家庭农场的基本模式

（一）"单打独斗"型家庭农场经营模式

目前"单打独斗"型家庭农场经营模式在我国是较为常见的一种模式。该模式操作起来较为简单，且农户在经营管理方面有较强的自主性。然而，家庭农场在生产经营过程中所需的资金、技术等都是由农户自主提供的，因此这种家庭农场经营模式经常面临着资金短缺、生产技术低下、与市场脱节及农户承担较大风险等诸多问题，是一种较为初级的经营模式。

（二）"家庭农场 + 专业合作社"模式

"家庭农场 + 专业合作社"模式是一种以专业合作社为依托，将农业生产类型相同或相近的家庭农场集中在一起组成利益共同体，通过市场信息资源共享、农业生产资料的统一购买和使用，在农产品的生产、销售、加工、运输、贮藏等阶段，为家庭农场提供包括资金、技术、生产资料、经销渠道等多种社会化服务的模式。在这种模式下要求合作社具有较强的实力和完整的组织体系。但由于受制于资金、技术和管理水平，大部分专业合作社也只能提供一些简单的社会化服务，组织体系还不是很完善，难以带领家庭农场走向现代农业的发展道路。

（三）"家庭农场 + 龙头企业"模式

"家庭农场 + 龙头企业"模式一般是以龙头企业为核心，通过农工贸一体化、产供销一条龙的方式带动家庭农场发展。而龙头企业与家庭农场的合作实质上是"订单模式"的合作，家庭农场经营者在这种合作模式下的谈判能力较弱，企业为牟取较大利润而不惜损害农户的利益，农民往往沦为龙头企业的农业雇佣工人。"三农"研究学者黄宗智指出，在中国这样一个农民人口庞大、人地比例悬殊较大的国家，如果将大部分的农民变为纯粹的农业雇佣工人，为农业企业劳动，将导致严重的社会问题，并且使农民原本微薄的福利再次受到损失。因此，家庭农场与龙头企业进行简单合作的模式不是一种适合我国农业长期发展的模式。

（四）家庭农场经营发展中的合作共生模式

在我国现行的土地集体所有制以及家庭联产承包责任制下，土地细碎化问题严重，土地集中较为困难，加上人多地少的基本国情，我国家庭农场走土地密集的大规模化农业道路是行不通的。在这种情况下，不少学者提出适度规模化家庭农场才是我国农业的基本组织形式，但是要在适度规模化下获得大规模的经济效应，创新家庭农场经营模式是必然选择。现阶段，选择合作共生模式，把分散的家庭农场联结起来，通过合作实现家庭农场的集群与工商资本的结合，从而实现农业的区域产业化经营，这才是符合我国国情的家庭农场发展模式。

家庭农场经营合作共生系统，即农村经济生态系统，其共生单元主要由家庭农场、龙头企业及地方政府组成，各个共生单元在市场的主导下以及政策的推动下进行能量交换，进行资源要素的高效配置。家庭农场经营者拥有的土地、劳动力、农业技术等要素与工商企业拥有的资金、管理等要素以及地方政府拥有的资金与项目优势融合在一起，就能实现资源的优势互补。在共生合作模式下，各共生单元之间的要素流动都是双向的，从而形成一个利益共同体。

此外，从利益分配角度考虑，龙头企业与家庭农场可以采用双向持股的形式进行合作。之所以采用双向持股，一方面力图使家庭农场的经营成果与企业利益联系起来，防止企业为获得高利润而损害家庭农场的利益；另一方面家庭农场持有企业的一部分股票，就能参与企业经营成果的分享，这样家庭农场经营不仅能直接获取农产品生产的效益，而且能分享到农产品的加工、销售环节的收益，这极大地拓宽了家庭农场经营收入的来源，促进农户收入的提高。家庭农场经营共生模式其实强调的是一对多的合作模式，即将多个家庭农场在政府项目的引领下聚合在一起，共同联合经营，这样能获得单个家庭农场无法收获的规模效益以及品牌效应。

四、家庭农场的创办

2013 年中央一号文件提出创办家庭农场以来，虽然国家层面没有正式出台对家庭农场的登记注册制定的相关办法，但许多省市，如河南、山西、安徽、上海等已经分别制定了相关登记办法，云南省亦不例外。

《云南省家庭农场工商登记注册试行办法》（以下简称《办法》）于 2013 年 9 月 23 日，经云南省工商行政管理局局务会讨论通过并于当年 12 月 1 日起实施。《办法》规定，家庭农场的组织形式可根据其投资和生产经营情况以及申请人意愿，从个体工商户、个人独资企业、合伙企业、有限责任公司四种市场主体组织形式中选择其一。其中，登记为个体工商户的组成形式应为家庭经营。在登记管辖方面，其主管机关为与家庭农场四种组织形式相对应的登记主管机关。登记场所方面，可以是农村家庭住址，也可以是其种植、养殖的主要生产经营场所。登记名称方面，应包含"家庭农场"字样。以个体工商户、个人独资企业、合伙企业形式登记的家庭农场，名称由行政区划、字号、行业、"家庭农场"等四个部分依次组成。以公司形式登记的家庭农场，名称由行政区划、字号、行业、"家庭农场""有限（责任）公司"等五个部分依次组成。经营范围方面，以农业种植、养殖为主，鼓励开展多种经营。

《办法》还规定，家庭农场应以农村土地承包经营权流转集中经营为基础，以家庭（成员）投资和生产经营为主要形式，具有一定生产经营规模的农业生产经营主体，以及申请家庭农场登记，除提交与家庭农场四种组织形式相对应的法定登记材料外，还应当提交与第三条规定相应的家庭成员或亲属关系证明、土地承包经营权证或土地承包经营权流转协议书相关证明材料等内容。

从《办法》中可以看出依法登记家庭农场应符合以下条件：①以家庭（成员）为主要投资经营者；②经营范围以农业种植、养殖为主；③土地承包经营权流转年限 3 年以上。

第三节　农民专业合作社

现阶段我国大多数地区农村经济仍欠发达，政府财政支农资金管理体制仍不甚完善，而农村本身低价值的资产抵押和低保证的信用体系，使得农民很难依靠银行贷款进行市场投资。农村经济自身具有的高风险、低效益的特点导致其发展中存在巨大困难。因此，在政府财政支农资金管理体制和金融投资制度都不甚完善的环境下，为促进农村经济的全面可持续性发展另寻出路是当务之急。本金小、融资难、项目差一直是制约农村经济发展的顽疾。在财政支农资金管理体制和金融投资制度不甚完善的情况下，要发展农村经济、提高农民生活水平，就必须从根本上解决农村投资存在的问题。自持资金数额小、回报低、风险高是个体农户进行市场投资的通病，只有将小份额的资金集中起来，进行规模投资，整体运作，才可以分散风险、提高回报，从而充分调动个体农民投资的积极性，带动农村市场的整体发展。所以，将农民自有资金集中起来，结合当地县域经济特色，以农民合作社的形式组织农民自主创业显得至关重要。集中民间闲散资金，规模投资，整体运作，能够从根本上调动农民创业积极性，切实改善农民生活水平，进而带动整个农村市场的全面繁荣。

一、农民专业合作社的内涵与意义

（一）农民专业合作社的内涵

农民专业合作社是在农村家庭承包经营基础上，同类农产品的生产经营者或者同类农业生产经营服务的提供者、利用者自愿联合、民主管理的互助性经济组织。

农民专业合作社以其成员为主要服务对象，提供农业生产资料的购买，农产品的销售、加工、运输、贮藏以及与农业生产经营有关的技术、信息等服务。

农民专业合作社是由同类产品的生产者或同一项农业生产服务提供者组织起来的，经营服务内容具有专业性，其成员主要由享有农村土地承包经营权的农民组成。这些自愿组织起来的农民具有共同的经济利益，在家庭承包经营的基础上，共同利用合作社提供的生产、技术、信息、生产资料、产品加工、储运和销售等项服务。合作社还通过为其成员提供产前、产中、产后的服务，帮助成员联合起来进入市场，形成聚合的规模经营，以节省交易成本，增强市场价竞争力，提高经济效益，增加人员收入。因此，农民专业合作社主要目的在于为其成员提供服务，这一目的体现了合作社的所有者与利用者的统一。

（二）农民专业合作社的具体意义

（1）农民合作社是根据中国政府的相关支持政策发展起来的，对当地的经济发展起到了很大的促进作用。自农村改革开放以来，我国农业经历了由统购统销到全面面向市场、由总量不足到供需基本平衡、由追求数量增加到主动进行结构调整的深刻变化。在这个过程中，农业市场化和农业产业化程度同步发展、同步提高，相互作用、相互影响，千家万户的家庭经营面对千变万化的市场大潮，客观上为新型农民专业合作经济组织的产生与发展提出了需要，提供了可能，创造了条件。许多地方在实践中，已经探索出了"龙头企业＋合作社＋农户"的产业化经营模式，有的农民专业合作经济组织自身就搞起了产业化经营。农民专业合作社对农村经济发展有着积极的拉动作用。截至2017年年底，全国农民专业合作经济组织已超过15万个，加入的农户2 363万户，占全国农户总数的9.8%。虽然数量还不多，覆盖面还不大，但这种新型合作形式正在为更多的农民所认识，显示了强大的生命力。

（2）农民合作社积极地调整和改善了农民的投资状况。一方面，农村经济风险高、效益低的弊端决定了单一发展农村小额信贷的局限性，有必要将农民自有的闲散资本集中起来。另一方面，由于农业产业链条长，家庭经营方式既需要产前、产中、产后多环节的社会化服务，又需要在家庭承包责任制的形势下，有与之相适应的组织形成，以降低分散经营的交易成本及其市场风险。因此，农民专业合作社应运而生。

（3）农民合作社改善了农户经济关系中所处的不利地位，提高了农民的经济效益。农户作为原材料的供给者，在与龙头企业的经济往来中，往往处于劣势。如果每户以独立身份进入市场进行交易，龙头企业对于原材料的需求弹性会很大，产品价格上升空间会很小，经济利益很大程度上会流向龙头企业，或者流向商品销售的终端，农民很难盈利，农村的经济环境很难改善。但是，农民合作社的存在改变了这一局面。通过农民合作社，农户相互结合在一起，在进入市场的时候更有话语权，龙头企业对于他们提供的农产品原材料的需求弹性不会很高，农产品的价格就可以保持在一个相对较高的水平上，从而提高了农民的经济效益，从根本上改善农村经济。

（4）农民合作社能够更好地控制风险，熨平经济波动，稳定农村经济发展。由于农产品市场本身具有很强的滞后性，今年的种植计划要靠往年的收益情况来制定，但又要在下一年或者数月后才能实现收益，这样供给与需求就很难在市场上达到平衡，农民的利益很难得到保障。此外，由于农村经济的特殊性和弱势性，农产品市场的稳定易遭受来自自然、社会及政策等因素的干扰。农民个人对于这种风险无能为力，只能硬性接受。但是，农民合作社可以凭借自身相对强大的资金实力，较为分散的种植计划，合理地控制潜在风险，从而达到稳定农村经济的效果。

二、农民专业合作社的认识偏差

在实际工作中，发展农民专业合作社的同时应当纠正一些认识上的偏差，必须正确把握和理解以下几个问题。

（一）正确把握农民专业合作社与行业协会的区别

目前在农民专业合作社的发展中，有的农民专业合作社还没有完全摆脱行业协会的组织管理形态，如聘请当地政府领导担任顾问，设置秘书长职位，发展会员。这是对农民专业合作社组织形态的认识偏差所致。

首先，农民专业合作社是经济合作组织，不是行政事业管理组织，它是由农民自愿联合，经工商部门依法核准登记的"民办、民有、民营、民受益"独立市场法人主体，拥有生产经营自主权，不具有行政事业管理职能，也不受行政干预。它可以根据实际需要，聘请法律顾问和技术顾问，但没有必要聘请行政领导担任顾问。

其次，农民专业合作社是营利性经济组织，不是非营利性的行业协会。农民专业合作社对内服务，对外经营。行业协会是经业务主管部门审查同意成立的社会组织，对内自律和服务，对外代表行业。依据《社会团体登记管理条例》规定，社会团体不得从事营利性经营活动。

最后，农民专业合作社可以依法增加新成员，不能发展会员。农民专业合作社成员以农民为主体，不受区域限制，可以增加新成员，并报工商部门备案。行业协会的会员以生产、加工、购销等企事业单位为主体，依照章程可以发展新会员。

（二）正确理解农民专业合作社与企业法人的区别

《农民专业合作社法》赋予农民专业合作社法人地位，在实际工作中，我们了解到有些农民群众把农民专业合作社看作一种企业法人组织形态，其实，农民专业合作社与公司制企业法人有着较大的区别。

一是组成形式不同。农民专业合作社是在农村家庭承包经营基础上，同类农产品的生产经营者或者同类农业生产经营服务的提供者、利用者自愿联合、民主管理的互助性经济组织。农民专业合作社由5名以上成员设立，没有成员数量上限规定，农民成员比例不得低于百分之八十，成员入社自愿、退社自由，公司制企业法人是由50名以下具有独立财产权利的股东联合设立，没有股东数量下限规定，一个自然人股东或者一个法人股东也可设立有限责任公司。股东身份可以是不同人群。股东在公司成立后不能抽回出资，只能依法向其他人转让持有的股份。

二是出资形式不同。农民专业合作社设立登记没有注册资本最低限额规定，成员出资方式、出资数额由全体成员共同协商认定，无须由专业机构评估认定，公司制企业法人设立登记有注册资本最低限额规定，成员出资方式、出资数额必须经由专业机构评估认定。

三是分配方式不同。农民专业合作社是按成员与本社的交易量（额）比例分配盈余，公司的利润是按股东的出资比例进行分配的。

四是服务方式不同。农民专业合作社主要为成员提供购销、加工、运输、储藏、技术、信息等方面的服务，联合成员进入市场，形成聚合的规模经济，增强市场竞争力，增加成员收入。公司制企业法人不是要使公司为自己提供服务，而是通过所有权与经营权分离的模式，对外展开经营活动，创造利润并回报股东。

五是管理方式不同。农民专业合作社是实行民主管理的自治经济组织，成员地位平等，实行一人一票的基本表决权制度。公司制企业法人是按股东出资比例行使表决权，出资越多，表决权越大。

因此，农民专业合作社是一种全新的市场主体，新的法人形式，是国家立法创新的成果。

（三）正确把握农民专业合作社发展观念的认识问题

发展农民专业合作社，应当充分尊重农民意愿，遵循市场发展规律，通过宣传、培育、引导的方法，循序渐进地促进发展，排除在发展观念上的两个认识偏差。

一是排除发展农民专业合作社只是工商部门的事情这一认识偏差。《农民专业合作社法》第 9 条规定：县级以上各级人民政府应当组织农业行政主管部门和其他有关部门及有关组织，依照本法规定，依据各自职责，对农民专业合作社的建设和发展给予指导、扶持和服务。工商部门是农民专业合作社的登记主管机关，是责任部门之一，发展农民专业合作社不能靠工商部门单打独斗抓发展，应当在地方党委、政府统一领导下，明确各职能部门工作职责及要求，做到各司其职、各负其责，依靠社会各方面的共同努力，形成政府挂帅、部门协作、社会有关方面参与，共同促发展的工作格局。

二是排除采取行政命令方式发展农民专业合作社的认识偏差。农民专业合作社是农民出于经济利益，自愿联合和进行市场运作的互助性经济组织。各级政府部门不能采取下达发展指标等行政命令的方式推进发展，一哄而上。应当通过多种形式，多种层次向广大农民群众宣传《农民专业合作社法》的内涵及相关规定，使农民群众充分认识到成立农民专业合作社的好处及作用，自觉、自愿、自发联合。各级政府部门按照"引导不干预、指导不代替"的原则对农民积极性加以引导，并根据各地农村经济发展的特点，有针对性地选择一批从事同类农产品生产经营的种（养）殖专业户予以重点帮扶，办好试点，引导其完善经营管理机制，规范生产经营行为。通过典型示范，加以推广，促进农民专业合作社健康发展。

三、农民专业合作社的基本要素

（一）成员

1. 成员的基本要求

农民专业合作社的成员可以分为自然人成员和单位成员。自然人成员包括农民成员和非农民成员。但是，不允许单纯的投资股东成为成员，具有管理公共事务职能的单位不得加入合作社。

2. 成员比例要求

农民专业合作社的成员数量要求必须在 5 人以上，农民应占成员额的 80%。成员总数 20 人以下的，可以有一个企业、事业单位或者社会团体成员；成员总数超过 20 人的，企业、事业单位、社会团体总数不得超过成员总数的 5%。

3. 成员的资格证明

农民成员以农业人口户口簿为证，非农民成员提交居民身份证复印件，企业、事业单位或者社会团体成员提交其登记机关颁发的企业营业执照或证书复印件。

（二）组织

1. 成员大会

成员大会是合作社的最高权力机构。成员总数超过 150 人的，可以根据章程规定，由成员代表大会行使成员大会职权。合作社的发展规划、决策，理事（长）、监事（会）成员的选举，分配方案，以及合作社章程的制定和修改等重大事项，都要经过成员大会或者成员代表大会讨论、投票表决通过。

2. 理事会

理事会是合作社的执行机构，对成员（代表）大会负责。合作社的重大事项由理事会提出决策建议后，交成员大会讨论决定。理事会依据章程规定，聘用经理等经营管理人员。

3. 监事会

监事会是合作社的监督机构，由成员代表大会直接选出，代表全体成员监督检查合作社的财务及监事会的工作，并向成员代表大会报告。

4. 经营机构

经营机构是合作社的经营和业务机构。规模较大的合作社也可以单设业务机构。主要将理事会的决策贯彻到日常经营管理工作中。

（三）场所

农民专业合作社成员自有场所作为经营场所的，应提交有权使用的产权证明，租用他人的，应提交租赁协议和场所的产权证明。填写经营场所应该标明经营场所所在县市区、乡镇村、街道的门牌号。

（四）出资

1. 自有资金

（1）社员出资。参加合作社要出资，每个社员都要出资。随着合作社的发展，社员收入的增加和社员对合作社信赖程度的提高，社员就能够增加出资数额。

（2）社员投资。合作社办企业和服务实体，需要动员社员投资。

（3）公积金。合作社的公积金要根据合作社的经营情况决定，在合作社成立初期，经营规模比较小，公积金不可能提太多。

（4）国家项目资金。随着国家扶持合作社的力度不断加大，项目资金会不断增加，有条件的合作社可以积极争取国家的项目资金。

2. 借入资金

（1）社员借款。合作社在社员产品销售以后，可以动员社员把销售货款借给合作社，合作社参照存贷款利率付给利息。

（2）社会借款。合作社向社会借款作为流动资金，包括向个人、企业借款。

（3）银行贷款。向金融部门贷款，用于合作社扩大生产经营。

（4）合作社内部资金互助。这是经金融监管部门批准，可采取的一种融资方法，但绝不能以营利为目的。

（五）章程

农民专业合作社章程应载明下列事项：①名称和住所；②业务范围；③成员资格及入社、退社和除名；④成员的权利和义务；⑤组织机构及产生方法、职权、任期、议事规则；⑥成员的出资方式、出资额；⑦财务管理和盈余分配；⑧章程修改程序；⑨解散事由和清算方法；⑩公告事项及发布方式；⑪需要规定的其他事项。

四、农民专业合作社经营管理模式

随着新农村建设和农业现代化的推进，我国农村经济正逐步由资源依附型向技术密集型、资本密集型和组织创新型转变。农业、农村发展需要政府惠农措施的支持、高新科技的支撑、组织管理制度的创新，三者缺一不可。国内外实践表明，农民合作社等农村社会化服务体系是将政策（金融）、科技、管理有机融合于一体的重要平台。

当前，我国正处于传统农业向现代农业转型的关键时期，农业生产经营体系创新是推进农业现代化的重要基础，支持农民合作社发展是加快构建新型农业生产经营体系的重点。在农业发展日趋市场化、国际化的今天，大力发展农民合作社，并推进农民合作社经营管理模式的创新，对于加快传统农业向现代农业转变、推进农村现代化和建设新农村都具有重要意义。

（一）合作社融资模式

1. 联保贷款模式

"专业合作社成员联保贷款"采取综合权衡、分户授信、多户联保、责任连带、周转使用的方式发放，在贷款操作流程上与小企业联保贷款流程相似，即客户申请—授信额度—贷款调查—审查审批—成员联保—发放贷款—贷后管理。在安全性上，由于采取多户联保、责任连带的方式，成员间相互监督用款，资金挪用风险降低，信贷资金相对安全；在便利性上，采取自愿组合、一次授信的方式，周转使用较为便利。

2. 竞价销售模式

竞价销售模式一般采取登记数量、评定质量、拟定基价、投标评标、结算资金等方法进行招标管理，农户提前一天到合作社登记次日采摘量，由合作社统计后张榜公布，组织客商竞标。竞标后由合作社组织专人收购、打包、装车，客商与合作社进行统一结算，合作社在竞标价的基础上每斤加收一定的管理费，社员再与合作社进行结算。

3. 资金互助模式

资金互助模式则有效解决了社员结算烦琐、融资困难等问题，目前福建省很多合作社成立了股金部，开展了资金转账、资金代储、资金互助等服务。规定凡是入市交易的客商在收购农产品时，必须开具合作社统一印制的收购发票，货款由合作社与客商统一结算后直接转入股金部，由股金部划入社员个人账户，农户凭股金证和收购发票，两天内就可到股金部领到出售货款。金融互助合作机制的创新实实在在方便了农户，产生了很好的社会效益。其优点在于农户销售农产品不需要直接与客商结算货款，手续简便，提高了工作效率；农户不需要进城存钱，既省路费、时间，又能保障现金安全；农户凭股金证可到合作社农资超市购买化肥、农药等，货款由股金部划账结算，方便农户；合作社可把社员闲散资金集中起来，供给资金困难种植户、经营户，起到很好的调剂互助作用。

4.股权设置模式

很多合作社属于松散型的结合，利益联结不紧密，尚未形成"一赢俱赢，一损俱损"的利益共同体。可以在实行产品经营的合作社内推行股权设置，即入社社员必须认购股金，一般股本结构要与社员产品交货总量的比例相一致，由社员自由购买股份，但每个社员购买股份的数量不得超过合作组织总股份的20%。其中股金总额的三分之二以上要向生产者配置。社员大会决策时可突破一人一票的限制，而改为按股权数设置，这样有利于合作社的长足发展。

（二）合作社经营模式

1.台湾产销班模式

借鉴台湾农产品产销班模式，发展农产品产销服务组织，如农产品产销合作社，将传统农业生产扩展到加工、处理、运输，延长农业的产业链条。一方面，生产前做好规划，生产规划迎合消费者的市场需要，做到产供销一体化。农业是弱质产业，容易受到外在因素的干扰，故应重视危机管理和预警体系的建立，生产前有完善的规划，对可能发生的气候变化、市场风险或其他意外，预先采取防范措施。另一方面，拓宽信息来源渠道，了解市场动态需求。通过多种渠道调查市场动态信息，并灵活运用信息，选择有利的销售渠道。不仅将产品转型为商品，而且要提升为礼品或者艺术品，赋予农产品新的价值，凸显新的文化特色，科学阐释农产品的营养价值，提升农业的文化层次和综合价值。

2.带动依托模式

当前许多合作社带头人缺乏驾驭市场的能力，有了项目不懂运作，对市场信息缺乏科学的分析和预测，服务带动能力不强。对此，可以依托农业科研单位、基层农业服务机构、农业大中专院校等部门，开展从创业到管理、运营的全程带动。以对接科研单位为重点，开展创业辅导，建立政府扶持的农民专业合作社全程创业辅导机制。结合规范化和示范社建设的开展，政府组织有关部门对农民合作社进行资质认证，并出台合作社的资质认证办法，认证一批规模较大、管理规范、运行良好的合作社。在此基础上，依托有关部门和科研单位，建立健全全程辅导机制，进行长期的跟踪服务、定向扶持和有效辅导。该模式分为政府主导型和企业带动型，其中，企业带动型又以龙头企业带动型为主。

3. 宽松经营模式

要放宽注册登记和经营服务范围的限制，为其创造宽松的发展环境。凡符合合作组织基本标准和要求的，均应注册登记为农民专业合作组织。营利性合作组织的登记、发照由工商部门办理，非营利性的各类专业协会等的登记、发照和年检由民政部门办理；凡国家没有禁止或限制性规定的经营服务范围，农民专业合作社均可根据自身条件自主选择。同时，积极创办高级合作经济组织，在省、市、县一级创办农业协会，下设专业联合会，乡镇一级设分会，对农业生产经营实施行业指导，建立新型合作组织的行业体系。

当前，农业发展由主要依靠资源消耗型向资源节约型、环境友好型转变，由单纯追求数量增长向质量效益增长转变，凸显了农民专业合作组织在推广先进农业科技、培育新型农民、提高农业组织化程度和集约化经营水平等方面的重要载体作用。推进农民专业合作社经营以及管理模式的创新，并以崭新适用的模式辐射推广，必会推进农民专业合作社的长足发展，而这些也都需要我们根据实情不断地探索，并在实践中不断地完善。

【案例链接】

开启合作农场模式走现代农业新路——宾川县宏源合作社党支部引领产业转型谱写富民强村新篇章[①]

2018年，菜甸村合作农场种植了60亩阳光玫瑰葡萄，每千克均价卖到60元，产值突破280万元，菜甸村村民葡萄收入已连续3年突破1 100万元；力角镇小龙潭合作农场种植的93亩阳光玫瑰葡萄，实现产值460万元；宏源合作社在小河底发展种植的300亩阳光玫瑰葡萄，实现产值1 500万元。这是宾川县宏源农副产品产销专业合作社引领产业转型，担当乡村振兴社会责任，带领果农走人无我有、人有我优、人优我特的现代农业发展路子得到的丰厚回报。

带领群众抱团发展闯市场

2009年，金牛镇菜甸村村民铁余斌带领15名农民发起成立了宾川县宏源农副产品产销专业合作社。自成立以来，合作社在"特"字上做文章，采取统一生产技术标准、统一科技培训、统一配方施肥、统一采购农资的保障措施，为社员无偿提供技术服务，并在中国葡萄学会和县、镇农科部门指导下，向社员推广葡萄标准化生产技术，先后引入种植红地球、夏黑、红宝石、火焰无核、阳光玫瑰、紫甘无核等优质葡萄。到2018年，合作社社员遍布坝区8个乡镇，拥有社员800

---

① 宾川县金牛镇人民政府"金牛微讯e"公众号，2018年8月13日，有删改。

多户，分设 52 个社员之家，社员种植葡萄面积有 6 000 多亩，标准化种植面积超过 3 000 亩。2015 年、2016 年和 2017 年，合作社销售葡萄的收入分别为 9 000 万元、10 800 万元和 12 000 万元，合作社公积金收益分别为 50 万元、60 万元和 70 万元，同时合作社还带动永胜、元谋和双柏等地农民种植葡萄 3 600 余亩。2018 年合作社销售收入预计可达到 15 000 万元、公积金收益可达 84 万元。

"我家是最早一批加入合作社的，现在已种植葡萄 13 亩，这些年我家葡萄收入每年都在 20 万元以上。"菜甸村村民杨林勇是参加合作社受益最大的社员之一。到 2018 年全村标准化种植葡萄 700 亩，利用村集体山林空地种植夏黑、克瑞森、火焰无核、阳光玫瑰、AI7、水晶、赤霞珠等葡萄 239 亩，滇橄榄 158 亩，突尼斯软籽石榴 223 亩。2015 年菜甸村仅葡萄一项收入就突破 900 万元；2016 年至 2018 年，菜甸村村民的葡萄收入连续 3 年突破 1 100 万元。

发动群众归并土地促转型

针对葡萄生产中存在的土地零散、科技含量低、生产成本高、销售困难的问题，宏源合作社转变发展理念，在县镇党委、政府和农业技术部门指导下，采取"党支部 + 合作农场 + 合作社 + 农户"的模式，于 2016 年 11 月引导菜甸村群众通过归并土地建立农民专业合作农场，相邻土地的 17 户农户以土地入股的方式归并土地 60 亩，从改进葡萄架式、优化品种结构到田间农事操作、肥水管理、果品质量控制等整个生产流程全面实行标准化生产、规模化种植、集约化经营。合作农场按每亩 1.5 万元的标准共筹集并投入建设资金 105 万元，对土地进行了规范化整理，于 2017 年 1 月栽下 60 亩阳光玫瑰优质葡萄。2018 年菜甸村先后完成第二期、第三期规划。第二期有 33 户农户归并土地 226 亩，第三期牛滚塘山地的 5 户农户归并土地 115 亩，按规范化种植要求栽植了阳光玫瑰葡萄和 A-17 紫甘无核葡萄。合作农场共建成 401 亩的连片葡萄园。加上宏源合作社在村里的 467 亩示范园，全村 80% 以上的土地实现了规模化种植。与此同时，宏源合作社先后在金牛镇菜甸村、力角镇小龙潭、力角镇周能村等相继建起了 6 家农民合作农场，合作农场规模化种植面积达到 650 亩。生产标准化、种植规模化、经营集约化让葡萄产业实现由弱到强的转变，为优势产业转型升级做出了示范。

"2018 年上半年，先后有 100 多个团队 10 000 多人到合作社标准化生产基地观摩。"菜甸村村民组长、合作社董事长铁余斌不仅忙生产、忙管理、忙销售，还要腾出一定时间给前来参观的群众介绍经验。宏源合作社始终以服务群众为己任，根据农时节令，每年组织召开各种培训不低于 30 场次，培训果农 2 000 多人次，

9年来共组织召开各种培训270余场次，共培训果农18 000多人次。合作社每年召开一次社员大会，认真总结生产、经营管理经验，并针对存在的问题制定改进措施，社员担责任的生产和管理水平在逐年提升。如今，合作社的生产基地已成为县内外果农参观学习的示范园。

服务群众与精准帮扶相结合

宏源合作社主动承担社会责任，积极参与全县的精准帮扶工作。菜甸村有3户建档立卡贫困户、2户低保户，因缺乏技术，生产收入较低，村里成立农民合作农场以后，合作社动员4户贫困户将土地并入合作农场统一管理，让4户贫困户和其他大多数村民一样，变成领工资的脱产农民，实现稳步增收。菜甸村后山坡上牛滚塘的5户群众，土地资源丰厚，但因缺水、缺技术，守着金饭碗过着穷日子，合作社将他们列入第三期合作农场进行开发，归并土地115亩，并建起了四台提水站解决了生产用水难题，指导农户按规范化要求种植了阳光玫瑰葡萄和A-17紫甘无核葡萄。合作社先后与100户贫困户结成帮扶对子，通过产业扶贫利益联结方式，给每户贫困户提供3200元的扶持，每年扶持资金32万元。合作社还对社员中的16户建档立卡贫困户进行重点帮扶，帮助他们学会运用标准化生产技术，通过发展生产走上脱贫致富道路。合作社还为全县46户建档立卡贫困户提供了80个务工岗位。

搭建服务平台，突破科技推广瓶颈

为降低规模化种植带来的风险，镇党委派出镇农业组高级农艺师刘凤弼联系指导宏源合作社党支部的工作，党支部决定在合作农场推行宏源合作社积累的生产和管理经验，从改良品种入手，率先在合作农场引进种植阳光玫瑰葡萄，推广单幅连棚降密提质促早熟栽培技术，引进以色列肥水一体智能化灌溉和施肥系统，并邀请中国葡萄学会专家、县镇农科员进行技术指导，从改进葡萄架式到田间农事操作、肥水管理、果品质量控制等整个生产流程全面实行标准化管理，为合作农场搭建起标准化生产技术推广运用平台，通过采取"统一供应农资、统一生产技术、统一产品标准、统一品牌包装、统一核算"的"五统一"管理办法，对基础设施建设、田间农事操作和市场销售全过程实施集约化经营管理。宏源合作社标准化生产技术平台为合作农场的建设提供了重要的技术保障。党支部还指导菜甸村将二期合作农场农户合并土地后增加的7.9亩土地作为集体股份入进合作农场，将集体股份分得红利作为村集体资金。

宏源合作社党支部书记铁余斌说："合作社从2009年以来虽然完成了我们

的技术物资配套，但是在这个过程当中还有很多弊端，因为是小户经营的模式，我们生产出来的产品品质不统一。为了破解这些难题，宏源合作社党支部和菜甸村小组、小龙潭村民小组协商创建合作农场，2016 年 10 月以来，相继实施了菜甸村、周能村和小龙潭共 5 个合作农场的创建工作，菜甸村一期和小龙潭合作农场今年的产值也在 5 万元左右。从现在看来合作农场的创建，我们觉得还是非常成功的。第一，它破解了小户生产应对大市场的难题。今年在品牌营销上还是取得了很好的成绩，果品成色标准一致。小家小户的生产成本居高不下，通过合作农场的创建，肥水、农药管理统一使用了智能化的灌溉技术，机械化的运用、道路的规范设计，极大地提高了生产效益。第二，在推动整村共同致富上也是非常有效的。村里的一部分人没有技术，种不好田，土地入进合作农场以后交给能人来管理，就可实现坐收红利，平时还可以来打打零工，解放了劳动力，现代化的设备给我们节约了大量的劳力。第三，土地的利用率提高了 20%～30%。过去的田间埂道是利用不了的，现在打破了地界种上了庄稼。第四，通过整合资源，集体经济效益也得到了有效提升。"

第四节　农业产业化发展

一、农业产业化的概念与意义

我国农村产业化发展的构想要回溯到 20 世纪 80 年代中后期。1986 年山东省枣庄市首先试行了农民养羊、农行贷款、工厂贴息和建立基地、搞好服务、完善购销合同、厂农挂钩的方法，在市场经济条件下，初步探索出了一条通过利益调节，进行农工商、产加销一体化经营的路子。1990 年以后，这种农村经济发展模式在河南、安徽、江西、河北、浙江等省相继出现。同时，随着农业产业化的兴起，学术界逐渐对农业产业化开展研究，给出许多不同的定义。

（一）农业产业化的概念

农业产业化是以市场为导向，以经济效益为中心，以主导产业、产品为重点，优化组合各种生产要素，实行区域化布局、专业化生产、规模化建设、系列化加工、社会化服务、企业化管理，形成种养加工、产供销、贸工农、农工商、农科教一体化经营体系，农业产业化使农业走上自我发展、自我积累、自我约束、自我调节的良性发展轨道的现代化经营方式和产业组织形式。它实质上是指对传统农业进行技术改造，推动农业科技进步的过程。这种经营模式从整体上推进传统农业向现代农业的转变，是加速农业现代化的有效途径。

农业产业化的基本思路是：确定主导产业，实行区域布局，依靠龙头带动，发展规模经营，实行"市场牵龙头，龙头带动基地，基地连接农户"的产业组织形式。它的基本类型主要有市场连接型、龙头企业带动型、农科教结合型、专业协会带动型。

农业产业化是当前农业产业发展的一种经营模式，具有联合体的内涵。如果合作社是一种合作共赢的组织形式，那么产业化是一种缔结联盟的一体化过程。农业产业化经营的组织形式基本上是"公司＋基地""公司＋农户"或"公司＋基地＋农户"模式。农业产业化是我国在积极推进农业产业化经营，提高农民进入市场的组织化程度和农业综合效益时，按照依法、自愿、有偿的原则逐步发展起来的规模经营，主要体现在经营机构新、经营权限新、管理机制新等方面，是农业发展思路的创新。

（二）农业产业化的基本特征

当下农业产业化经营与传统封闭的农业生产经营相比，具有以下一些基本特征：

1. 市场化

市场是农业产业化的起点和归宿。农业产业化的经营必须以国内外市场为导向，改变传统的小农经济自给自足、自我服务的封闭式状态，其资源配置、生产要素组合、生产资料和产品购销等要靠市场机制实现。

2. 区域化

区域化即农业产业化的农副产品生产要在一定区域范围内相对集中连片，形成比较稳定的区域化的生产基地，以防生产布局过于分散造成管理不便和生产不稳定。

3. 专业化

专业化即生产、加工、销售、服务专业化。农业产业化经营要求提高劳动生产率、土地生产率、资源利用率和农产品商品率等，这些只有通过专业化才能实现。特别是作为农业产业化经营基础的农副产品生产，要求把小而分散的农户组织起来，进行区域化布局、专业化生产，在保持家庭承包责任制稳定的基础上，扩大农户外部规模，解决农户经营规模狭小与现代农业要求的适度规模之间的矛盾。从宏观上看，推进农业产业化经营的地区根据当地主导产业或优势产业的特点，形成地区专业化；从微观上看，实行产业化经营的农业生产单位在生产经营项目上由多到少，最终形成专门从事某种产品的生产。

现在实行农业产业化经营，是从大农业到小农业，逐步专业化的过程。只有专业化，才能投入全部精力围绕某种商品进行生产，形成种养加、产供销、服务网络为一体的专业化生产系列，做到每个环节的专业化与产业一体化相结合，使每一种产品都将原料、初级产品、中间产品制作成为最终产品，以商品品牌形式进入市场，从而有利于提高产业链的整体生产效率和经济效益。

4. 规模化

生产经营规模化是农业产业化的必要条件，其生产基地和加工企业只有达到相当的规模，才能达到产业化的标准。农业产业化只有具备一定的规模，才能增强辐射力、带动力和竞争力，提高规模效益。

5. 一体化

农业产业化经营一体化即产加销一条龙、贸工农一体化经营，把农业的产前、产中、产后环节有机地结合起来，形成"龙"形产业链，使各环节参与主体真正形成风险共担、利益均沾、同兴衰、共命运的利益共同体。这是农业产业化的实质所在。

农业产业化经营是从经营方式上把农业生产的产前、产中、产后诸环节有机地结合起来，实行农业生产、农产品加工和商品贸易的一体化经营。一体化组织中的各个环节有计划、有步骤地安排生产经营，紧密相连，形成经济利益共同体。农业产业化经营不仅从整体上提高了农业的比较效益，而且使各参与单位获得了合理份额的经济利益。这与实施产业化经营以前的分割式部门"条条"化形成鲜明的对比。农业产业化经营既能把千千万万的"小农户""小生产"和复杂纷繁的"大市场""大需求"联系起来，又能把城市和乡村、现代工业和落后农业联结起来，从而带动区域化布局、专业化生产、企业化管理、社会化服务、规模化经营等一系列变革，使农产品的生产、加工、运输、销售等相互衔接，相互促进，协调发展，实现农业再生产诸方面、产业链各环节之间的良性循环，让农业这个古老而弱质的产业重新焕发生机，充分发挥作为国民经济基础产业战略地位的作用。

6. 集约化

农业产业化的生产经营活动要符合"三高"要求，即科技含量高、资源综合利用率高、效益高。农业与工商业的结合，从根本上打破了传统农业生产要素的组合方式和产品的销售方式，使农业生产者有机会获得农产品由初级品到产成品的加工增值利润。产业化经营的多元体结成"风险共担、利益均沾"的经济利益共同体，是农业产业化经营系统赖以存在和发展的基础。在单纯的市场机制下，一旦供求关系发生变化，市场价格便随之波动，甚至是剧烈波动，影响农业生产者的利益，也影响农产品加工、贮运企业的利益。产业化经营系统内各主体之间不再是一般的市场关系，而是利益共同体与市场关系相结合、系统内"非市场安排"与系统外市场机制相结合的特殊利益关系。由龙头企业开拓市场，统一组织加工、运销，引导生产，可以最大限度地保证系统均衡，使其内部价格及收益稳定，实现各参与主体收益的稳定增长。产业化经营的多元参与主体之间是否结成"风险共担、利益均沾"的共同体，是产业化经营的重要特征，也是衡量经营实体是否为产业化经营的核心标准。

7. 社会化

社会化即服务体系社会化。农业产业化经营，要求建立社会化的服务体系，对一体化的各组成部分提供产前、产中、产后的信息、技术、资金、物资、经营、管理等的全程服务，促进各生产经营要素直接、紧密、有效地结合和运行。

社会化服务是农业产业化经营的题中应有之意。作为一个特征，它一般表现为通过合同（契约）稳定内部一系列非市场安排，使农业服务向规范化、综合化发展。即将产前、产中和产后各环节服务统一起来，形成综合生产经营服务体系。在国外较发达的紧密型农工综合体中，农业生产者一般是从事某一项或几项农业生产作业，而其他工作均由综合体提供的服务来完成。在我国，随着农业产业化经营的发展，多数龙头企业从自身利益和长远目标考虑，尽可能多地为农户提供从种苗、生产资料、销售、资金到科技、加工、仓储、运输、销售诸环节的系列化服务，从而做到基地农户与龙头企业互相促进、互相依存、联动发展。

8. 企业化

企业化即生产经营管理企业化。不仅农业产业的龙头企业应规范地企业化运作，而且其农副产品生产基地为了适应龙头企业的工商业运行的计划性、规范性和标准化的要求，应由传统农业向规模化的设施农业、工厂化农业发展，要求加强企业化经营与管理。

产业化经营需要用现代企业的模式进行管理。通过用管企业的办法经营和管理农业，使农户分散生产及其产品逐步走向规范化和标准化。从根本上促进农业增长方式从粗放型向集约型转变。以市场为导向，根据市场需求安排生产经营计划，把农业生产当作农业产业链的第一环节或"车间"来进行科学管理。分类筛选、妥善储存、精心加工，提高产品质量和档次，扩大增值空间和销售数量，从而实现高产、优质、高效的目标。

上述特点说明，产业化的内涵非常丰富，从这些丰富的内涵中，还可以引申出其他许多外延作用和意义。例如，对乡镇企业产业结构和产品结构调整的作用，对新农村建设、小城镇建设和农村城镇化的推动作用，等等。

（三）农业产业化的意义

从经济学和管理学的角度来看，农业产业化的深远意义在于它能够发挥一体化产业链诸环节的协同效应和利益共同体的组织协同功能，把农业生产的产前、产中、产后很好地联系起来，引导小农户进入大市场，扩大农户的外部规模，形成区域规模和产业规模，产生聚合规模效应，合理分配市场交易利益，产生农业自立发展的动力。

实行农业产业化发展，不仅能给农民收入增长带来极大的效应，而且能对我国农业的发展起到组织和导向的作用。其重要意义有：①有利于提高农业产业结构，增加农民收入；②有利于农业现代化的实现；③有利于提高我国农业的国际竞争力；④有利于提高农业的比较利益；⑤有利于加快城乡一体化进程；⑥有利于吸收更多的农业劳动力；⑦有利于提高农业生产的组织化程度。

二、农业产业化经营的条件

（一）有可依托的龙头企业

农业产业化经营一般是以龙头企业为主导发起或建立起来的运作模式，是把龙头企业建设作为发展农业产业化的关键环节。在农业产业化发展过程中，龙头企业起到"火车头"的作用，其经济实力和带动能力，直接决定着农业产业化发展的程度和水平。龙头企业必须具有对签约农户农产品进行收购、加工或经销的能力，发挥连接基地农户和市场之间的桥梁和纽带作用。农业产业化对龙头企业的性质、经营内容等要求不高，龙头企业可以是国有企业、民营企业、私营企业或外资企业等，也可以是农贸企业、加工企业、经销企业、专业市场、中介组织、科技集团等。

（二）具备规模化的农产品生产基地和一定组织化程度的基地农户

农业产业化、规模化发展需要越来越多的零散或小群体农户加入进来，形成足够数量的农产品商品生产基地，并能达到一定批量的商品产量和产值，才能实现专业化生产、区域化布局、集约化经营和社会化服务。如果没有大批农户并生产出批量的商品，就表明生产基地尚未达到一定规模，无法实现农业产业化经营。另外，对农户的组织化程度也要有一定的要求。要以农户易于接受的组织形式，使农户在自愿互利的基础上形成各种不同类型和规模的互助合作组织，加强与龙头企业及市场的联系。基地建设就是一种生产组织形式的建设，为了维护共同的利益，能够将分散的个体农户通过谈判等形式组织起来，克服一家一户的管理困难，发挥群体的优势。

（三）龙头企业和农户之间形成产业联盟体系

在实施农业产业化的过程中，各种不同的社会经济主体包括国家、工业资本、商业资本、银行资本和农民专业合作社等都参与了农业产业化的发展，但是，无论什么样的社会经济体都必须与基地农户之间建立起相对稳定的联系，形成相对稳定的产业链和一定程度的利益共同体。所谓的产业链，又是建立在高度集成的供应链体系之中，该体系中产业主体间的关系具体表现为联盟关系，即产业联盟。这种关系可以是较松散的信誉型市场交易利益共同体之间的联盟，也可以是通过书面契约或章程建立起的紧密型合同制和合作制利益共同体之间的联盟，形成有机结合的农工商或农商型产业链，并形成不同联系程度的利益共同体。这些利益共同体的缔造，是保障基地农户和企业共同发展的重要基础。

（四）具有符合市场需求的主导产业和产品

主导产业是指具有一定规模，能够最迅速、有效地吸收创新成果，满足大幅度增长的需求而获得持续高速的增长率，并对其他产业有广泛的直接和间接影响的产业，这就要求联盟体系具备一定的市场灵敏度。主导产业是现阶段区域经济发展的支撑力量，是区域经济增长的火车头和驱动轮，离开主导产业的支撑去发展区域经济只能是空中楼阁。我国地区间经济发展水平、资源条件等差异较大，各地区应该重点发展本地区具有优势的产业，能否正确地选择区域主导产业、合理地确定其发展规模和速度，关系到区域经济建设的成败和区域可持续发展水平高低。

（五）成熟的社会化服务系统

基地范围内要有较完善的社会化服务系统，是基地建设实现规模化、集约化的重要保证。要以健全乡村集体经济组织为基础，以国家专业技术部门和龙头企业为依托，以农民自办服务组织为补充，从良种繁育、种苗提供、饲料供应、技术服务、加工、运销、信息等方面建立起全方位、多渠道、多形式、多层次的服务系统。

三、农业产业化经营模式

（一）龙头企业带动型（龙头企业＋农户）

龙头企业带动型模式是以经济实力较强的农业生产资料生产和供应企业或农产

品的加工和销售企业为龙头，对某一农产品实行系列化生产经营，带动农产品或相关的生产企业发展优势产业和重点产品，联结生产基地和农户，形成紧密程度不同的产加销一体化经营。这种模式的优势在于：①龙头企业为农民承担市场风险和管理风险。②"公司＋农户"的生产经营组织形式，有效地改变了过去那种企业与农户利益直接对立的状况，建立了利益共享、风险共担的利益分配机制。③龙头企业与农户在资金、土地、劳动力和技术市场生产要素上实现了优势互补，龙头企业负责技术、资金密集、风险大的部分，劳动密集和风险小的部分交由农户负责，形成新的生产力。龙头企业与农户结合，既发挥了大规模经营的优越性，又弥补了农业小生产在经营环节上的缺陷，调动了农户生产的积极性，实现了更高层次上的双层经营。该模式缺陷在于：受市场供求变化影响大，农产品的供求关系难以稳定，合理的利益分配尚不完善。

（二）专业市场带动型（市场＋农户）

专业市场带动型模式的优势在于：专业市场成为农产品的集散地，加快了农产品的流通速度，减少了农产品流通环节，降低了交易费用。这种模式的缺陷在于：市场体系和基础设施建设尚需完善。农村流通中介组织还未发展完善，还需要培育专业化的经纪人队伍及提高农民参与流通的组织化程度。

（三）特色主导产业带动型（规模特色产业＋农户）

特色主导产业带动型模式的优势在于：投资少、易起步、风险小，尤其适合经济欠发达地区，资源优势相对突出，生产专业化水平高，形成专业村、专业乡，形成产、加、运、销为一体的产业群体。这种模式的缺陷在于：受资源比较优势战略的影响，不容易把握市场需求；产业层次低、产品质量差、市场竞争力弱；产业（产品）结构单一，对市场的需求动态适应性不强。

（四）服务组织带动型（服务组织＋农户）

服务组织带动型模式的优势在于：能够提高农民组织化程度，较好地解决农户生产规模小与市场的矛盾。这种模式的缺陷在于：有些服务以盈利为目的，不考虑农民利益，借服务为名随意加价收费。有些社会化服务基础工作不扎实，随意性太大，农民难依赖。有些服务抓不住重点，不能解决农民迫切需要解决的问题。

（五）农业园区带动型（农业高新技术园区、示范园＋农户型）

农业园区带动型模式的优势在于：典型示范作用强，农业科技推广效应大。这种模式的缺陷在于：资金投入巨大，受资金约束强；科技水平要求高，受大多数农民文化素质和科技素质不高因素制约，大面积推广条件不成熟。

（六）中介组织协调型（"农产联"+企业+农户）

中介组织协调型模式的优势在于：信息渠道畅通，便于信息沟通，便于协调上级、县市政府之间的关系，一方面得到省（市、自治区）和国家有关部门的支持，另一方面避免不正当竞争。方便合作开发，"农产联"在市场、产品、人才和生产企业等方面可进行合作开发，以进一步提高企业素质、人才素质和产品质量，更高效地开发国内国际市场。这种模式的缺陷在于：该类型的中介组织主要是行业协会，其类型属于松散型组织。

【案例链接】

宾川县绿色果品开发有限公司"农业+X"工程打造民营科技企业

宾川县绿色果品开发有限责任公司成立于1994年，于成立之初率先把宾川的蔬菜、水果、甘蔗运销东北市场，实现农资连锁配送、经营为一体的产业链经营模式。

在产业模式转型升级的今天，多元化产业集合是发展的必然选择，宾川县绿色果品开发有限公司以培育爽馨—心太软石榴新品种的基础上，建立千亩石榴现代农业科技示范园，采取"公司+示范基地+合作社+农户+市场"的经营模式，带动全县及周边地区发展近4万亩果园，开辟了国际国内市场，平均亩产值为4万余元，最高达8万元。

产业模式转变实现新突破。2010年以来，实施"农业+X"工程。这其中的"X"一是指品牌建设。运用品牌效应将农业产业渗透进市场。通过申办"出口农产品种植和出口水果基地备案"，注册"爽馨、盛唐峰韵"等八个商标，"爽馨"商标荣获"云南省著名商标"称号，并向国家知识产权局申报七项、获批四项发明专利，使该品牌的石榴逐渐拓展深入市场，树立农业品牌形象。二是指精深加工。从产品线入手，丰富终端产品形式。在石榴产品退出后，开发了"盛唐峰韵"石榴酒、"馨如故"石榴汁，以及"榴花湾"蜂蜜，将主导产业多元化，挖掘产业潜力。三是指生态旅游。在挖掘核心产品产业线的同时，将生态旅游贯穿产业始终，打造不一样的乡村体验。在生产线与旅游业相结合的情况下，整合生产要素资源，创建集生态餐饮、休闲、观光、垂钓、体验、会议为一体的"爽馨"石榴农业生态旅游休闲精品庄园，该庄园被认定为"云南首届休闲农业与乡村旅游示范企业、全国休闲农业与乡村旅游示范点"。四是指生态养殖。完成养殖与种植一体化，促进生态系统资源有效利用。五是指互联网。随着市场深入与产业渗透，将产品从当地引入外地，国内引入国外，运用互联网营销拓宽销售渠道，打造一系列多元化销售网络，获"中国科技创新型企业"荣誉。逐步实现"一产、二产、三产"的三产同步，"旅游、文化、品牌"的三位一体，"经济、社会、生态"的三效并举的高原特色现代农业发展的目标。

第五节　现代农村产业融合

一、农村产业融合的概念、目标和模式

（一）农村产业融合的概念

农村产业融合是以农业为基本依托，通过产业链条延伸、产业融合、技术渗透、体制创新等方式，将资本、技术以及资源要素进行跨界集约化配置，拓宽农民增收渠道、构建现代农业产业体系，加快转变农业发展方式，达到一产、二产和三产的全面融合发展目标。

近年来，国内学者对农村产业融合进行了大量研究，对其"内核"已基本形成共识。农村产业融合的路径是产业间的融合渗透与交叉重组，融合的表征是产业链延伸、产业范围拓展和产业功能转型，融合的结果是产业发展和发展方式的转变。

（二）农村产业融合的目标

农村产业融合的目标主要有三方面：一是促进农业高质量发展，实现土地产出率、劳动生产率、资源利用率和全要素生产率提升；二是持续增进农民福祉，包括就业创业渠道拓宽、收入持续增长、社会保障与福利水平持续提升、基本公共服务均等化享有等；三是不断增强农业创新力和竞争力，实现农业农村现代化和乡村振兴。

（三）农村产业融合的模式

目前，我国农村产业融合发展持续推进，从新兴产业的替代融合方面思考，可将农村产业融合归纳为以下4种模式：

1. 农业内部交叉融合模式

以农业独特的优势资源为基础，不断调整、优化农业种植和养殖结构、产业结构，

整合资源，构建新型种养模式。立足优势农业资源，注重农业废弃物的资源化利用，发展生态循环农业，实现农业产业的扩展与增值，提高农业生产效率，实现农业生态环境的可持续发展。

2. 农业产业链延伸融合模式

以农产品终端消费需求为导向，依托主导优势产业，向前、向后延伸以拉长融合发展链条，构建农产品从田间到餐桌、从初级产品到终端消费无缝对接的农业产业链延伸融合模式，最大限度地拓展农业的利益空间。

3. 农业功能拓展融合模式

在稳定的传统农业基础上，不断推进农业与乡村旅游、传统文化、科普教育、素质拓展、康体运动与休闲娱乐等产业的深度有机融合，构建集生产、生活、生态功能于一体的农业产业新体系。

4. 先进要素渗透融合模式

立足科技进步和模式创新，利用物联网、云计算、大数据分析等新一代信息技术，借助互联网平台，充分发挥信息指导生产、引导市场的作用，大力发展农村电商、智慧农业等新产业，推动农商直供、产地直销、食品短链、个性化定制等新型经营模式的前进。

二、乡村旅游经济

乡村旅游作为推进现代农村产业融合发展的一种重要途径，得到了迅速发展，深受广大游客的青睐，也逐渐向规范化发展，2015年中央一号文件提出，要积极开发农业多种功能，挖掘乡村生态休闲、旅游观光、文化教育价值。下面以大理乡村旅游的实际案例进行详细分析说明。

（一）大理乡村旅游的类型

根据大理州内乡村旅游的实际情况，可将乡村旅游分为以下几大类：

1. 综合性农业旅游基地

综合性农业旅游基地要集生态农业观光、休闲度假、特色生态农产品为三位一体，兼具生态性、艺术性和趣味性，为游客提供良好的观光、休闲、度假环境。例如，大理隐仙溪现代农业庄园等。

2. 乡村休闲体验区

乡村休闲体验区要以乡村绿色自然景观、田园风光、特色农业养殖（包括花卉、果蔬）和乡村民俗文化为主题，展现传统又具有现代感的特色乡村民俗风情及特色农业现代化生产方式，注重激发游客的深层体验感受。例如，大理市樱花谷莅景轩农庄等。

3. 乡村民俗文化村寨

乡村民俗文化村寨要借助当代现有的原始居民村落，利用农村特有的地域风俗习惯、民俗文化活动，让游客尽情享受浓郁的乡村风情和民俗文化，重点开发休闲农庄、农舍，满足市场需求。例如，诺邓古村、沙溪古镇、洱源郑家庄等。

4. 乡村历史文化旅游

乡村历史文化旅游要以历史文化为主题与依托的背景，将乡村旅游与当地历史文化旅游有机整合，结合历史文化开发旅游活动，开发农业文明追溯、乡村文化历史遗迹旅游项目。例如，南诏古镇巍山。

5. 乡村特色康乐旅游

乡村特色康乐旅游要以康体疗养和健身娱乐为主题、依托大理境内的自然资源，开发水上休闲运动等项目。例如，大理地热国际温泉度假区、大理普陀泉 SPA 温泉度假村等。

6. 特色乡村集镇

对大理州乡村生态、历史文化、民俗风情、特色物产等资源突出的乡村小集镇，进行特色集镇旅游开发，突出乡村休闲、特色美食等项目。例如，巍山小吃节、三月街民族节等。

（二）大理乡村旅游开发特色

1. 以特产养殖为基础的美食旅游

推出本地特色养殖农户，发展乡村美食旅游的一套模式，结合大理的果蔬花卉、各大景区周边生态园等产品，推出原生态美食大餐，例如，全鲜花宴、野生菌宴等。

2. 以花卉苗木为基础的生态旅游

充分利用大理得天独厚的生态环境和丰富的资源，开展花木观光、花卉栽培、苗木种植、生态采摘、盆景制作等主题的各类活动，研制出美食、养生、养颜等系列花木产品。

3. 以民俗文化为基础的节庆旅游

开展内涵丰富、形式多样的民俗文化活动，如茈碧湖歌会、火把节、剑川骡马会等，推出特色鲜明的系列民俗文化旅游产品，增加大理乡村旅游的人文内涵。

（三）大理乡村旅游开发原则

为推进大理乡村旅游的发展，必须坚持以下开发原则：

1. 保护环境，持续发展

乡村旅游的发展，必须要以环境保护为中心，要始终坚持维护人与自然和谐平衡发展。在充分利用现有乡村生态、文化旅游资源，满足乡村旅游业发展需要的同时，应更加注重乡村生态环境、文化遗产的有效保护，实现乡村生态旅游的健康可持续发展。

2. 政府主导，市场导向

乡村旅游发展面临着诸多制约因素，这就需要政府发挥主导作用，充分整合、利用各种资源，特别是在政策引导、统一规划、推广宣传方面起到核心作用。建立一套面向市场的开发管理机制，产品开发方向、市场应用规范及服务等方面，都应紧密结合市场需求。

3. 突出个性，创立品牌

乡村旅游产品需具备一定的规模，且项目类型丰富，应注意结合大理的乡村特点和民族特色，发展以花卉植物观赏、畜禽养殖、果蔬水产采摘、生态园林美景、民俗文化等为主题的多样化旅游项目。在项目类型丰富的情况下，也应注重统一管理、整体营销，注意乡村旅游的差异化发展。

（四）乡村旅游开发战略与措施

1. 提高认识，改变观念

在思想上对发展乡村旅游必须具有系统、全面的认识。正确理解发展我国乡村旅游的现实意义和功能优势，认清乡村旅游的主要内容与基本特点。充分认识乡村农业不仅是农村的主导产业，而且是重要的乡村旅游资源之一，协调好乡村旅游业与乡村农业的关系。同时，要对整个乡村旅游项目开发过程可能带来的各种负面影响情况进行深入科学的分析，制定安全防范措施，防止破坏自然生态平衡、损害生态环境的事情发生。

2. 科学规划

规划是促进旅游健康有序持续发展的重要基础。乡村旅游开发要在结合当地的自然地理条件、生态环境、资源情况、文化特色及旅游市场等因素进行认真和翔实的实地调查与综合评价后，进行统筹安排，全面规划。不能盲目地进行旅游项目投资与开发，尽量避免相邻地区旅游形式相似和重复建设的现象出现。乡村旅游与传统旅游景点之间也要注意有机结合，提升对游客的吸引力，从而有效促进乡村旅游有序、稳定、健康地发展。

3. 保护环境卫生

乡村旅游开发要有统一规划，不能私自乱搭乱建，破坏村落的原始古建筑；要把乡村卫生环境搞好，与当前的新农村建设相结合，要有新农村的气息；要规划好景点游览线路，完善旅游标识；要严格规范商业网点的合理布局，不要让商业气息冲淡浓厚的乡村民俗文化氛围，要努力让旅游者从中找到回归自然的感觉。

4. 提高乡村旅游文化品位，提高服务人员的素质

需要根据乡村旅游发展特点，注重加强乡村旅游项目开发中人才队伍的建设与培养。不断加强经营管理者、从业人员、村民等相关人员的业务技能培训，提高服务接待水平，使得乡村旅游有规模、上档次，从而推动乡村旅游的有序发展。

5. 完善旅游基础设施建设

加大乡镇级旅游景区基础公共设施建设，解决道路、停车场、洗手间等公共设施不完善的问题；不断提高旅游客房、餐厅等主要食宿设施的设备条件，改善卫生，使游客能住得安心、舒适，提高游客的满意度，以此吸引更多的游客前来观光度假。

6. 加大乡村旅游的投资力度

资金支持是推进乡村旅游开发的重要条件。乡村旅游既需要对基础设施进行完备的建设，又需要加大对外宣传，这就需要有一定的资金保证。乡村旅游项目开发资金可通过政府投资、引进外资和鼓励村民出资合股联营三条渠道筹集。

三、绿色乡村

2018 年中央一号文件指出：推进乡村绿色发展，打造人与自然和谐共生发展新格局。党的十九大工作报告也突出强调了美丽乡村的建设是党和政府未来工作的重点，把打造人与自然和谐共生发展新格局摆在了更加突出的位置。绿色乡村作为推进现代农村产业融合发展的一个重要前提，可以改善农村人居生活环境，构建生态宜居的农村环境，实现乡村经济振兴发展战略。

（一）我国农村的环境状况

农村本来是生态涵养的主体区和生态文明的主战场，但目前农村生态环境遭到严重破坏，已成为制约我国农村健康、可持续发展的主要因素之一。我国农村环境污染突出表现在以下几方面：

1. 农业污染

根据我国生态环境部公布的 2017 年全国土地环境状况相关统计数据，我国中等及中等以下质量的耕地占比超过 70%，可见我国耕地质量状况整体偏低。由于耕地保护问题长时间未受到重视，过量排放含有重金属的化肥以及生活污水、工业废水等，使耕地点位超标率逼近 20%，耕地污染形势十分严峻。其中，因受到重金属污染，我国粮食损失总量超过 1 200 万吨，经济损失达 200 亿元。

2. 垃圾污染

在无机物产品被大量使用的情况下，农村生活垃圾大量增多，除此之外，大量的建筑垃圾、工业废渣和生活垃圾也从城市运到了农村。由于一些农村仍然缺乏垃圾运输、收集和处理的设施，农民直接焚烧处理大量的垃圾，这些垃圾中通常包括很多塑料制品，产生大量的黑烟及刺激性气味，给环境造成严重的二次污染。

3. 污水污染

农村污水主要有两大类：一类是日常生活污水，包括厕所污水、洗衣污水和厨房污水等；另一类是生产污水，包括农产品加工业、畜牧养殖业以及一些民营企业或者城市排放的酸性、含重金属的废水。这些污水的排放已经严重污染了水资源。

（二）构建绿色乡村的措施

1. 加强农民对农村环境的保护

村委会要充当农村环境保护宣传组织管理者的作用，多方位开展农村环境保护宣传教育工作，增强农民的环境保护意识，组织农民开展多种形式的环境保护活动。鼓励农民自主学习环境保护知识，减少塑料制品的使用，学会垃圾分类，循环使用回收材料。村委会还要对农民的生产行为进行规范性引导，种植一些适合当地生态环境、土壤和气候的农作物，用农业复合肥代替化学肥料，提升土壤肥力，降低土壤污染。

2. 发展绿色生态农业

政府部门要积极推进实施有机肥替代化肥，农作物秸秆转化综合利用，病虫害绿色防控，废弃物、畜禽粪污处理和农膜回收等措施。实行垃圾回收收费管理制度，让农民承担部分费用。要深入实施藏粮于地、藏粮于技战略，坚持最严格的自然耕地资源保护制度和最严格的水资源使用管理制度，统筹推进节水护水工作。将发展乡村生态优势转化为发展绿色生态经济的优势，提供更多更好的绿色生态产品和服务，促进生态良性循环。

3. 强化农业绿色发展的保障措施

一要建立健全适合农业绿色发展的支持补贴政策；二要加快培育农业绿色发展的经营主体；三要不断强化适合推动农业绿色发展的科技支撑；四要建立农业绿色发展的监测跟踪评价体系。通过这些改革举措，建设绿色乡村。

第七章　农产品营销与流通

第一节　农产品市场营销

一、农产品市场营销的内涵

（一）农产品市场营销的概念

农产品是指种植业、养殖业、林业、牧业、水产业生产的各种植物、动物的初级产品及初级加工品，如粮食、油料、木材、肉、蛋、奶、畜产品、水产品、蔬菜、花卉、果品、中药材等。

农产品市场营销是指从事农产品生产和经营的个人和组织，在农产品从农户到消费者的环节中，实现满足个人和社会需求目标的交易活动。简单来说，农产品市场营销就是为了满足人们的需求和欲望而进行的农产品推销活动。它要求农产品生产经营者不仅要研究人们对农产品的现实需求，还要研究对农产品的潜在需求，并创造需求。

（二）农产品市场营销的特点

农产品因其自然属性的特殊性，在市场营销活动中也呈现出自身的一些特点。

1. 农产品生产的生物性、自然性

农产品大多是生物性自然产品，具有鲜活性和易腐性，如蔬菜、水果、花卉等的鲜活期较短，一旦失去鲜活性，其价值就会大打折扣。

2. 农产品在供给上具有很强的季节性

受动植物自身生长规律的影响，农产品的供给具有很强的季节性和周期性。如葡萄，南方地区一般在 6–7 月成熟，北方地区一般在 7–8 月成熟。但随着农业科技技术的进步，出现了反季农产品，在农产品市场营销中具有一定的优势。

3.农产品需求的大量性、持续性和多样性

大部分农产品是满足人类基本生产和生活的必需品，这种需求是长期持续存在的，而且不同的人对不同的农产品需求量也不同，随着社会经济的发展，人们对农产品的需求呈现出小型化、特产化、精致化的特点。

4.政府宏观政策调控的特殊性

农业是国民经济的基础，农产品关乎国计民生。但由于农业生产具有不稳定性等特点，依靠市场机制不能有效地解决这些问题，所以需要政府在市场配置资源的基础上，采取一定的政策手段加以宏观调控来扶持和调节农业生产经营。

二、农产品市场与营销现状

（一）农产品市场的概念

农产品市场是农业商品经济发展的客观产物，是将农产品作为商品的交换场所，是农产品的买方、卖方和中间商组成的一个有机整体。按农产品销售方式可分为农产品批发市场、农产品零售市场、农产品超级市场（超市）。农产品批发市场的功能是批量地销售农产品，一般是商人之间的交易市场，农产品通过销售商分散销往全国各地。如大理市凤仪农产品批发市场、大理粮油批发市场、大理水果批发市场。农产品零售市场是进行小量农产品交易的最终场所，以鲜活农产品为主，交易方式主要是现货交易，交易数量小。农产品市场按交易场所分为产地市场、销地市场、集散与中转市场，按交易方式分为现货交易和期货交易。

（二）农产品市场及营销发展现状

1.农产品市场建设发展较快

随着经济、科技的快速发展，消费者消费观念不断改变，农产品市场也在不断地发展和完善。农产品市场从数量扩张向质量提升转变，硬件设施得到了明显改善，运行质量也得到了提高。另外，农产品专业市场类别不断增多，出现了蔬菜市场、水果市场、粮油市场等多种类别市场，初步形成了综合批发市场、专业批发市场、集市贸易和零售并行的农产品市场流通体系。

2.传统农产品批发市场成为农产品流通的主渠道

日常生活中消费的生鲜农产品 80% ~ 90% 是由批发市场提供的，农产品需要经过农户、经纪人、批发市场、零售市场几个环节进入消费者手中，批发市场已成为现阶段农产品流通的主渠道。目前，大大小小的批发市场基本上覆盖了县市一级，大致形成了以城乡集贸市场、农产品批发市场为主导的农产品营销渠道体系，发挥着集散商品、形成价格、传递信息等作用，对加快农产品流通市场化，提高农民收入，满足消费者多样化与个性化的需求，提高流通效率等都有很大促进作用。

3.连锁超市、各类大卖场等现代渠道发展迅速

以配送中心、超市、大卖场等为主的现代农产品流通渠道发展很快，生鲜农产品也已成为超市聚客和提高利润水平的主要方面。现代市场营销通过超市连锁形式，可以借助总部强大的采购、管理、品牌、服务等优势，将零散性强的商业资源重新整合。例如，沃尔玛、家乐福等国际零售巨头在与农民、农业合作组织、农产品基地的合作方面均有丰富的经验，有效地促进了生鲜农产品的流通。

4.农产品营销中介组织在农产品流通和促进农业产业化方面起着重要作用

个体户、专业组织、联合体这些农产品购销主体不断发展壮大。农产品营销中有了农产品营销中介组织的加入，小规模生产和大市场得到更好的对接，改变了过去农产品产销脱节的不良局面，有效缓解了农产品销售过程中的部分问题。农产品营销中介的出现带动了上游生产基地的发展，同时也带动农民走向市场，帮助农民致富，对地区的农业发展和建设起到了积极作用。

5.农产品营销模式多样化

为了适应当前经济形势的多样化发展，农产品在营销模式上逐步呈现多样化，这些模式包括农产品绿色营销、农产品网络营销、农产品品牌营销、农产品文化营销、农产品国际营销。农产品营销模式的多样化发展有力地促进了农产品的健康、有序销售，提高了农产品营销效率，还提高了农民生活水平，更进一步满足了各种顾客不同的消费需求。

大理州为促进农民增收，积极拓宽营销渠道。一是进一步加强农业招商引资和对外合作交流，组织农业企业、专业合作社等经营主体赴上海、昆明等地区开展农产品展销对接和推介活动，在2018浦东新区第十届农产品博览会上大理的11个农产品走红上海，在2019上海举办的全国优质农产品博览会上扩大了以核桃为主的优势农产品影响力，大理特色生态农产品的市场占有率、品牌影响力和美誉度得到不断提升。二是倾力打造"天天三月街—大理名特优产品大型综合集市"，以线上＋线下综合营销的方式建立"三月街"实体品牌街区及"掌上三月街"大型名特优购物平台，向来大理旅游的游客展销名特优产品，提高农产品的知名度。三是积极探索发展农村电子商务，借助互联网优势，促进农产品的上行。

三、农产品市场营销存在的问题

从我国农业生产实际情况来看，当前农产品营销存在五方面的主要问题。

（一）农民普遍缺乏营销观念，获取的农产品市场信息有限

现阶段，我国农业的主要经营方式是小农户家庭经营，存在小农户家庭生产经营与大市场、大流通不相适应的矛盾，单个农户、小规模农产品组织获取市场信息能力弱，缺乏市场需求调查研究数据。大多数农民只是靠电视、听广播，或看看左邻右舍种什么，自己就种什么；今年什么东西好卖，明年就种植什么，致使农产品销路不畅，形成结构性供过于求现象，结果造成多了烂、少了抢的局面。

（二）农业生产合作化程度低，产品问题突出

目前，各地区农产品生产普遍存在着各种问题，例如，品种单一、大路货多、名优产品比例低；产品就地加工消化比例低，精深加工不足；农产品的标准化生产和质量安全体系建设落后，标准化程度低，产品质量差异大，同时，在农产品生产、加工、流通、质量检验、标识管理等各个环节，缺乏一套严格而完整的标准和市场准入监管制度；产品质量不稳定，水污染、空气污染、农药残留对产品品质影响大；品牌塑造、管理和推广力度不够，许多地区注重的是品牌塑造或推广，不重视品牌管理和维护，导致假冒品牌泛滥，品牌价值下降。

（三）农产品产销的季节性矛盾突出

与工业生产不同，农产品通常按季节生产，全年销售；易变质腐烂，储存条件要求高。农产品产销的季节性不平衡矛盾成为影响农产品营销的主要因素，解决这一矛盾的关键是做好农产品储藏工作。我国农产品单个经营者实力小、产量低，绝大多数生产者没有能力建造仓库储存产品，从而造成农产品收获后集中上市，销售渠道稍有不畅，就会造成产品积压，甚至变质腐烂，进而影响农民增收和农业生产的稳定。

（四）农产品营销服务体系建设落后

我国农业生产产业化水平和商品化程度较低，营销服务体系发展落后，农产品营销主要依赖于各级各类农贸市场，现有的农产品专业营销机构规模小，市场覆盖范围有限，难以满足农业产业化发展的需要。农村市场体系商业网点布局不合理，大型农贸市场主要集中于县城；农村农产品集贸市场规模小，设施简陋，服务功能

单一，商品信息网络不健全，交易方式落后；绝大多数市场缺乏贮藏保鲜和产品质量检测等设施，市场服务停留在摊位出租、环境卫生和市场治安等基本项目上，不仅不能满足和适应农业产业化发展的要求，还直接影响了农产品营销的发展。

（五）销售渠道长、环节多、效率低、成本高

农产品经营分散，大多数农户进行自产自销。有的农户通过县、乡（镇）农贸市场直接面对消费者进行交易；有的农户经过多层农产品销售的中间商，实现农产品转移，并将农产品推向各级批发市场、零售市场。缺乏规范有序的销售渠道给了中间商较大的投机空间，不但延长了从生产者到消费者的时间，而且增加了成本，效率大打折扣。受益方只有中间商，高成本被转移给农产品消费者的同时，农户也没有取得高收入。

四、"互联网＋"下的农产品营销

面对农民营销观念滞后，市场信息不通畅，销售渠道长、环节多、效率低、成本高等诸多问题，国家也在不断出台各种政策推动农产品流通，促进农民增收。2015年3月5日，李克强总理在第十二届全国人民代表大会第三次会议开幕会上提出制定"互联网＋"行动计划。互联网除在第二、三产业发展成熟外，也日渐与第一产业融合。2018年国务院出台实施"互联网＋"农产品出村工程，在国务院政策例行吹风会上，农业农村部副部长屈冬玉表示："互联网＋"可以有很多，在加农业农村方面还有很多不同的事项，但当务之急是互联网＋农产品营销，即农产品出村。"互联网＋"农产品营销已成为解决农产品滞销，提高农民收入的重要途径，对乡村振兴战略具有重要意义。

（一）农产品电子商务概述

1. 农产品电子商务的概念

农产品电子商务是指通过电子商务路径，把大量的农产品通过网络销售出去，其经营主体可能是普通农民，也可能是企业或者合作社等；其经营的农产品可能是没有加工的原产品，也可能是简单的初加工品，还可能是食品。

2. 农产品电子商务的作用

（1）减少流通环节，降低流通成本。传统的农产品流通供应链较长，环节过多，导致农产品在存储、运输、加工和销售环节中的成本过高，利益被中间环节截留，农民增产不增收。通过电子商务平台，生产者直接和消费者交流，减少了中间环节，

降低了流通成本。

（2）降低生产和交易风险，增加农民收入。农民在市场交易中处于弱势地位，既面临自然风险又面临巨大的市场风险。农产品电子商务把农民、供应商以及批发商与零售终端、客户连接起来，实现对农产品物流各个环节的实时跟踪、有效控制和全程管理，从而达到资源共享，有效避免因信息不通畅而导致的农产品结构性、季节性和区域性过剩。

（3）促进产业结构调整，提高农产品竞争力。网上交易公开、公平、透明，成交价格真实地反映了市场中的供求状况，以此引导广大农户科学安排生产，以销定产，减少了生产的盲目性。同时生产监管机构、检疫机构、市场监管机构可以通过信息平台对农产品的生产加工、市场准入、质量安全直接监管。消费者可以在信息平台上查询购买的农产品的质量安全情况，追溯产地，从而保证消费者权益，有利于农产品品牌的创建和保护。

（4）扩大农产品市场，加快农产品流通速度。传统农产品交易以批发市场和集市贸易为主，网上交易平台的建立突破了时间和空间的限制，使交易主体多元化。网络的无界限决定了只要有网络就可能存在农产品的需求市场。农户以及农产品企业可以通过网络迅速找到合适的贸易伙伴，加快农产品流通速度。

3. 农产品电子商务的模式

（1）B2B(Business to Business)，即商家到商家模式。该模式是商家到农户或一级批发市场集中采购农产品然后分发配送给中小农产品经销商的行为。这种模式主要是为中小农产品批发或零售商提供便利，节省其采购和运输成本。

（2）B2C(Business to Customer)，即商家到消费者的模式。它是经纪人、批发商、零售商通过网上平台卖农产品给消费者或专业的垂直电商直接到农户手里采购，然后卖给消费者的行为。

（3）F2C(Factory to Customer)，即农产品直销模式，即农产品直接由农户通过网上平台卖给消费者的行为。

（4）O2O(Online to Offline)，即线上线下结合模式，是指线上营销线上购买带动线下经营和线下消费。O2O通过打折、提供信息、服务预订等方式，把线下商店的消息推送给互联网用户，从而将他们转换为自己的线下客户，这就特别适合必须到店消费的商品和服务，比如，餐饮、健身、看电影和演出、美容美发、摄影等。

（二）农产品电子商务发展现状

1. 农产品网络销售规模快速增长

当前，电子商务已成为农产品经营流通中不可或缺的重要途径，全国各地都在纷纷发展农村电子商务，农产品网络销售规模呈现出良好的发展态势。我国农产品抢抓互联网发展机遇，立足产业优势，积极探索发展农村电子商务。

2. 农产品线上营销模式不断创新

随着农产品电子商务的发展，营销模式也在不断创新。农产品线上营销模式主要有以各平台上的商家店铺、旗舰店以及微商为代表的平台＋网店模式，以京东自营为代表的平台＋自营模式，以三只松鼠、百草味等为代表的平台＋品牌营销模式，以及农产品＋网红直播＋电商平台模式和电商扶贫模式等。

3. 扶持政策体系不断完备

自 2014 年起，中央一号文件连续四年均明确提出发展农村电子商务，2017 年的中央一号文件更是专设一节，从更高层次、更广视角关注农村电子商务。在 2018 年财政部、商务部、国务院扶贫办等部门联合发文的《关于国家电子商务进农村综合示范县》及中央一号文件《中共中央国务院关于实施乡村振兴战略的意见》明确要求把农产品电子商务作为政策扶持的重点。大理州继后制订出台《大理州 2017 年度电子商务进农村综合示范工作方案》《大理白族自治州人民政府办公室关于整体推进全州农村电商发展的实施意见》等扶持电商的各项政策，以整合资源为着力点，实现电子商务进农村，综合示范项目覆盖 11 个县，农产品电子商务运营平台不断得到完善的目标。

4. 各大电商平台纷纷抢占农产品市场

阿里巴巴的"千县万村"计划、京东的"星火燎原"、苏宁的"乡村易购"、邮政的"邮掌柜"、联想的"云农场"等纷纷抢占农产品市场。以淘宝、天猫、京东商城为代表的综合型电商平台，开设专门频道，成立运营团队来发展农产品电子商务。同时出现了一大批垂直型专业电商平台，如顺丰优选、本来生活、中粮我买网、沱沱工社、易果生鲜等，扩大服务城市，做出自身特色。电商的参与使得发展农产品电子商务的资本、流量、供应链、物流、生态圈等得到了改善，促进了农产品的上行。

【案例链接】

随着城市资源的饱和，尚未完全开发的农村成为各大电商抢占的风水宝地。2014 年 10 月，阿里巴巴集团在首届浙江县域电子商务峰会上宣布启动"千县万"

计划，该项目计划在三至五年内投资 100 亿元，建立 1000 个县级运营中心和 10 万个村级服务站。2015 年，宾川县启动阿里巴巴农村电子商务"千县万村"试点县建设农村淘宝项目，成为阿里巴巴农村淘宝项目云南首个试点县。农村淘宝可以用"五个一"来概括：一个村庄中心点、一条专用网线、一台电脑、一个超大屏幕、一帮经过培训的技术人员。截至 2019 年，宾川县共建立县级综合服务平台电子商务示范点 1 个、农村淘宝村级服务站 90 个，通过该平台向外销售当地时令水果和山货，石榴、葡萄、柑橘、冰糖心水果、紫皮大蒜等本地农产品都得以在网上走俏。同时宾川县积极打造鲜食水果区域公用品牌"宾果儿"，提升宾川水果的影响力；积极探索农村电子商务发展模式，创建"电商协会＋龙头企业＋贫困户""党支部＋合作社＋电子""商务＋扶贫"等模式，助力脱贫攻坚。农村电子商务的发展，突破信息和物流的瓶颈，解决农村买卖难问题，实现"网货下乡"和"农产品进城"的双向流通功能。

（三）农产品电子商务发展的瓶颈

随着国家对农村电子商务的高度重视及各大电商巨头的纷纷涌入，农村电子商务得到了空前的发展，有效促进了"工业品下乡"和"农产品进城"的双向流通。但因农产品具有自然属性等特点，农村电子商务在实际发展中并没有想象中那么好，仍存在一些发展瓶颈。

1. 农村电商人才短缺

人才的缺失主要体现在两方面：其一，电子商务领域专业人才缺失，在发展农村电商时找不到专业的人员，既缺乏包括店铺装修、摄影、图片处理方面的技术人员，也缺乏熟悉产品生产、质量管理、网络营销、客户维护等方面的专业人才；其二，管理人才匮乏，推动农村电商发展首先要得到政府的支持，企业也要参与其中，但是在这方面的管理人才素质还未达到要求。

2. 标准化程度低，品牌营销不足

目前，大理州农产品生产总体上仍处于一家一户的生产模式，生产规模小、生产个体多，缺乏生产标准化应有的规模基础和大规模生产规范化管理整齐划一的必要条件，农产品质量参差不齐，品质低。另外，大理州生产的农产品多为初级加工品，加工转化增值能力较弱，附加值较低；许多农户的企业品牌意识较为模糊，把商标与品牌等同起来，认为农产品只要有了商标就是有了品牌，对品牌创建缺少合作参与竞争的意识。

3. 物流体系不完善，成本居高不下

大部分农村地处偏远地区，基础设施不完善，交通不便。另外，农产品是人们每天的消费品，但难以保存，因人们单次采购量少，物流配送成本问题十分突出。

4. 电商企业发展后劲不足

电子商务是一个复杂的生态体系，需要有电子商务服务、物流支付、产业配套的支撑。农产品通过网上销售从农户手中到消费者手中需要一系列的过程，农户本身无法完成，需依靠各类电商企业抱团发展，协调完成。目前电商企业大多处于初级业态，规模集聚效应未能突显，难以解决资源、技术、人才、产品、政策保障等方面的困难，企业难以发展壮大。电商从业人员少、素质不高、网店数量少、销量小，无法满足农特产品线上销售需求。

（四）加快农产品电子商务发展的建议

1. 强化政府指导

从很多地区的农村电子商务发展情况来看，许多都有政府的推动作用，特别是在落后的西部地区，政府的作用更为明显。无论是基础设施、电商服务体系的建设还是人才的培养等一系列的项目都需要政府的推动。因此政府应进一步明确发展方向，提出明晰的战略目标，并进一步出台政策、投入资金，加强基础设施建设，营造良好的电商环境。

2. 培养电商人才

目前农村电子商务发展的硬件环境已初步形成，但缺乏人才却成了发展的主要障碍，无论是战略型、综合型管理人才还是实践操作型人才都比较缺乏，尤其是应用型人才，因此政府和企业要真正重视起来，进行多渠道、多层次的培育。一是提高行政管理干部应用农村电子商务的能力。二是培育本地化人才队伍。在农村电子商务发展初期，难以吸引到外来优秀人才，当务之急就是培育一支当地的农村电商人才队伍。退伍军人、大学生村干部、返乡青年、农村创业青年等新农人应作为重点培养对象。三是加强校企合作。可以通过高职院校和企业的合作培养，学校根据企业的要求培养学生，这样就可以培养出满足农村电商要求的专业人才。

3. 突出品牌优势

在农产品竞争日趋激烈的今天，提升农产品知名度和影响力，获得消费者认可，具有深远意义。首先，政府要积极主动地打造品牌，利用自身的优势为农产品注册商标，通过商标来保护本地农产品的质量和价值。其次，要严格把控当地农产品进

入市场的准入关，不符合要求的产品不能过市场的准入关，对进入市场的产品要进行认证。企业和农民在农产品市场中要遵守国家法律法规，依据国家标准来进行生产，提高农产品质量，做到生产有记录、流向可追踪、质量可溯源。总之政府、企业、合作社等多方应联动，协同作战，从农产品的安全质量、附加值、运营推广等多方面入手。

4. 完善物流体系

当前物流体系的不完善制约着农村电子商务的发展，建立完善的物流体系成为当务之急。

第一，加强物流基础设施建设，尤其是冷链物流建设，应着力建立和完善县、乡、村三级物流配送体系，同时有效整合区域内物流配送资源，建设具有综合服务功能的物流园区，满足农产品流通加工、配送的需要。

第二，完善农村物流公共信息平台，构建乡村末端物流线路共享系统，与县级物流管理体系形成数据共享，努力提升农村物流服务时效，降低物流成本。

第三，大力发展第三方物流企业。第三方物流企业的配送速度以及物流服务都较为成熟，有着更明显的优势，通过第三方物流企业将县乡村三级物流网络资源加以整合利用，要把农产品集中处理，通过配送中心分散给下面的各个企业，这样一来时间成本和资金成本就会降低许多，打通农产品进入消费环节的"最后一公里"。

5. 发展电商企业

企业是农村电子商务发展的主体，要培育壮大电商企业：第一，要打造好农村电商生态，形成资源共享，以资源聚集带动人才聚集，吸引电商企业入驻；第二，通过政策扶持及资金奖励，对综合经营规模大、经营模式新和发展潜力大的电商企业进行示范创建，重点培育，打造一批电商明星企业；第三，可引入较成熟的电商企业，以成熟的管理体系和前沿的思维带动本地电商企业发展，形成大小结合、内外相济的竞争格局，共同促进大理农村电子商务的发展；第四，打造协会合作平台，大理州应加大力度建设青年网上创业联盟、网商协会等组织平台，制定对全体会员具有普遍约束力的行业自律公约，通过协会平台强化电商企业抱团发展，避免区域内同质化竞争和恶性竞争。

【案例链接】

洱源"紫玉萝"打造电商扶贫新模式 ②

洱源县三营镇东火山村具有悠久的紫胡萝卜种植历史，为帮助群众增收致富，

---

② 云视网，http://www.yntv.cn/content/2018/07/341_510874.html，2018-07-28.

经过调研，洱源县凤宝农业开发有限公司把紫胡萝卜产业作为东火山村的主要产业扶持项目。据了解，截至 2019 年，种植面积达到 200 亩，参与种植农户人数达 200 余人。

紫胡萝卜有滋补"小人参"的美誉，能够提高人体免疫力，它不仅比普通萝卜颜值高，而且含有丰富的抗氧化天然花青素，可舒缓眼疲劳。在 2016 年以前，三营镇东火山村种植的紫胡萝卜虽然品质好，但由于地理位置偏远，销售价格却一直在一块钱左右浮动，农户收益很低。

2016 年，赵敏创建了"紫玉萝——云南高原紫胡萝卜"这个品牌，并利用线上＋线下的模式让紫玉萝打开了销路，帮助农户精准脱贫。赵敏告诉记者，偶然的一个机会让自己有了创建紫玉萝品牌的念头。当时有外省朋友在朋友圈问哪里能买紫萝卜，赵敏回复说她这边有，结果当天就销售了 300 多斤。后来赵敏转念一想，也许可以往紫萝卜的销售这方面发展，于是到三营镇以及茈碧湖镇等地实地考察，跟农户进行交流。在交流过程中发现很多农户都是建档立卡户，"作为本地人，应该做点什么"，赵敏当时更加坚定了创建"紫玉萝——云南高原紫胡萝卜"品牌并通过电商打开销路帮助农户脱贫的想法。

2017 年 12 月，"紫玉萝——云南高原紫胡萝卜"一经亮相成都 A20 新农业盛典，便与国内一些知名宅配生鲜公司达成合作，同时来自上海、广州、北京等地的客商纷纷订货。2018 年，公司招募了 100 个微商团队进行线上销售，同时在华东、华中、华南、华北建立了 4 个线下销售代理商。

紫萝卜对于土壤和海拔有较高的要求。首先土壤必须是红土壤，其次海拔需要在 2 400 米至 2 800 米之间。洱源县三营镇东火山村满足了这些种植条件，种植出来的紫萝卜口感甜脆。为鼓励农户种植，凤宝农业开发有限公司与农户签订收购协议，采用"公司＋基地＋农户"的方式，以销定产，并以每公斤 4 元钱的价格进行收购。2017 年"双十一"，每天有上千单紫胡萝卜在线上平台进行销售，"双十一"前三天直接与深圳客户对接订单 25 吨，连夜打包装车运出去。2017 年，"紫玉萝——云南高原紫胡萝卜"线上线下总销量达 200 吨，为大约 200 户农户带来 80 万的收益。

"高原特色的农产品，都可以通过电子商务进农村进行品牌打造、推广、销售。"凤宝农业开发有限公司董事长陈子壁表示。电子商务使农产品在市场当中有更大的竞争力，更大的议价空间，让广大农户真正享受到电子商务进农村的成效。据了解，紫玉萝一亩产量在 1.5 ~ 2 吨，每亩产值在 6 000 ~ 8 000 元。种植紫玉萝对农户来讲不是难事，难的是销路。"现在好了，不用担心卖不出去。"种植户廖登华表示。在此之前，大部分农户都是种植小米辣、玉米、马铃薯等农作物，每亩产值仅在1000元左右，收益远远低于种植紫玉萝。

下一步，公司将根据2018年的销售情况，逐步开展高原水果的标准化种植，2019年可以包销所有达到标准化的产品，真正体现电商扶贫和电商促进产业的作用。我们将针对生鲜这个特殊商品的包装、储存、运输等特性，按照电子商务进农村的要求，逐步摸索出一套整个后期销售服务体系，比如，建设公共仓储、统一包装线及分拣线等，为高原特色农产品更好更快地走出大山、走向市场创造更好的服务链。

第二节　现代农产品物流概述

物流作为一个新兴的产业，已经进入全面快速发展阶段。我国作为一个农业大国，在经济全球化发展，以及国家的高度重视与支持下，农产品物流得到了迅猛的发展。构建和谐社会主义新农村是我国现代化建设进程中的重大历史任务，而攻克农产品物流难题是调整农业产业结构、促进农民增收、推进社会主义新农村建设的关键。农产品物流作为现代物流的重要组成部分，在国民经济发展中具有举足轻重的作用。从某种意义上讲，当前影响我国农业发展的瓶颈正从生产领域逐渐转入流通领域，农业发展的焦点已经从生产环节转向了流通环节。因此，发展农产品物流是建设社会主义新农村的重要推动力，是实现农业生产资料流转和农产品流通的必要手段，是我国由农业大国走向农业强国的必经之路。大力发展农产品物流，对于打通农产品流通的"最后一公里"，提升农村第一、二、三产业融合发展水平，助力乡村振兴战略有着非常重要的意义。

一、现代农产品物流

（一）现代农产品物流的含义

现代农产品物流是指应用现代技术手段、现代管理方法将农产品从供给者送至需求者及相关信息有效流动的全过程。它将运输、仓储、装卸、搬运、流通加工、包装、配送、信息等方面有机结合，形成完整的供应链，为用户提供多功能、一体化的综合性服务。现代农产品物流是以现代运输业为核心、以信息技术为支撑、以现代制造业和商业为基础，集系统化、信息化、仓储现代化为一体的综合性产业。因而它的发展，必将对增强企业发展后劲、优化产业结构、提高经济运行质量起到巨大的促进作用。

（二）现代农产品物流的特点

1. 现代农产品物流的系统化

物流系统化是对物流系统进行系统整合、系统分析和系统管理等的一系列过程。具体来说，就是将运输、流通加工、装卸、搬运、储存、包装、配送、物流信息等物流环节，进行整体设计和管理，以最优的结构、最佳的组合，充分发挥其系统功能作用，实现整个物流合理化。物流合理化不仅有利于降低物流成本，实现"第三利润源"，而且可以提高物流效率，实现资源的最佳配置。而物流系统化又是物流合理化的重要前提。因此，注重系统化发展成为现代农产品物流飞速发展的重要前提。

2. 现代农产品物流的多元化

现代农产品物流的多元化主要是指物流主体的多元化。农产品物流主体是发展现代农业的一个重要载体，是农产品物流价值和附加价值的参与者和主导者。随着市场经济的发展和物流行业机制的完备，农产品物流主体越发呈现出多元化的特点，例如，行业监管主体多元化、产品产销主体多元化、服务供给主体多元化、消费需求主体多元化等。

3. 现代农产品物流的信息化

信息化是现代物流的基本特征，是现代物流发展的基础，是物流业蓬勃发展的助推器。信息技术特别是计算机技术、电子数据交换技术及互联网的广泛应用对物流业的发展起到了巨大的推动作用。农产品物流信息化，能够有效提高农产品市场的流通效率，保证农业农产品信息畅通，有利于实现市场供需平衡，促进农业生产要素的合理流动，也有利于降低农产品交易成本，促进农产品的商品流通。

4. 现代农产品物流的标准化

物流标准化是为物流活动制定统一标准并实施的整个过程。它是以系统为出发点，研究各分系统与分领域中技术标准与工作标准的配合性要求，统一整个物流系统的标准，研究物流系统与其他相关系统的配合性，进一步谋求物流大系统的标准统一。物流标准化是物流现代化的基础和必要条件，是 21 世纪物流的发展趋势。而农产品物流标准化则是物流标准化的重要组成部分，是农产品物流发展的必经之路。

5. 现代农产品物流的自动化

物流自动化是指物流作业过程的设备和设施自动化，是充分利用各种机械和运输设备、计算机系统和综合作业协调等技术手段，通过对物流系统的整体规划及技术应用，使物流的相关作业和内容省力化、效率化、合理化，快速、精准、可靠地完成物流的过程。农产品物流的自动化是以信息化为基础，利用自动化技术使农产品在配送、分拣、装卸、搬运、识别、库存管理等作业过程中提高作业能力，减少差错率，提高劳动生产率。自动化技术在农产品物流中的使用，是农产品物流及其管理进入现代化的体现。

6. 现代农产品物流的社会化

物流社会化是社会分工进一步发展的结果，建立在物流专业化发展的基础上，是一个不断深入的市场化发展过程。物流社会化主要是指物流服务的社会化，物流服务的社会化和物流服务的专业化是互为前提、相互依赖的，只有物流服务的专业化，才能面向社会提供社会化的物流服务，而社会化物流服务又是专业化物流服务发展的必然结果。因而，"第三方物流"和"第四方物流"是物流社会化、专业化的发展趋势，是现代物流的表现形式。所以，社会化物流在现代农产品发展中势在必行。

（三）我国现代农产品物流发展现状分析

我国农产品物流的发展无论在理论上还是实践中均处于初级阶段，发展比较落后。目前我国农产品物流理论的研究主要是宏观层次的研究，属于理论研究的低级阶段。但是随着经济的发展，国家的重视与政策倾向，我国农产品物流得到飞速的发展，农产品物流体系逐步完善，形成了从生产、采购到流通加工、运输、装卸、搬运、储存、包装、配送、销售等一系列环节的整合，形成一个集合的供应链，为用户提供多功能、一体化的综合性服务。

我国现代农产品物流的发展也面对着许多挑战。例如，众多的参与个体组织规模小、层次低、离散性强、联合性差、组织化程度低；虽然农产品物流主体向多元化方向发展，农产品交易方式也向多元化方向发展，但农产品物流信息体系才初步建立；农产品批发市场和农产品流通中心发展较快，但市场交易法规建设薄弱，交易规范化程度有待提高。因此，我国现代农产品物流建设与发展仍然任重而道远。

（四）我国现代农产品物流存在的问题

1. 物流技术落后，物流过程损耗严重

农产品的生物性能（含水量高、保鲜期短、极易腐烂变质等）对运输效率和保鲜条件提出了很高的要求。目前，我国农产品物流是以常温物流或自然物流形式为主，现代化冷链物流体系尚未完善，农产品在物流过程中损失很大。

2. 流通渠道比较单一

农产品的大宗物流一般都会经过这样几个主要环节：生产者—产地市场—运销批发商—销地市场—零售商—消费者，由于农产品中未经加工的鲜销产品占了绝大部分，而这样多环节的流通链条，无论是时间和流通效率，还是现有的保鲜手段都无法适应农产品的鲜销形式，因此相当一部分新鲜产品由于运价、运力、交通基础状况和产品保鲜技术原因而损失巨大。当农产品集中上市时，因物流不畅、加工能力不足、产销脱节严重，损耗情况更为突出。

3. 物流投资不够

一直以来，我国在农业增产上的投入是很大的，但保鲜技术和物流等后续农产品处理加工方面相对来说却明显投入不足。从农业产业链的整体来看，如果能够更多地关注生产、流通、加工一条龙的产业链经营，开发采用保鲜技术使果蔬损耗率减少一半，原因在于我国的农产品绝大多数是在产地以原始产品（采摘后的初级状态）的形式销售，而农产品附加值的真正实现是在非产地上，所以我国农产品鲜销的方式限制了农产品的增值。

4. 体系不健全

农产品物流流体的流向和流程，以及由此而产生的效率和效益与农业物流的信息体系密切相关，而现在农业物流信息系统所能提供的信息品种和质量都不能满足需要，缺乏有效的信息导向，农产品物流的流向带有盲目性，流程不合理，这是导致在途损失严重、影响农产品保值增值的重要原因。长期以来，农民对市场供求信息的获取渠道单一，手段缺乏，赶不上市场变化，信息滞后失真现象严重，要改变这种状况，迫切需要建立完善的信息采集、加工整理和发布体系，需要建立一体化、系统化的物流体系。

5. 物流成本过高

农产品供应链中产销结合差是农产品采购和经营的"瓶颈"之一。目前，我国农产品的物流成本仍然偏高，且很不稳定，运销成本波动较大。同时我国很多城市对外来的农产品车辆有很多限制，导致运输在途时间变长，这不仅影响销售而且增加了损耗。农产品物流成本高，尤其是"最后一公里"痛点成为制约我国现代农产品物流飞速发展的关键因素之一。

6. 缺乏专业管理人才

在水果、蔬菜等生鲜农产品流通过程中，要求管理人员能够对农产品流通过程进行合理规定、设计、管理和有效控制以及成本核算，降低各环节成本费用，减少不必要的损耗，有效地增加农产品流通附加值等。这就要求管理人员应该是一名具备现代物流知识的专业人才，能够运用自身具备的专业知识和一定的时间经验来解决工作中的现实问题。但目前我国农产品物流发展水平较为落后，缺少专业的管理人员，尤其在传统观念中认为与农业打交道是一个不好的工作，这样的观念意识严重阻碍了农产品物流的进一步发展。

（五）大理现代农产品物流发展现状及问题分析

1. 大理物流发展现状

大理是云南省承东启西、连南接北的重要交通枢纽和物资集散地，是云南西出缅甸、北上川藏的重要交通中心，还是我国连接东南亚国际大通道的重要节点。大理位于泛亚铁路、公路西线和中线的交汇处，是澜沧江—湄公河次区域的经济发展轴线的重要组成部分。其独特的区位优势为大理州发展物流业、在区域经济合作中增强自身的竞争力创造了良好的条件。大理根据滇西中心城市和滇西物流枢纽的定位，已结合自身的产业发展规划和地理区位优势制订了一些物流节点的建设规划。其中，结合凤仪镇作为大理铁路、高速公路交汇点的交通优势，依托铁路线在凤仪镇建设滇西最大的铁路枢纽站，并在凤仪规划建设大理物流枢纽园区，以实现铁路—公路物流的快速转换。随着云南省推进面向南亚、东南亚辐射中心的建设，滇西地区交通条件得到极大的改善，区域经济一体化的步伐不断加快，极大地加速了大理乃至整个云南省物流业的发展。

【案例链接】

大理州以农业产业化发展助力乡村振兴 ③

党的十九大以来，大理州以促进农业增效、农民持续增收为目标，多举措加快推进农业产业化进程，农产品得到飞速发展，为乡村振兴发展夯实产业基础。农业产业化发展方面，完成了各县市的优势农产品区域布局规划，初步形成了11 个农业产业化基地，核桃、梅果、奶牛等优势产业带动作用明显增强。全州在稳定粮食生产，确保粮食安全的基础上，建成烟草、核桃、蔬菜、特色水果、中药材、高山生态茶、薯类、蚕桑、特色花卉等特色产业基地 1388.4 万亩，存栏生猪 345.79 万头、肉牛 107.13 万头、肉羊 175.8 万只，出栏家禽 2614.64 万羽。

③ 《大理日报》，2018 年 8 月 24 日。

畜牧业生产持续发展，肉、蛋、奶产量达 29.44 万吨、1.9 万吨、14.74 万吨，分别增长 4.7%、11.7% 和 24.9%。永平、云龙、漾濞三县成为百万亩以上的核桃产业基地，宾川县建成 30 万亩优质水果基地，弥渡、祥云两县成为云南省主要的外销和出口蔬菜基地。淡水渔业水产养殖面积达 16.2 万亩，休闲农业经营主体达 1551 个，营业总收入 25.87 亿元。核桃、水果产值和肉、奶、蛋人均占有量居全省第一。2017 年，全州州级以上农业产业化龙头企业达 221 户，其中国家级 4 户、省级 82 户、州级 135 户，年产值超亿元的企业 35 户，规模以上企业达 122 户；认定现代农业庄园 49 个，农民合作社总数 5805 个，认定家庭农场 1332 个，休闲农业经营主体达 1551 个。2013 年至 2017 年，全州共签约 208 个农业招商引资项目，协议总投资 244.3 亿元，累计到位资金 126.35 亿元，江西正邦、云南神农、广东温氏、广西皇氏等实力企业纷纷入驻大理。2017 年全州农产品出口欧美、东南亚等 27 个国家和地区，出口额达 1.92 亿美元，占全州总出口额的 71.64%。建立健全了"州、县、乡、市场（企业）"四级农产品监管、监测和执法体系，农产品检测实现全覆盖，农产品抽检合格率保持在 98% 以上；建成农业标准化示范区 11 个、菜果和茶标准园 15 个；宾川县建成国家级农产品安全示范区，剑川县、弥渡县建成省级示范区；全州认证"三品一标"农产品 392 个；9 个村镇被列为全国"一村一品"示范村镇。以"基层党建＋互联网"为载体，构建的高原特色农产品和农资线上线下融合、"进城"与"下乡"双向流通新格局基本形成。

2. 大理现代农产品物流发展现状及存在的问题

基于大理农产品产量大幅增加和物流业的飞速发展，大理农产品物流也加快了规模化发展，农产品物流体系逐步完善，形成了从生产、收购、流通、加工、运输、储存、装卸、搬运、包装、配送到销售的一整套组织环节。但是大理农产品物流起步晚、基础差、基础设施不完善，缺乏物流相关技术，物流成本高，物流信息滞后，缺乏专业物流人才。

（1）农产品物流业发展时间短、物流企业规模小。大理农产品虽得到飞速发展，但是真正开始重视农产品的时间还不长，虽然目前大理有工商登记的传统仓储、运输及邮政企业几百余户，但企业规模普遍较小，业务分散、单一，很难实现规模化运营。

（2）经营方式单一，专业化程度低。由于规模小、专业化、信息化程度低，大理的绝大多数物流企业还停留在粗放式经营状态，经济效益不高，农产品物流企业就更甚。绝大多数农产品物流企业只能提供运输、仓储这样的最基本的服务，还不能提供能带来物流附加值的流通环节等的其他配套服务，物流服务专业化水平整体较低。

（3）农产品物流基础设施配套建设不足、物流园区建设滞后。虽然政府对大理农产品物流业发展有着很明确的规划，但由于底子薄、起步晚等，还缺少大批的现代物流设施，农产品物流成本高且运作效率不高，削减了物流企业的利润，限制了大理农产品物流企业壮大和外地有实力的农产品物流企业的进入。同时，物流园区、物流中心从建成到形成规模还需要很长的时间，现在大理作为西部物流枢纽的优势还难以很好地发挥。

（4）农产品物流企业种类有待健全。目前，大理的农产品物流企业基本上都是以运输、仓储、搬运、配送为主业的传统型物流企业，缺乏现代物流中的第三方物流企业和第四方物流企业这样的专业性非常强的农产品物流运营企业。大理农产品物流企业种类有待进一步丰富化、多样化、多元化。

（5）物流信息化水平较低。信息化是现代物流的基本特点之一，而大理农产品物流企业目前的信息化水平总体还比较低。多数企业还意识不到信息化对物流的影响，仅停留在常规的运输仓储和搬运等工作上。另一方面，由于农产品物流企业规模小，多数企业难以自己建立完善的物流信息系统，缺乏能统一使用的类似于公共信息平台之类的公共物流信息服务平台。

（6）缺乏专业的物流人才。虽然近几年培养专业物流人才的高校很多，但是高校物流专业毕业的毕业生一般都就业于规模大、有实力的企业，中小型的物流企业很难招到专业知识较强的专业物流人才，大理农产品物流企业就更缺乏专业物流人才。大多数的企业几乎没有既了解现代物流知识，又会经营、管理物流企业的专业人才，这些都严重制约了企业的发展壮大。

（7）大理区域经济发展还相对薄弱。虽然近年来大理社会经济发展较快，但由于受各种因素的制约，一直以来包含大理在内的滇西经济基础相对比较薄弱，所以大理乃至整个滇西的区域经济发展还没有形成很大的规模，其对物流的需求还很难带动物流产业的迅速发展。

3. 构建大理现代农产品物流产业发展对策

鉴于对大理农产品物流产业综合因素的分析，结合大理城市定位、交通地理位置和产业发展规划，以及云南省建成面向南亚东南亚辐射中心的战略定位，对大理未来现代农产品物流业发展提出以下对策：

（1）增强现代物流意识。通过教育、培训来增强农民的市场经济观念，增强农民的现代物流意识，切实转变单一运输经营的观念，彻底转变"小而全，大而全"和自货自运的经营模式。运用系统优化原理、最小总成本方法、供应链管理等物流方法来改善农产品流通方式，提高运作效率，降低成本，扩大企业规模，实现运营规模化、集约化、系统化，促进农民增收。

（2）扶持一批有基础、有条件的物流企业发展为龙头企业。对于一部分基础较好、条件较好的物流企业，政府、协会要加强指导、帮扶，通过对这部分企业的经营方式、范围、服务水平、专业化、信息化等进行调整能较快发展和壮大，逐步成为行业的龙头企业，带动整个行业转型升级。

（3）加大对农产品物流建设的投入，完善基础设施。一方面，对现有的落后陈旧设施进行有计划的更新换代，优化区域经济发展布局，进行配套的物流基础设施建设，以提高农产品物流产业的服务水平和效率；发展与改进各式农用运输车；加强各种农用仓库的建设；促进农产品加工配送中心建设；加强农产品物流基地、保鲜库、冷藏库等建设，完善公路、铁路、航空等交通运输条件。

（4）健全农产品物流公司种类。除目前传统型的物流企业外，鼓励有条件的企业或团队和个人组建现代物流中转中心和第四方物流企业，以此来提升大理农产品物流产业的总体水平，提高大理农产品物流产业在滇西的影响力和竞争力。

（5）整合资源，构建公共物流信息平台。政府相关部门或物流协会应该建立大理农产品物流产业使用的公共的物流信息平台，自己建设物流信息系统的企业能通过公共物流信息平台来提高自身的物流服务水平，提高市场竞争力。

（6）加强教育，培养专业的物流人才。农产品物流的发展，人才是关键。有关部门应发挥组织作用，定期或不定期地组织物流业从业人员进行经营管理等相关知识的培训，提高从业人员的专业知识；与本地区的高等教育和职业教育机构共同办好物流类专业，培养物流类的专业人才，从根源上解决专业物流人才不足的困境。

（7）加快地区经济发展步伐。应充分用好国家"一带一路"建设和云南省建设成面向南亚东南亚辐射中心，并快速融入中国—东盟自由贸易区、澜沧江—湄公河次区域经济合作区、孟中印缅经济走廊的国际经济交流建设中，充分发挥地理位置优势和通道优势，真正做大做强大理乃至云南的区域经济，以此来带动大理农产品物流产业的快速发展。

【案例链接】

大理沧龙物流有限公司 ④

大理沧龙物流有限公司成立于 2010 年 1 月，注册资本金 3000 万元，是大理州规模最大、最具实力的集普通货运、大型物件运输、物资仓储、装卸搬运、建筑材料销售、物资配送、信息咨询、物流园区服务、供应链及物流方案设计为一体的现代物流企业。

公司现有运输车辆近 200 台，其中有 LNG 天然气运输重型卡车 60 台，是大理州内首家自建加气站、推广使用天然气汽车运输的物流企业，也是云南省运用天然气重卡最多的一家进行绿色运输的物流企业。公司现有员工近 200 人（含下属子公司），其中，大中专文化程度员工占职工总数的 60% 以上，有国家"高级职业经理人"资质证书的管理人才 3 人，有 2 人获得"高级物流师"资质证书，5 人获得"中级物流师"资质证书。公司成立 8 年来，先后荣获"全国 AAAA 级物流企业""中国西部百强物流企业""中国公路货运三星级车队""国家级 AAA 级信用企业""云南省综合实力十强物流企业""云南服务企业 50 强""云南省优秀物流企业""云南现代物流产业先进企业""大理州优秀物流企业"等众多荣誉，并通过 GB/T19001—2008 ISO9001：2008 质量管理体系认证，是中国物流与采购联合会理事会理事单位、云南省物流与采购联合会副会长单位、云南省物流与采购联合会道路物流分会会长单位、大理州企业家协会副会长单位、大理州工商业联合会执委单位、大理州企业家协会副会长单位、大理州燃气协会副会长单位、大理市政协之友企业家联谊会副会长单位、大理州物流行业协会会长单位。

大理沧龙物流有限公司自成立以来，以推动大理物流行业向前发展为己任，运用超前的物流理念、高效的企业团队、科学的运营管理模式、强大的资源整合能力，以"诚信经营、热情服务"为经营方针，奉行"追求卓越品质、强化系统管理、提供至诚服务、持续增进业绩"的服务理念，用"专业、团队、诚信、创新"的企业核心价值观激励全体员工，致力于打造"优质、高效、安全、快捷"的一体化、专业化的现代物流服务新模式，积极参与大丽铁路、大瑞铁路、大丽高速公路、龙瑞高速公路、瑞陇高速公路、小磨高速公路、大永高速公路、上鹤高速公路、腾陇、腾猴高速公路、海东新城区开发、中缅油气管道等国家重点建设项目建筑建材物资供应与物流运输服务。公司先后在大理经济技术开发区满江

---

④ 大理沧龙物流有限公司官网，有删改。

新建了办公大楼、停车场及物流仓储区，公司正朝着规模化、集团化的经营运作模式健康发展，企业经营业绩每年都得到成倍增长，逐步发展成为滇西物流行业的龙头和云南物流运输行业的佼佼者，成了具有一定品牌知名度、备受欢迎的云南省高速公路重点工程的优质物流服务商。

在主业经营上，进行强强合作，公司已在全国多个省区市大中城市建立了运输合作网络，与省内及州内多家企业建立起了长期的合作关系，并先后与中铁隧道局、云南省交通投资建设集团公司、中国铝业集团公司、太平洋建设集团公司等建立了长期、稳定的项目物资供应及物流运输业务。

凭借着良好的经营业绩和强劲的发展势头，公司又制定了中长期发展战略，将致力于推动大理州乃至滇西物流业向前发展为己任，按照"主业优强、相关多元"的发展思路，将物流策划、采购供应、网上销售、货物包装、流通加工、天然气经营、渣土处置、野生菌加工销售等增值服务纳入发展战略。力争做精做强主业、做大做优关联产业、做新做实转型产业。决心抓住发展机遇，在"十三五"期间，将企业打造成为"立足大理、服务滇西、面向云南、辐射东盟"高效率的现代物流企业。

二、现代农产品供应链与冷链物流

我国是农业生产大国，随着经济社会的发展，农产品在国际市场竞争中面临着严峻的冲击和挑战。随着经济的全球化，国外优质低价的农产品，依托庞大规模和先进的管理模式等优势，大举进入国内市场，我国农产品面临的竞争更为激烈，形势更为严峻，这对于我国现有的农产品流通领域也就提出了更高的要求。为了增强企业的竞争力，提高农民的经济收益，培育有竞争优势的农产品企业，实现农产品供应链的优化整合，降低风险，将供应链管理思想运用到农产品的企业运营和管理中去，实现农产品供应链的总体效益最大化，农产品供应链是供应链管理研究的热点问题之一。

（一）农产品供应链的含义

农产品供应链是围绕一个核心企业对农产品从生产到消费过程中各个环节所涉及的物流、资金流、信息流进行整合，将生产商、分销商、批发商、零售商等各方连接成一个具有整体功能的网络，也是农产品在供应链上增加价值的增值链。农产品供应链研究既研究农产品生产本身的物流配置，又研究农业产前、产后物流的科学流动，实现供应、生产、运输、加工、销售等环节的有机衔接，其目的在于使整个供应链产生的价值最大化。

（二）农产品供应链的特点

1. 参与者众多，系统复杂

在生产、加工、运输、销售和最终到消费者的各个环节上都有众多参与者，包括农产品生产者、农产品加工者、农产品运输者、批发市场、零售终端和最终消费者等一系列参与者。另外，农产品的数量大、品种多、特性差异大、质量参差不齐，使农产品供应链各环节的衔接问题更加复杂。

2. 对物流的要求较高，物流瓶颈突出

由于农产品生产具有区域性、分散性、季节性和风险性，而人们的需求又具有多样性和长期性，因而需要在不同区域、不同时间进行流通交易。然而农产品的鲜活易腐性，对农产品的物流提出了很高的要求，流通成本上升，这限制了农产品流通的发展。而且农产品流通中的商流、物流、信息流、资金流的全面协同十分重要，由于物流与商流、信息流、资金流存在本质上的区别，在实际运作中物流不能完全借助信息网络和中介机构实现信息的交换和资金的流动，它往往更多地表现为商品实体在平面和空间上的移动。在电子商务高速发展、农产品客户个性化需求日趋增长的趋势下，物流瓶颈越来越突出。根据"木桶原理"，农产品供应链上任何一个成员物流效率的降低都会降低整个农产品供应链的竞争力，因此，提高农产品物流能力，提高农产品供应链整体效率，迫在眉睫。

3. 物流环节协调性差，整体价值链增值难

由于农产品生产和消费的分散性，市场信息的不对称性，经营主体的多元性和经营规模的离散性，使得农产品销售处于尴尬的境地。农产品生产的季节性较强，农产品上市时间与物流环节难以协调，会导致市场价格波动较大，农产品的鲜活易腐性还限制了农产品在跨区域间和跨季节间的即时调节。在传统的农产品物流体系中，信息流、商流、物流和资金流在时间和空间上相互分离，不能很好地解决农产品在产供销中所形成的结构性矛盾，在农产品供应链条中，缺乏协调、合理的物流管理流程，因此，物流的快捷性和高效性的功能不能得到最大化的发挥，物流的附加值增值受限。

（三）大理农产品供应链管理存在的问题

目前，大理农产品供应链管理主要存在五方面的问题。

1. 供应链管理观念落后

在我国目前的农产品流通领域存在着小生产与大市场的矛盾。小生产是指我国农产品存在着一家一户分散生产经营的方式，不能直接进入市场，难以有效完成流通任务。大市场是指农产品消费面临的是地理位置跨越较大的国内市场甚至是国外市场。在这样的矛盾制约下，我国目前农产品流通形成了以批发市场为中心的主要流通模式。农产品供应链以批发市场为界分为两个部分：一是生产—流通环节，即从生产者到批发市场；二是流通—消费环节，即从批发市场到消费者，两个短链的结合处是批发市场。因此，在以批发市场为核心的流通体制下，农产品供应链是一条断裂的链，是局部的短链，所以无法运用供应链管理的思想。

2. 农产品核心加工企业实力弱，供应链组织困难

大理农产品加工核心企业稀少且规模较小，还没有足够的能力飞速繁荣或者重新构建供应链。虽然大理农产品加工的龙头企业有了一定的发展，但与知名农产品加工企业相比在市场的影响力、产品质量以及客户服务上仍有很大差距。同时，由于生产规模小，经营不规范，很难实现产品的可追溯。生产者的教育程度较低，接受系统培训和指导的机会少，市场意识淡薄，科技知识和科技运用手段的能力及程度偏低，导致加工企业实力薄弱。

3. 农产品供应链环节多，供应链各主体之间信息不畅

我国农产品供应链管理中的信息化平台建设比较缓慢，通常情况下，农产品从农田到达消费者手中，需要经过农户、收购商、农产品加工企业、产地批发市场、销售批发市场、零售商、多家物流服务商等，供应链的各个参与方分工明确、职责分明、竞争充分，但过多的交易环节推高了农产品的流通成本，加剧了供应链成员之间信息不对称。大理农产品供应链同样存在这样的通病，一是信息化硬件建设落后，致使市场信息情报功能未能充分发挥。二是信息资源不能共享，缺乏一个把政府、市场、生产者和消费者联系起来的网络平台，生产者不了解消费者需求，产品质量难以提高，而且市场供求信息滞后失真现象非常严重，这也是大理目前农产品供应链管理中急需解决的问题之一。

4. 农产品质量安全问题突出，供应链安全体系不完善

农产品供应链链条长，参与者多，不可控因素多，每个环节对农产品的质量安全都有不同程度的影响，这些都影响农产品的最终质量。大理的农产品质量安全体系不够完善健全，参与者只是考虑自身的利益，从而导致农产品质量安全问题突出。大理农产品供应链在生产、加工、储存、运输等环节中存在严重脱节，没有建立完

善的安全体系和规范的产品质量认证标准。

5. 农产品物流专业化程度较低、效率低下，物流过程中损耗严重

目前大理农产品物流主要采用自营方式，第三方物流组织还不多，常温物流和自然物流是主要的物流形式，没有形成连贯成型的冷链物流。目前最先进的也就是委托运输，但委托承运商却缺少固定或有计划的农产品承运业务，缺乏农产品物流的专业知识和设备，这使得农产品在物流运输过程中的损坏率高、物流成本高。尤其在生鲜农产品供应链中冷链物流技术低下，农产品的损耗率较高。很多企业因缺乏专业化运作意识，加上物流技术和物流设备落后、管理水平低，农产品流通中损耗量大，社会资源大量浪费。

（四）大理农产品供应链管理的发展对策

1. 树立先进的农产品物流供应链管理理念

美国供应链管理专家 Martin Christopher 指出：21 世纪的竞争不再是企业和企业之间的竞争，而是供应链和供应链之间的竞争。大理作为一个农业大州，农产品物流发展要在整体上有较大的突破，需要引入现代化的物流管理模式——农产品供应链管理，把农产品物流和企业的一系列活动看作一个统一的过程来管理，充分利用供应链中的资源，实现供应链的优化和资源整合。农产品供应链环节中的各组织载体要在物流上进行全方位合作，各组织载体要充分意识到供应链管理是物流管理的新方向，要把握供应链管理的内涵及其要求。

2. 大力发展核心企业，促进供应链主体间的互相协作

首先，政府部门应该积极培育农产品核心企业，对农业产业化龙头企业的发展给予扶持资金和优惠政策。采取多渠道、多形式、多元化的办法，重点培育一批有竞争力和管理组织能力的农产品批发市场、农产品生产基地、农产品加工配送企业，围绕核心企业来建立农产品供应链，充分发挥核心企业的龙头作用，有效衔接农产品供应链节点的各组织，进行策略的制定、推行和协调工作。其次，发展多元化协调主体，加强供应链各个环节的协调、合作。

3. 构建农产品信息管理系统，建设供应链信息管理平台

构建农产品信息管理系统，建设农产品供应链信息管理平台，通过信息化建设，实现信息在供应商、生产商、分销商、零售商、消费者之间的有效传递，提高供应链管理信息的准确性，保证各环节的便捷沟通。同时，农产品生产监管机构、检疫机构、市场监管机构也可以通过门户网站等信息平台，对农产品加工过程、市场准入、质量安全进行全程监控。

4.改善物流基础设施，提升农产品供应链物流能力

新鲜是生鲜农产品的价值所在，但由于鲜活农产品保鲜期短、极易腐烂变质等，对运输效率和流通保鲜技术提出了较高的要求。所以，要加强物流基础设施设备的建设，构建基础设施设备标准化体系，进一步规划包括物流园区、物流中心和配送中心、仓储设施等在内的基础设施。此外，应大力发展第三方物流，鼓励和支持第三方物流服务企业使用自己的物流服务设施设备为买卖双方企业提供现代物流社会化服务的模式，充分发挥第三方物流的优势。

5.提高农产品的质量安全水平，完善的质量安全体系

要提高农产品的质量安全水平，建立一个完善的农产品供应链安全体系。加强对农产品生产的监管，从源头杜绝农产品质量安全隐患；统一农产品质量安全标准；制定农产品质量安全法律法规体系、农产品质量标准体系、农产品质量检验检测体系和质量认证体系；同时，建设农产品质量安全追溯体系，通过问题的追溯强化农产品供应链上各企业的责任，以保障农产品具有良好的质量水平。

6.协调农产品供应链各方利益，为市场注入新鲜活力

供应链运作成功的关键是建立完善的利益分配机制。首先，市场要为农户的农产品进入市场提供便捷的程序，提供本土化的生产意见，逐步引导其供应链思想的形成；其次，要为加工厂家提供市场信息，联系供应商，加强加工厂家与供应商的进一步联系。此外，我国应借鉴国外先进的物流管理经验，培养能解决实际问题的物流人才，提高整体物流人员的综合素质，特别要注重对新技术的投入使用。农产品物流发展目标是增加农产品附加值，节约流通费用，提高流通效率，降低不必要的损耗，从某种程度上规避市场风险。农产品物流与农业发展、农户增收联系紧密，在农产品的流通环节承担着十分重要的作用。

【案例链接】

云南邮政 EMS 助力剑川松茸"飞"入全国百姓家[⑤]

随着雨季到来，云南各种野生菌陆续上市，有"菌中之王"美誉的松茸是野生菌类中的翘楚，备受人们喜爱。剑川作为大理州松茸的集中产地，每年的 7 月至 9 月，新鲜松茸陆续上市，吸引着大量客商进驻剑川。

2019 年 7 月 4 日，2019 年松茸寄递供应链解决方案推荐会在剑川县沙溪镇举行，为即将大量上市的剑川松茸产业助力，帮助当地产品外销，拓展市场，吸引了当地近百家生鲜商家踊跃参加。

---

⑤　《大理日报》，本报记者赵子忠，2019 年 7 月 5 日。

物流全链布局助力松茸出山

松茸上市的季节，正值邮政"生鲜季"。云南的山珍农品，在邮政的助力下，摇身一变，成了一批批生鲜包裹，搭乘邮航班机飞向天南地北。新鲜松茸因其保鲜期短而更显珍贵，寄递新鲜松茸，对包装、保鲜技术和运输时效性等要求颇严。

松茸既是产区农户脱贫致富的主要经济来源，也是食客们推崇的珍品。松茸季节性强、保鲜期短，运输易损耗、配送要求高、难度大。如何将新鲜松茸送到远离原产地的消费者手中，让山野和餐桌不再遥远，云南邮政 EMS 专门为松茸行业量身定制了全程供应链解决方案，确保实现高品质产品极速到家。

中国邮政速递物流目前拥有邮政网点 5.4 万处、全货运飞机 35 架、邮运汽车 7.1 万辆。截至目前，云南邮政 EMS 开通了国际航空邮路 8 条，拥有 40 个直达城市的省际航空标准特快邮路。邮航专机直飞能将当天收寄的松茸邮件直接送达世界第三、亚洲第一的南京中邮航空速递物流集散中心，全国 62 个城市可实现今日寄、明日达，138 个地级城市可实现隔日达。想要品尝到松茸美味的人们只需在网络上动动手指，邮政 EMS 就将全程保鲜的松茸送到消费者手中，足不出户即可尽享珍馐。

在"极速鲜"高端生鲜运营保障平台的全力支撑下，云南邮政 EMS 为松茸提供了航空运输、冷链专线、优先派送、主动跟单等快递增值服务，在保鲜方面，对松茸邮件的恒温包装和保鲜工艺进行改良，使用专业保鲜包装物料、冷运车辆等，实现全程控温，使松茸邮件的保鲜时间延长至 56 小时；在时效方面，增加了从产地运送到机场的频次，抽调人员专门负责将每天收寄的松茸及生鲜包裹运输至机场，实现了松茸从产地到全国 62 个主要城市 48 小时之内送达；在售后服务方面，安排专人负责包裹追踪，做到了出口邮件 100% 全程跟踪。

科技赋能助力松茸产业智能化

"我是沙溪本地人，以前寄松茸很不方便，现在邮政上门为我们服务，省钱省力，让我们有更多时间专门从事松茸收购及销售工作，真心感谢邮政！"剑川县少溪镇松茸电商欧阳灿说道，"因为我们的松茸品质比较高，就需要选择邮政这样的快递企业来保证发运时限，让我们的客户收到更新鲜、更好的松茸。"

在中国邮政集团公司的总体部署下，中国邮政速递物流深入挖掘国家级贫困县特色农产品项目，借助以邮政自主航空和冷链等干线网络为核心的极速鲜平台，及邮政体系"线上 + 线下"销售渠道，探索出了从产业规划、产品销售到运递服务等全链路帮扶的特色农产品扶贫模式，面向全国贫困地区开展产业扶贫。

2014年推出生鲜类农产品快递服务平台——极速鲜平台，于2016年建设了农产品销售平台——EMS极速鲜商城。2018年，中国邮政速递物流累计帮扶18个省、57个国家级贫困县的67个特色农产品项目。2019年将帮扶80个国家级贫困县，打造200个特色农产品项目；2020年帮扶100个国家级贫困县，打造300个特色农产品项目。

据中国邮政集团公司大理州分公司寄递事业部市场部员工马依莎介绍，在今年松茸寄递期间，云南邮政EMS将在迪庆、丽江、昆明、楚雄、大理、玉溪6个州市共同联动，统一服务标准、统一运营保障，实现松茸寄递全域覆盖。2019年大理邮政寄递服务全面升级，从"管家式"的收寄服务、"专家式"的运输保障、"保姆式"全程客服三方面，为大理松茸全程护航。

邮政EMS还通过二维码、微信、支付宝和小程序等互联网技术接入，实现订单云打印，物流信息实时推送，让您全程掌握松茸邮件的快递动态。中国邮政服务质量管理信息系统支持多渠道受理客户服务诉求，配备专职客服，实施全程主动客服和快速理赔。

产自白乡的新鲜松茸，有了邮政的助力，走出剑川，香飘四方……

（五）农产品冷链管理

冷链已经成为世界各国提高生鲜农产品流通条件、食品质量安全、农产品附加值及促进农产品走向国际市场的重要保障。我国是农业生产大国和农产品消费大国，截至2017年我国农产品冷链物流总额将近4万亿元，占社会物流总额近1.6%。我国农产品冷链物流市场空间还很大，未来农产品物流市场进一步开拓，将为冷链物流市场打开更多需求。但是由于农产品冷链物流发展的不完善和农产品冷链流通率低，造成生鲜农产品产后腐损率较高以及大大降低了农产品品质，因此每年都造成了巨额的损失并且严重危害了消费者的健康安全。加快发展我国农产品冷链物流，对于保障食品安全和增加农民收入等都具有十分重要的意义。同样，大力发展大理农产品冷链物流、加强冷链管理对大理物流枢纽地位的巩固和大理经济的发展具有重要意义。

1. 农产品冷链物流的含义

农产品冷链物流是指水果、蔬菜、肉、蛋等农产品在采购、加工、储藏、运输、销售直至消费的各个环节中始终处于规定的、生理需要的低温环境下，以保证农产品质量、减少农产品消耗的一系列供应管理措施和方法。其包括的冷冻加工、冷冻贮藏、冷藏运输及配送、冷冻销售四个环节都要求按照农产品物流的特性需要，保证农产品的原品质和长存性，保证保鲜贮运工具设备的数量与质量，保证处理工艺水平高、包装条件优和清洁卫生好，保证现代化管理和快速作业，最终保证农产品冷链物流冷链协调、有序、高效地运转。

2.农产品冷链物流的特点

（1）复杂性。要保证生鲜农产品在冷链物流过程中的品质，就必须严格控制农产品在冷藏运输过程中的储藏温度以及运输时间。冷链物流系统相对于常温物流系统技术要求高，不同的农产品对温度控制的要求和可储存的时间都不一样，而且冷链物流的基础设施建设和设备技术相对复杂，对信息化程度的要求较高。另外，农产品冷链物流的生产和消费较分散，市场供求及价格变化较大，天气、交通等各种不确定的影响因素较多，其运作和能耗成本较高也增加了其不稳定性和复杂性。

（2）时效性。农产品冷链物流要求冷链的各环节具有较高的组织协调性，保障物流环节和物流交易次数较少，保证易变质农产品的时效性强。由于生鲜农产品具有不易储藏的特性，于是要求生鲜农产品冷链物流的每个组成单位必须及时有效地工作。流通过程中必须按照相应的时间节点来运输，冷链的每一个环节都必须协调运作，每一环节都要紧密相连，来缩短整体的流通时间，提高运作效率。

（3）高成本。农产品冷链物流各环节的管理与运作都需要专门的设备和设施，建设投资较大、回报期较长。由于生鲜农产品在流通过程中必须处在相应的温度环境下，所以必须使用低温运输工具，安装全程温度控制设备，建设冷链仓储物流中心，采用先进的信息管理系统和高效的管理方式，这些要求导致了农产品冷链物流的成本要比其他物流系统成本高出很多。例如，从大理到北京运输柑橘，普通车运输成本为 310 元 / 吨，而冷藏车运输成本则大约需要 550 元 / 吨。

3.发展农产品冷链物流的意义

首先，发展农产品冷链物流是适应农产品大规模流通的客观需要。随着农业经济的不断发展，我国农业结构调整取得显著成效，区域、品种布局日益优化，农产品流通呈现出大规模、长距离、反季节的特点，对农产品物流服务规模和效率提出了更高的要求。尤其是生鲜农产品的区域规模化产出和反季节销售的增加，使加快发展农产品跨地区保鲜运输迫在眉睫。

其次，发展农产品冷链物流是满足居民消费的必要保证。随着城乡居民消费水平和消费能力的不断提高，居民对农产品需求的多样化、新鲜度和营养性等方面提出了更高要求，特别是对食品安全的关注程度不断提高。加快发展农产品冷链物流已经成为保护农产品品质，减少营养流失，保证食品安全的必要手段，是建设节约型社会和保证粮食安全的必然要求。我国生鲜农产品的产后损失十分严重，损耗量占世界首位。长期以来，由于不恰当的运输方式造成我国农产品流通损耗非常严重，中国食品工业协会统计的资料显示，每年约有1 200万吨水果和1.3亿吨蔬菜在运输途中腐烂变质，直接损失就达到1 000亿元以上，造成了巨大的资源浪费和经济损失；相比之下，发达国家（欧洲、美国及日本等）易腐食品的冷藏运输率已超过90%，冷链流通率为95%～98%，某些产品（如肉禽）冷链流通率更是达到100%。而中国大部分生鲜农产品仍在常温下流通；部分产品虽然在屠宰或储藏环节采用了低温处理，但在运输、销售等环节又出现"断链"现象。

再次，冷链物流是促进农民增收的重要途径。长期以来，我国农产品产后损失严重，果蔬、肉类、水产品流通腐损率分别为20%～30%、12%、15%，仅果蔬一类每年损失就达到1000亿元以上；同时，受到生鲜农产品集中上市后保鲜储运能力制约，农产品"卖难"和价格季节性波动的矛盾突出，农民增产不增收的情况时有发生。发展农产品冷链物流，既可以减少农产品产后损失，又可以带动农产品跨季节均衡销售，促进农民稳定增收。

最后，发展农产品冷链物流是促进我国农产品参与国际竞争和提高国际竞争力的重要措施。截至2018年年底，我国主要生鲜农产品产量位居世界第一，农产品产量高达21亿吨，包括油料、肉类、禽蛋、牛奶、蔬菜、水果的产量都是世界第一。但是由于冷链物流发展滞后，我国蔬菜、水果出口量仅占总产量的1%～3%，且其中80%是初级产品，在国际市场上缺乏竞争力。特别是随着近年来发达国家不断提高进口农产品准入标准，相关质量、技术和绿色壁垒已经成为制约我国农产品出口的重要障碍。加快发展农产品冷链物流，有助于提高出口农产品质量，突破贸易壁垒，增强国际竞争力。

4. 大理农产品冷链物流建设

我国初步形成布局合理、衔接顺畅的冷链基础设施网络，基本建立"全程温控、标准健全、绿色安全、应用广泛"的冷链物流服务体系，培育了一批具有核心竞争力、综合服务能力强的冷链物流企业。冷链物流信息化、标准化水平大幅提升，生鲜农产品和易腐食品冷链流通率、冷藏运输率显著提高，腐损率明显降低，食品质量安全得到有效保障。大理农产品冷链物流建设可参考国家发展规划并结合自身特点，因地制宜地推进。

（1）改进冷链装备，完善农产品冷链物流基础设施网络。加强统筹规划，逐步构建覆盖全州主要产地并与全国消费地相联通的冷链物流基础设施网络，加大农产品冷链物流基础设施的资金投入，出台相关优惠政策。加大企业对农产品冷链基础设施的投资热情，鼓励企业建设完善停靠装卸冷链设施。增加生鲜农产品批发市场和生鲜农产品产地冷藏设施的储藏能力，加快生鲜农产品低温处理和冷链配送中心主要产地规划布局。加大冷链装备技术的引进甚至研发，改善生鲜农产品在加工处理环节的温控设施、预冷设施以及冷链运输车辆的节能环保和 GPS 全程温度监控设备等，例如，2019 年发改委提出的研发使用适应生鲜农产品网络销售的可重复使用的冷藏箱或保冷袋，提升配送效率，探索国内冷链货运班列和"点对点"铁路冷链运输等。

（2）加快农产品冷链物流的标准体系化建设。聚焦农产品流通"最后一公里"，加强农产品产地冷链物流体系建设，鼓励企业利用产地现有常温仓储设施改造或就近新建产后预冷、贮藏保鲜、分级包装等冷链物流基础设施，开展分拣、包装等流通加工业务。政府鼓励冷链企业遵守企业农产品冷链物流操作规范和技术标准，加快冷链体系标准化、制度化、智能化的步伐。

（3）加大行业监管力度，完善市场机制，发挥市场作用。将源头至终端的冷链物流全链条纳入监管范围。充分发挥行业协会、第三方征信机构和信息平台的作用，完善冷链物流企业服务评价和信用评价体系。建立冷链物流企业信用记录，加强信息共享和记录应用。完善冷链物流的法律法规体系，对行为不规范的企业处罚提供法律依据，来整治农产品冷链物流市场的乱象，相关政府部门和机构应充分行使监管的职责做到全程质量监督与检查和违法必究，维护冷链物流市场的健康发展。完善农产品冷链物流市场机制，充分发挥市场的主导作用，给企业提供一个公平、公正的市场竞争环境。农产品冷链物流的发展不仅需要政府政策的扶持性发展，还需要市场的导向发展。

（4）学习应用先进管理理念、模式和技术，鼓励创新。由于我国农产品冷链物流起步晚，与国外发达国家有着不小的差距，学习国外先进的管理理念、运作模式和冷链设备制造技术，有利于我国冷链物流实现跨越式发展。因此，大理农产品冷链也需要大力引入国外先进的信息技术，加快信息系统在农产品冷链物流行业的推广，提高农产品冷链企业的效率，降低农产品冷链物流成本。学习的关键在于吸收和运用，所以大理农产品冷链发展不仅要学以致用，还要实现突破创新，技术装备创新，制度管理体制创新，企业经营模式创新等。如支持冷链共同配送、"生鲜电商＋冷链宅配"、"中央厨房＋食材冷链配送"等模式创新。

（5）加快专业化、规模化的第三方冷链物流的发展。未来大理农产品冷链物流的发展，需要依靠一些拥有核心竞争力、雄厚经济实力、先进经营理念和管理方式的大型专业的冷链物流服务商。但是大理第三方冷链物流的现状却是：冷链物流企业多为中小企业，规模小、实力较弱，因此大理农产品冷链发展需先聚焦中小企业的发展，而且要走专业化、个性化的服务道路。因为以后随着有竞争优势、规模优势的大型冷链物流企业的发展，中小冷链物流企业必将会面临生存的挑战，所以中小冷链物流企业要以提供个性化服务为企业的核心竞争力。未来我国第三方农产品冷链物流必须是大中小冷链物流企业所共同提供的规模化与专业化的全面服务，既满足生鲜企业对产品流通规模化需求，也要满足其个性化需求，所以，大理迫切要求加快专业化、规模化的第三方冷链物流的发展进程。

（6）重视冷链宅配的发展。随着互联网的发展和年轻消费者对网络购物的依赖，国内各大电商进军冷链宅配，这种新的冷链物流模式将会影响越来越多的消费者在网上进行水果、蔬菜等生鲜食品的选购，这种商业模式将会改变现有的农产品冷链流通模式，以往生鲜农产品由农民采摘再到批发商、零售商的市场格局将会通过电商平台直接将产地与消费者联系在一起。如果冷链宅配成功发展下去，将会扩大生鲜农产品市场和农产品冷链物流市场，也将会促进农产品冷链物流的发展。

（7）整合现有农产品资源。农产品冷链物流企业对农产品冷链各环节资源的重新整合，加大对整个农产品冷链的控制。对中小农产品冷链物流企业进行兼并重组或者对其参股控股等方式，建立起区域性乃至全国性的大型冷链物流中心，淘汰一批没有发展前景的中小冷链企业，加强对生鲜农产品冷链市场的整顿，促进生鲜农产品冷链市场的健康发展。加快冷链技术升级改造和配套设施的建设，加强农产品冷链企业间的分工与合作，采用先进的经营理念、管理手段和运作模式，提高生鲜农产品冷链物流整体质量与运转效率。

三、现代农产品物流技术

（一）现代农产品物流技术概述

物流技术（Logistics technology）是指物流活动中所采用的自然科学与社会科学方面的理论、方法，以及设施、设备、装置与工艺的总称。物流技术概括为硬技术和软技术两方面。农产品物流技术是指农产品从生产者向消费者的转移过程中，实现流通形态和流动功能所需要的机械、设备和设施等硬技术和为了形成高效率农产品物流活动而运用的各种计划方法、手段等软技术。农产品物流技术不是一种独立的新技术，也不是现代科学技术的简单相加或直接应用，而是各种现代技术综合运用的结果。

农产品物流技术种类繁多，涉及内容复杂。因为农产品物流与工业品不同，无论是种植业产品还是养殖业产品，在其进行运输、装卸、储存、加工等一系列环节时，都要考虑到农产品的形态、腐变性、串味性、抗震耐压性、通风透气性和吸潮吸湿性等特点，采取有效的技术和管理措施确保这些农产品在流通过程中不变质、不污染。要满足这一要求，不同种类的农产品需要采用不同的物流方式。本块内容重点以大理果蔬农产品、水产品和禽畜农产品为例，对保鲜技术、储存技术、活体运输技术和冷链技术等物流硬技术进行阐述，对于其他种类的农产品物流技术，读者可参阅相关文献。

（二）果蔬农产品物流技术

1.果蔬农产品物流特性

（1）易损性。果蔬农产品具有的生物特性决定了其在物流上与其他产品的区别。果蔬采摘后仍有生命活动的延续，容易腐烂损坏，并且果蔬质地鲜嫩、含水量高，在整个物流过程中，由于震动、摩擦、碰撞等机械作用会受到机械损害。因此，这种特性对物流时间的上限、物流运输距离、装卸搬运次数都提出了限制。在果蔬物流领域，真正的商物分离很难实现，众多小规模的果蔬生产主体，由于缺乏对果蔬农产品物流的正确认识，往往会采用原始的物流方式进行物流运作，以高昂的成本换取低微的利润，所以为了避免或降低果蔬在物流过程中的损坏，应从集约物流模式入手。

（2）鲜活性。果蔬含水量大约 90%，在储存和运输过程中难免由于蒸腾作用降低重量，从而损害其鲜嫩品质。基于果蔬在常温下不易储存，很难保持原有的新鲜度和品质，长时间放置会丧失营养和食用价值的特点。所以，在物流过程中要以低温、空调等冷链运输和储存的措施来保证果蔬新鲜。

（3）非均衡性。由于果蔬生产受到生产季节、生产地域等因素限制，市场上果蔬供给弹性有限，市场整体价格也会出现周期性波动，为了实现果蔬的商品价值，应保证其物流的持续有效，达到量的均衡。同时，果蔬的生物特性及生产特性表明其物流过程具有风险，只有做到物流技术与物流装备达到一定水平，物流环节合理安排，制度设计合理，才有可能顺利完成果蔬的增值过程，并在一定程度上降低成本。

（4）分散性。农业生产不同于工业生产的特性，决定了农产品供应主体的分散性。果蔬的供给主体主要由众多小规模、分散的农户组成。从产出直到终端消费的每个环节中个人的产量都无法与市场衔接，从而造成了无法实现规模经济、提高交易成本的后果。因此，分散性的生产与销售是果蔬市场上有待解决的一个问题。

2. 大理果蔬类农产品物流的独特性

（1）物流专业化、市场化程度低。果蔬类农产品物流对技术要求高、专业性强、难度大。"新鲜"是果蔬类农产品的生命和价值所在，由于新鲜果蔬类农产品的含水量高，保鲜期短，极易腐烂变质，最初产品形状、规格、质量参差不齐。这些生鲜果蔬，需要特有的物流设备如冷库、冷藏车等，需要专门技术，例如，保鲜、包装、储藏技术等，对物流的过程要求非常苛刻。但是在大理无论是果蔬类农产品生产企业还是个体农户，仍然热衷于自营物流，专业化、信息化、智能化、集约化等先进性要素成为大理果蔬农产品物流发展的短板，制约了果蔬类第三方农产品物流的发展。同时，需求预测、精深加工、全程物流服务等增值服务还没有开展。

（2）物流企业改善物流条件意识较弱。大理果蔬类农产品物流业现今还处于相对低级的发展阶段，从事果蔬类农产品物流的企业或者个人对物流设施的投入较少，造成大量果蔬的损耗。如果使用果蔬保护性包装及购置专业运输工具，无疑要增加成本，即意味着利润的减少。在提高物流质量、减少农产品损耗而增加的收入小于增加的物流成本时，任何企业与个人都不会自觉自愿地改善目前的状况。

（3）加工增值是发展大理果蔬类农产品物流的重要环节。果蔬类农产品不同于工业产品的最大特点是农产品市场价值很大程度上是离开生产领域而得到提升的，所以果蔬类农产品相对工业产品来说具有更大的加工增值潜力。例如，大理水果树莓在没有加工之前的价格为 60 ~ 80 元 / 千克，深加工产品开发后生产出树莓糖、树莓糕、树莓果冻、树莓饮品、树莓酒等深加工产品的价格为 10 ~ 150 元 / 千克不等，树莓经济总产值增值几倍甚至几十倍。因此，抓住加工环节，就等于抓住了物流的主要矛盾之一。

3. 大理果蔬类农产品物流技术

（1）保鲜技术。随着现代科学技术的进步，特别是微波技术和生物技术的发展，果蔬贮藏保鲜技术得到了极大的发展。近年来，国内外研究了一些新的果蔬保鲜技术，且部分已得到了推广应用。如临界低温高湿保鲜、涂膜保鲜、减压贮藏保鲜、新型保鲜剂保鲜、生物技术保鲜、细胞间水结构化气调保鲜、臭氧气调保鲜、低剂量辐射预处理保鲜等。其中前五种保鲜技术已在大理果蔬物流中应用。

（2）贮藏技术。果蔬贮藏技术主要包括简易贮藏技术、通风库贮藏技术、冷库低温贮藏技术、气调贮藏技术（气调冷藏库、塑料薄膜小包装气调）等几种形式。其中，简易贮藏技术包括堆藏、沟藏（埋藏）、窖藏和冻藏等形式，如白菜堆藏、胡萝卜沟藏、葡萄窖藏、菠菜芹菜冻藏等。另外，在果蔬贮藏时还要特别注意冷藏库的建设，如冷库内部规划、温度湿度通风等要素的控制。

（3）冷链技术。果蔬冷链技术在国内是一大短板，技术和设备短缺，专业化设施匮乏，专业人才缺失，都制约着我国冷链技术的发展。虽然近年来由于国家政策支持，国内行业在冷库、冷藏车或者电商"最后一公里"物流配送设备方面有了较大规模的发展。但却忽视了"最先一公里"产地预冷，专业预冷设施匮乏，现有装备能耗高，效率和利用率都很低。果蔬冷链技术主要涉及预冷问题，果蔬预冷方法有真空预冷、冷水预冷、空气预冷和冰预冷四类。目前，大理果蔬冷链主要涉及真空预冷、冰预冷和冷水预冷。

（三）水产品物流管理技术

1. 水产品的特性分析

水产品是海洋和淡水渔业生产的水产动植物产品及其加工产品的总称。包括：捕捞和养殖生产的鱼、虾、蟹、贝、藻类、海兽等鲜活品；经过冷冻、腌制、干制、熏制、熟制、罐装和综合利用的加工产品。我国水资源丰富，产品种类繁多，按保存条件可分为鲜活水产品、冰冻水产品、干制品；按品种可分为海鲜产品和淡水产品两大类；按生物种类形态可分为鱼类、虾类、蟹类、贝类等。一方面，水产品具有多样性，而且水产品能够提供优质蛋白质、脂肪酸及维生素和矿物质，具有营养特性；另一方面，水产品还具有易腐特性。

2. 大理水产品物流技术及管理

（1）储运保鲜技术。水产品捕捞后，如不立即采取有效保鲜措施，很容易腐败变质，下面介绍一些简易的水产品储运保鲜技术：①低温保鲜法。冷却、微冻、冻结和冷藏微生物，包括细菌、酵母和霉菌的生长繁殖和食品内固有酶的活动。这些微生物和酶的活动常是导致水产品腐败变质的主要原因，它们与温度有关，降低温度，微生物就会停止繁殖，甚至死亡，酶就会减弱或失去分解能力。因此，当水产品置于低温环境时，就可抑制微生物的生长和酶的作用，延长水产品的保藏期限。低温保鲜根据保藏温度的不同可分为三类，即冷却、微冻和冷冻保鲜。②冷却保鲜法。温度在0℃～4℃，主要有撒冰法和水冰法两种。撒冰法是将碎冰直接撒到水产品表面的保鲜方法，融冰水又可清洗鱼体表面，除去细菌和黏液，且失重小；水冰法是先用冰将清水降温至0℃，清海水为−1℃，然后把鱼类浸泡在冰水中，待鱼体冷却到0℃时即取出，改用撒冰保藏，此法一般应用于死后僵硬快或捕获量大的鱼，优点为冷却速度快。③冰藏保鲜法。即用天然冰或机制冰把新鲜水产品的温度降至接近冰点但不冻结的一种保藏海产品的方法，它通常称冰鲜。④化学保鲜法。化学保鲜就是在水产品中加入对人体无害的化学物质，以延长保鲜时间、保持品质的一种保鲜方法。⑤微冻保鲜法。微冻保鲜是将水产品的温度降低至略低于其细胞汁液的冻结点，并在该温度下进行保藏的一种保鲜方法。微冻保鲜主要有冰盐混合微冻法和低温盐水微冻法，应用于生产的尚不多。⑥海水保鲜法。冷却海水保鲜是将渔获物浸渍在温度为0℃～1℃的冷海水中的一种保鲜的方法。

（2）贮藏技术。水产品要长期贮藏，就必须经过冻结保鲜处理。冻结方法很多，主要有空气冻结、盐水浸冻结和平板冻结等。在我国，绝大多数采用空气冻结法。平板冻结法发展较快，冻结间的温度在−25℃以下，水产品中心温度降至−15℃后，移入库温为−18℃以下的冷藏间冷藏，保藏时间为6～9个月。水产品在冷藏过程中所发生的变化与冷却保藏时基本相同，主要是水产品的颜色、组织结构和重量发生变化等，但在冷藏过程中的一切变化都极其缓慢。

栅栏技术是将制约食品保藏的各种因素巧妙结合应用的综合方法。日本小野食品兴业株式会社"新含气调理杀菌技术"应用了栅栏技术，利用食品原材料调味烹饪的减菌化处理、多阶段快速升温和两阶段急速因子，低强度协同作用，控制微生物细菌，常温下水产品能保存6个月以上，且较好地保存了水产品原有的风味和口感。"真空冷却红外线脱水技术"利用食用酒精减菌、抽真空脱水、气体置换包装、冷藏等因子的协同作用，水产品可冷藏保鲜1个月左右。

（3）水产品冷链物流管理。水产品冷链物流管理是指水产品从捕捞作业低温储存后经周转运输到达消费者等各个环节，连续性地在低温设备下流通，以保证其鲜度和质量的低温流通体系。它是随着科学技术的进步、制冷技术的发展而建立起来的，是以冷冻工艺学为基础、以制冷技术为手段的低温物流过程。目前我国水产品冷链物流的发展规模迅速。据统计，水产品冷链流通率达到41%，冷藏运输率也已经达到69%，水产品冷链物流发展环境和条件不断改善，并取得了较好的成果。全国建立的冷藏库约2万座，冷库总容量约880万吨，其中冷却物冷藏140万吨左右，冻结物冷藏量约740万吨。机械冷藏汽车约20000辆，冷藏船吨位10万吨，年集装箱生产能力100万标准箱，冷链物流基础设施取得了较快发展。水产品冷链可分为冷藏链和冷冻链。

（4）活体运输技术。水产品活体运输是水产品销售的重要环节之一。但是水产品活体运输比陆生动物运输要困难得多，过去，水产品一直以干品、冷藏、冷冻等方式运销，近年来推广以活体形式运销水产品后，经济效益大大提高。主要应用的活体运输有低温运输、充氧运输、麻醉运输、休眠运输等方式。

（四）禽畜农产品物流管理技术

1. 禽畜农产品物流的基本含义

现代禽畜农产品物流是指禽畜农产品从生产到消费者之间的物理性经济活动，包括禽畜农产品生产、收购、运输、储存、装卸、搬运、包装、配送、流通加工、分销、信息活动等一系列环节，并且在这过程中实现畜产品价值增值和组织目标。

2. 大理禽畜农产品物流存在的问题

禽畜产品属于鲜活易腐商品，具有价值低、易变质、生产周期长、季节性和地区性强、技术要求高等特点。因此，只有对禽畜产品的物流过程进行统一的组织和协调，才能保证禽畜产品在物流过程中质量完好。大理禽畜农产品物流存在的问题主要表现在以下几方面：

（1）加工产品比例小，活畜产品所占比例大。发达国家的禽畜产品加工量约占生产总量的 70%，而我国长期形成的饮食习惯，导致肉类加工比例目前还不到 5%；深加工蛋品只占禽蛋总量的 0.5% ~ 1%，而美国、法国等国家鲜蛋加工比例为 15% ~ 30%，这无疑增加了畜产品的保管难度，增加了物流成本。

（2）冷链体系不健全。我国冷藏保温汽车约有 3.5 万辆，占货运汽车的比例仅为 0.3% 左右；而美国拥有冷藏保温汽车 20 多万辆，占货运汽车的 0.8% ~ 1%。我国铁路冷藏车约 8000 辆，占铁路车辆的 1.6%，而且大多是陈旧的机械式速冻车皮，冷藏运量仅占易腐货物运量的 25%。在禽畜产品的销售环节，部分产品不是直接进入超市销售，而是流入集贸市场拆零散卖，禽畜产品冷链存在中断现象。禽畜产品冷链体系不健全，影响了产品的质量安全，增加了产品在物流过程中的损耗，提高了禽畜产品的物流成本。目前，我国禽畜产品的物流费用占总成本的 70%，而按照国际标准，这类费用最高不超过 50%。

（3）法律法规不完善。发达国家和地区对禽畜产品的生产、加工、物流、销售等都制定了严格的法律法规，如德国规定，猪、羊等从出生开始就要挂上相当于其身份证的耳标，由半官方的监督协会按官方的要求填写条形码，屠宰场对要求屠宰动物的耳标和条形码进行核对，不相符的不准进入屠宰场。加拿大对禽畜产品经营企业有非常严格的注册程序，申请企业必须在申请书中详细说明生产经营环境。欧盟对运输活畜使用的车辆、司机培训、动物是否有足够的空间以及饮用水等都有相应的规定。我国目前有关禽畜产品的相关法律只有《中华人民共和国动物防疫法》《中华人民共和国食品卫生法》《生猪屠宰管理条例》《兽药管理条例》等，而针对禽畜产品物流方面的法律法规尚没有。

（4）管理水平低，管理体系不健全。由于缺乏规范的管理体系，管理人员的素质参差不齐，各地都不同程度地存在着有法不依、执法不严的现象。有的地方政府采取非市场化手段，对区外的优势企业设置壁垒，限制了市场竞争。如"双汇""雨润""苏食"等名牌企业在进入异地市场的过程中，都不同程度地遭遇过地方保护主义的困扰。另外，由于管理体制等方面的原因，禽畜产品的生产、加工、流通、国内市场检疫、进出口检疫等环节分属五六个不同的主管部门，管理漏洞很多。另外，行业协会的作用没有得到充分发挥。在国外，政府把许多管理的工作交由行业协会去做，行业协会在管理方面发挥了很大作用。如日本的九州地区，就多达 50 个以上与畜牧业生产有关的协会。这些协会为禽畜主提供各种服务，既维护了禽畜产品稳定的市场价格，又保证了禽畜产品的质量。

3. 改善大理禽畜产品物流的建议

（1）完善法律法规，加强执法力度。应充分学习和借鉴世界发达国家和地区禽畜产品物流法律法规方面的经验，结合我国禽畜产品物流的实际，尽快制定禽畜产品物流的市场准入、资格认证等方面的法律法规，并统一各相关法律法规不一致的部分。各执法和管理部门应加大执法力度，坚决杜绝有法不依、执法不严等现象的发生。

（2）加快禽畜产品的冷链建设步伐，扶持专业物流企业的发展。政府可采取低息和无息贷款的形式，帮助购买大型专业物流设备，提高禽畜产品物流的现代化水平。同时，国家还可以利用税收、土地等经济手段，扶持大型物流企业的发展，鼓励物流企业间的资源整合和兼并重组。

（3）建立禽畜产品的绿色通道，完善禽畜产品。所谓禽畜产品绿色通道，是指不分品种、季节、路型，统一在收费口设立"绿色通道"标志，一律免收禽畜产品的过路费，尽量减免畜牧业生产、收购、运输、加工、贮藏等环节的税费。有关管理部门应采取切实有效的措施，积极治理禽畜产品物流中的乱收费以及各种限制禽畜产品流通的非市场化因素，完善禽畜产品物流的市场环境，实现物流企业的跨区经营。

（4）充分发挥禽畜产品专业协会的行业管理职能。中国禽畜产品流通协会应发挥协会的管理职能。一方面，为政府相关政策的制定出谋划策，另一方面，做好企业的服务工作和行业管理工作。同时，协会应积极与高等院校、科研机构密切合作，加强科学研究，努力探索禽畜产品物流的新方法、新技术，逐步减少活禽畜在终端市场的流通。提高我国畜牧业的产业化水平，积极推行"公司＋农户"的畜牧业发展模式，改变目前一家一户的饲养状况。大力发展饲养专业户、家庭饲养场，实施规范化饲养。尽快制定《屠宰法》，推行集中屠宰、就近屠宰，控制活畜流通，增加加工产品种类，提高加工产品的技术水平。逐步减少禽畜产品在集贸市场的销售，增加连锁超市在销售环节所占的比例，鼓励组建产、供、销一体化的禽畜产品经营集团。

第八章　农业经济发展趋势

第一节　土地资源的保护

随着人们用地的紧张，开始逐渐地加大了对土地资源保护的关注度，目前我国土地资源在使用和保护工作当中存在着很多的问题，这些问题制约了我国经济的发展，而且对于农田的保护也是关乎我国人口的生活大计，所以需要对土地资源的保护提出一些解决办法和建议。

一、我国国土资源利用与保护工作当中存在的问题

（一）大规模违规圈地，导致耕地资源数量迅速减少

一方面，我国目前的工业化脚步不断加快，而且城市化水平也得到了提高，这导致工业建筑和城镇建设对土地资源的迫切需求；另一方面，一些城市为了加快建设，盲目地通过项目审批，并且有部分的违法违规操作情况出现，这样对土地资源的滥用、对耕地的霸占都让我国的土地资源利用和土地保护情况堪忧。政府部门本应是对这些情况进行监察和管理的，但是因为政绩的需要，而忽略了自身的职责，招商引资、投资建设都没有详细的审批和精密的规划，目光过于短浅，土地的利用率只是看到眼前的利益，没有顾及长远的发展，而且对于土地保护，从观念上就很淡薄，特别是对耕地缺乏保护意识。

（二）土地资源质量退化及生态破坏

（1）土地沙漠化。我国现有沙漠及沙化土地面积达 168.9 万平方千米，比新中国成立初扩大了 34.4%，占全部国土面积的 17.6%。

（2）水土流失是土地退化、地力减退的重要原因。滥砍滥伐、过度垦殖，是导致水土流失的主要人为原因。

（3）土地污染。

二、积极推进政策调整，切实做好土地资源的保护和可持续开发利用工作

（一）转变经济增长方式和土地利用方式

1.调整产业政策，转换经济增长方式，优化土地利用结构

产业技术政策与产业布局政策的调整应是由资源密集型的产业向资源集约型的产业转化，促进技术结构的升级和布局的集中。在农业内部进行调整时，也应该向土地集约利用性的农业耕作方式和种植方式转化，鼓励发展各种土地节约型技术和项目。

2.正确引导城市化进程，提高土地利用的集约度

中国的城市化进程代表了中国社会的发展状态，但是城市化过程当中土地资源成为其约束力量，因此，需要处理好城市化过程中的一些问题：

（1）确定土地利用总体规划的主导地位。土地总体规划是一种长远规划，目标是将来的总体建设规划，关键点就是可持续发展，通俗地说就是解决目前的需要以及顾及将来的建设，这种规划方式讲究的是根据实际需要来进行确定发展道路，所以应该由土地总体规划来引导城市建设。

（2）控制建设用地，提高土地集约利用水平。我国和国外一些发达国家的发展道路有所不同，首先我国的人口数量庞大，这导致了我国的人均占地少，这也是重要的原因，在城市化过程中我们如果不采用集约的土地利用策略，那么就意味着我国的部分耕地会被占用，这无疑是杀鸡取卵的做法，因此在有限的土地资源下，投入合理的劳动、资金、技术来深挖潜力，以求达到既提高城市化水平，又不影响我国耕地面积的目的。

（3）挖掘城市土地潜力，提高利用率与产出率。城市建设和发展一路走来经过了政策的转变，那么在历史上就存在着许多不合理建筑，它们占用了城市用地，发挥着很低的土地利用率，这类土地资源可以作为城市土地的潜在资源，通过对其进行重建和重新布局能够提高这类土地的利用率，减少城市化过程中对城市周边耕地的使用。

（二）加强对土地使用方式的管理，保护耕地资源的数量稳定

1.以基本农田保护为重点，实施弹性耕地总量动态平衡政策

我国采用耕地总量动态平衡的政策是为了既不阻碍城市发展，同时又要保证拥

有足够的耕地来维持我国人口的生存需要。其实这一动态平衡就是征用耕地之后进行一比一的兑换，在其他地方开垦耕地，这样能够保持耕地总量不变，同时解决因发展需要而不得不征用耕地的情况。但是目前看来，政府部门对于耕地的数量进行保护比较重视，但是对于耕地的质量并没有很关注，更不要从生态的角度来说了。这样是不利于土地资源保护和利用的，将优质的沃土来建设，用劣质土地来耕作，这样是得不偿失的。因此，应当以这样的耕地总量指标作为实现动态平衡的目标，实施有弹性的耕地总量动态平衡政策。

2. 严把用地审批关

要想解决土地资源保护的问题，需要在土地审批阶段把好关，因为土地的使用都需要通过审批，如果这个阶段的工作马虎了事，那么就不用谈土地资源保护了。对于土地的审批要严格，对违规、不符合国家标准的项目用地进行回收和纠正，那些没有意义的形象工程坚决杜绝，以城市发展为主，不以政绩为主，加大监管力度，建立土地利用信用评价机制。

3. 全面实施国土资源管理听证制度

拟定或修改基准地价、编制或修改土地利用总体规划、拟定或修改区域性征地补偿标准和安置方案、拟定非农建设占用基本农田方案的，应当告知当事人要求举行听证的权利，当事人要求的，国土资源主管部门应当组织听证，为今后国土资源主管部门践行执政为民、全面推进国土资源管理依法行政、加速国土资源管理部门政府职能转变和管理方式创新提供较为完善的实体和程序保障。

（三）加强对土地资源质量保护，减少因质量下降而导致的资源流失

1. 实行以退耕还林、退耕还草以及休耕为主的农地保护措施，保护土地质量

农用地是我国人口口粮的保证，也就是说不管什么情况都不能让农用地减少到一定标准，这是关乎民生大计的事情。减少土壤侵蚀量、种植树木防止水土流失、退耕还林、退草还牧、让土地休养生息，这些方式都是保护农用地的措施。其实这些做法或许会减少目前的既得利益，但是经过休养生息的农用地才能持续地给人类供给、生产。按照经济学家和农业专家的相关分析，农业有其自身的生产周期和生产规律，在这个生产周期中，土地资源的利用是个非常重要的因素。

2. 以中低产田改造为中心，提高土地生产力

伴随我国城市化脚步的不断加大，耕地面积不断地缩减，但是我国的人口数量

又是如此庞大，不能不去正视，因此需要从提高耕地质量、集约用地出发，将一些中低产的田地进行改造，加大农田建设。

（四）加强对土地资源的生态环境保护

农药和化肥是科技发展的产物，虽然能够让农作物增产，但是会给环境和生态带来不小的影响，我国耕作几千年，土地依然拥有良好的生产能力，但是农药和化肥的出现之后让土地的质量和环境受到了很大影响。①农药能够杀死虫害，提高收成，但是虫害经过农药的喷洒容易出现耐药性，这样繁殖下来的虫害就需要更加强力的农药来遏制，随着农药的不断使用，环境也被严重破坏，这是一个恶性循环。②农药的使用让生物群落发生了改变。大量的鸟类因为吞食中毒虫害而被毒死，这对于生态平衡是一种破坏。

化肥的使用也是如此。现代农业追求高产，化肥被广泛地使用，而且化肥确实能够让农作物的长势和收成更好，但是，化肥对于农作物的作用越来越低，并且我国使用化肥这一过程不是处于高水平阶段。过度使用化肥还会引起环境污染问题。

因此，在农业生产中对农药和化肥的使用需要有科学的依据，并且在化肥的开发、生产阶段都引起重视；农民在使用化肥和农药的时候也要有相关的技术人员进行指导，这样能尽量减少因这类原因产生的环境污染问题。

第二节　农业资源的可持续利用

提高农业资源的可持续利用水平，应当进一步加强农业资源的规划力度，着力在合理性开发理念的基础上，倡导建立集约化的农业生产体系，并且大力发展生态农业，促进我国农业资源得到充分的利用。

从我国农业资源利用的现状出发，在总结我国农业资源利用现实问题基础上，找准农业资源可持续利用的有效途径，围绕农业发展需求，进一步提高农业发展水平。

一、我国农业资源可持续利用的问题

（1）人均耕地面积持续下降。我国面临的农业资源可持续利用问题之一是人均耕地面积持续下降。这趋势受到城市化和工业化的推动，大量土地被用于非农业目的，如城市建设和工业发展。农地的转化导致人均耕地面积减少，对粮食生产和农村经济带来挑战。此外，不合理的农业耕作方式、过度使用农药和化肥等问题导致了农地质量下降，使得原本可用于农业的土地变得不再适宜种植作物。随着农村人口的增加，对粮食需求的提升也加剧了人均耕地面积下降的问题。为了解决这一挑战，中国需要采取有效的土地管理政策，推动科技创新，提高农业生产效益，并促进农业的可持续发展。

（2）农业灌溉用水紧缺。我国农业灌溉的用水资源较为紧缺，不但农业用水的区域分布不平衡，而且农业用水资源的总量较少，突出存在季节性缺水的问题。目前我国有百余个城市严重缺水，200 余座城市的地下水位处在不断下降的状态，缺水已经成为当前我国农业经济发展的重要瓶颈问题。由于缺水问题导致农作物干旱的现象较为普遍，致使我国每年的农业受旱面积不断增加。另外，我国水利技术的水平相对较低，虽然我国实施了南水北调等大型水利工程建设，但是基层农业区的小水电工程发展不足，农业灌溉过程中的水资源浪费的现象较普遍，单位面积的灌溉用水量普遍效率较低，致使我国农业灌溉技术与发达国家有较大差距。

（3）农业人力资源建设不足。当前农业人力资源涉及的数量、质量和结构方面都存在一定的问题。第一，从数量来看，我国农业人力资源相对过剩，目前农业人力资源中约有 1 亿剩余劳动力需要转化。同时我国农业人口转移到其他产业的能力不足，农业相关产业发展不足，农业加工业的水平较为落后，还需要围绕着农业发展相关产业，进而带动农业剩余劳动力的转移。第二，我国农业人口的素质较低，农业人口的文化素质不足以满足高科技农业生产的需求，农业人口素质的问题极大地影响了农业科技的普及和农业质量的提高。第三，我国农业人口的知识结构、人力资源结构与知识结构都存在不同程度的问题，使农业人口未能有效优化分配，这在很大程度上影响了农业发展的质量，不利于农业生产质量的提升。当前我国农业人口的教育与再就业问题已经成为制约农业发展的重要因素。

（4）农业资源供给不足。当前我国农业资源的供给不足，农业生产的相关设施设备的普及率不够，进而影响农业生产的有效性。第一，我国农业机械设备的供给不足，突出反映在集中发展大型农业机械设备短缺，而适应特殊地理环境的小型农业机械设备不足，机械设备的总体不足，区域间的配给不均衡，影响了农业生产的总体效率。第二，我国农业生产化肥资源不足，适应不同地质条件的化肥供应不足，进而影响了农业发展的有效性与质量。同时，由于农业化肥导致的环境污染问题较为严重，严重影响了我国农产品品牌建设。第三，农业优良品种的推广不利，农业技术站等发挥的作用不明显，这在很大程度上影响了农业技术的普及，不利于农业技术的有效普及。受传统农业生产方式的影响，我国农业资源的浪费较为严重，农业资源与技术的管理缺乏长效性，传统的管理模式不利于农业发展。

（5）农业资本投入不足。当前我国的农业资本总量较少，农业资金数量有限，农业资本的质量相对较差，突出存在农业资本结构不合理的问题。由于农业资本投资渠道有限，非农资本进入农业领域还有较多限制，国家在农业投资方面的政策鼓励不足，导致我国农业资本的总量与持续投入力度不足。加之农业资本的风险较高，农业领域的融资渠道与融资能力均较低，当前还不能有效地强化涉农资金的管理效力，存在农业投资时间较长、风险较高、见效较慢的问题。另外，农业投资的可变影响因素较多，也在很大程度上影响农业投资增长额度，不利于实现农业投资的稳定发展。

二、我国农业资源可持续利用途径

（1）加强耕地资源保护开发。进行有效农业资源的保护、开发对促进我国农业发展有重要的价值，只有使用科学的耕地保护机制，才能提高耕地的保护力度与开发利用的效率。第一，应当在科学耕地理念的指导下实现耕地的平衡发展，注重采用多层次、多角度的方式实现耕地的占补平衡，保证维持我国耕地规模。第二，应当加强土地资源的利用规划，强化提高土地宏观调控的能力，要在建立健全总体规划的基础上，进一步实现土地利用与城镇化发展的衔接。第三，严格执行我国的耕地保持的法律法规制度，在建立地方耕地责任目标体系的基础上，切实履行各级政府的耕地保护职责。第四，根据我国林地、耕地的实际情况使用具体的保护政策，突出保护政策的适应性，满足不同地区耕地保护现实需求。第五，完善相关政策，进一步出台相关的保护耕地的法规，不断加大耕地资源保护经费的投入，同时提高国有耕地的信息化建设水平。

（2）建立集约化的生产体系。提高我国农业资源的可持续发展水平，关键在于建立集约化的保护机制，实现农业资源的全面科学保护。第一，建立以节水节地为中心的集约化生产体系，注重在现行农业制度下全面提高农业的科学化生产水平。应当充分利用田间条件使用农业技术，把套种和复种技术落在实处。第二，实现多层次农业资源的配置，加强果粮耕作与林粮耕作技术投入，全面提高土地管理的综合性。第三，完善农业工程配置，进一步提高灌溉技术水平，重点采用喷灌、滴灌等技术，并且根据实际情况制定具体的灌溉方式。第四，进一步调整作物的结构，科学选择栽培品种，切实提高高产、抗病品种的推广工作效果。第五，加强有机肥的投入，按照因地制宜的原则不断改良农业生产形态，从而促进农业内部良性循环，进一步实现节能发展农业的目标。

（3）建设农业资源管理核算体系。只有提高农业资产的管理水平，才能在现行体制下发挥现有农业资产的价值，有效维护国家、农户与集体的效益，切实促进农业资源使用与转让的合理化进行。第一，应当由资源管理向着资产管理的方向发展，做到既保护资源，又充分发挥资源在经济建设方面的重要作用。第二，全面提高农业资源的核算水平，强化建设农业资源的有偿使用制度的建设工作。要建立水、土地、林等实物账和价值衡量的账户。第三，完善农业财务的分析方式，进一步补偿生产中存在的资源损失问题，不断克服因为资源减少和环境恶化带来的影响农业资源的问题。

（4）大力发展生态农业。只有大力发展生态农业，才能实现农业资源的可持续利用，解决提供农业资源利用的有效途径。第一，应当形成生态系统的农业资源的循环体系，要在生物圈中实现生命物质的科学循环，构建完善的生态营养体系。第二，在生态农业的理念下实现精耕细作，进一步把用地与养地结合起来，要立足于资源保护与环境优化实现农业资源的有效开发。第三，实现经济、生态、社会三方面的统一，进一步实现效益优化，实现我国农业资源的可持续利用与农村经济的可持续的协调发展相结合。第四，在生态农业基础上提高农业生产效率，切实优化农业人口就业模式，加强农业深加工企业的建设，并且有效执行环保法规。

提高农业资源的可持续利用水平，应当以市场为先导，以农业科技为基础，在经济组织的协调下，进一步提高农产品的深加工融合质量，从而形成流动的沟通环节，不断扩大农业的生产空间与提高农业质量。

第三节　发展农业循环经济

农业是对自然资源充分直接利用而形成的一种基础性产业，同时它也对生态环境与自然资源的依赖性最大，而其又对当地甚至国家的可持续发展有着非常重要的作用。只有发展农业循环经济，才能促进农业的可持续性发展。

随着社会的不断发展与人们生活水平的提高，可持续发展已经成为人们共同关注的问题与共同具有的需求，作为最为基础的产业，农业更是对可持续发展有着决定性的作用。农业的可持续发展需要依靠先进的科学技术，并充分挖掘当地农业资源的生产潜力，降低消耗与浪费，提高生态的复原能力，在改善环境的前提下促进循环经济发展。

不可否认，在现阶段我国的生态环境面临着严峻的挑战，生态被破坏的面积与日俱增。当前，我国水土流失的面积已经超过了总面积的 30%，而全国范围内每年也有超过 150 万平方米的土地趋向沙漠化，这些变化也导致了各种灾害频发。在农业方面，出现了资源利用不合理的情况，尽管我国农业的化肥与农药使用总量已经达到甚至反超了世界很多发达国家的水平，但在氮素的利用方面却很低，而应用的很多农药与化肥都流失，对地表地下水质构成威胁，同时大量使用化肥还使土壤有机质减少，加速了土地的退化。另外，我国乡镇的各种企业迎来了发展的高速期，但同时加剧了外源污染，"三废"污染严重，造成的年损失量巨大。只有走可持续发展的道路，才能有效解决这些问题。

一、农业循环经济发展的内容简述

（一）基本原则——4R 原则

4R 原则中首先是减量化原则，就是为了确保生产或消费的目的在农业的生产周期中减少对不可再生资源的利用，以及废弃物产生量。其次是再使用原则，指资源或是产品以原样经过超过 1 次的利用，比如，农家各种养殖冲洗水还可以用以灌溉农田，多次利用，既减少了污水的排放污染，又提高了其利用价值。再次是再循环原则，主要指生产消费过程中出现的一些无公害、生态化的废弃物，在循环生产和利用以后保证其功能并成为可利用的资源。最后是再回收原则，主要回收对象是人们生产生活中出现的废弃物，遵循的是尽可能减少废物的产生原则。

（二）农业循环的层次

首先要保证清洁生产，这是现代化农业发展的应用模式，也是传统农业与现代农业整合下的精华。清洁生产要确保对农业生产基本目的的满足，同时又要合理利用环保生产技术，具体包括如清洁能源、原料的投入、不危害人体与生态的清洁农产品的产出以及整个过程的无毒无公害。其次是产业内部层次，也就是物能互换的过程，实现互惠互利，并尽可能最低限度地排放废弃物。比如，在种植业中很多农作物都采用轮作的模式，养殖业中水体立体养殖、圈养等模式。再次是产业间层次，即对废弃物进行净化，确保其资源化利用，这个层次遵循的是生态经济学原理，要求在一个区域中配置动植物的生产结构，使其形成一种依存的关系，最终达到共同增产，同时能保护环境的目的。比如，稻田养鱼，在鱼、杂草、害虫等之间形成小的生态系统，控制污染，保护环境，同时也有助于提高经济效益。最后是农产品的消费层次，农产品在消费时与消费后都呈现出循环的模式，其中废弃物在生产时可得到再次利用，最终提高资源的利用率。

（三）构建生态产业链

在农业的生态产业链中，主要覆盖了种植业、渔业、林业、牧业以及这些领域所延伸的如生产加工业、农贸业等，这些产业之间形成废物的交换利用，结合为一个网状的且内部相互依存、共同协作的生态产业链。比如，在蔗田的种植业中，包含延伸了制糖加工产业、酒精酿造产业、热电联产系统等，经过各产业之间的互相盘活、优化以及延伸与扩张，逐渐建立相互协作的生态链，形成产业网络系统，使得所有的资源都实现最佳的配置形式，同时也有效利用了废弃物，并减少了对环境的污染。

二、循环经济发展中农业可持续发展的模式

首先，要建立以生态农业建设为前提，不断开发无公害绿色食品为主的循环性经济发展的模式。我国当前的农业发展正是结合了先进的科学技术以及传统农业的实情，并充分发挥生态经济学的优势，坚持整体协调、再生循环的发展原则，对农业生产进行全面合理的规划，综合治理各个农业地区，尤其发挥高产地区的强势功能，推动产业的高效、优质发展，实现生态系统与经济系统的双促进，最终整合经济、社会与生态的效益，发展符合当下环境建设的现代化农业。其次，要以有机农业建设为前提，生产有机食品，并优化产业运用手段，实现跨越式的经济发展。当下有机农业主要包括林业、种植业、渔业以及畜牧业，有机产业则整合了有机农业、农产品贸易、生产加工、生态产业等。其在遵循生态原理与经济的规律下，坚持不施化肥、不发展基因工程的原则，积极研发生态农业技术，推动农业良性生态系统的恢复。在有机农业中，提倡的是各种微生物、农作物以及家禽与人之间的和谐，要求积极采用种植秸秆还田、生物防治虫害等手段；有机农产品则严格根据国际标准进行生态的生产加工，加工的同时开发有机农业，保护环境，节约稀缺资源，推动农村经济发展，加快农业结构的调整与产业的优化升级，确保当地及区域内的发展形成环保型资源型的经济优势，打破国际绿色壁垒。总之，当前我国农业循环经济的发展建立在推动这一模式应用的基础之上。

三、推动农业循环经济发展的保障对策

（一）加快农业循环经济的立法事项

进入发展的新时期以后，当下的农业循环经济已经成为一种传统变革的活动，必须有准确的导向和行为规范准则来推动这一场活动的展开。循环经济无论是经济理论还是实行中的经济模式，都需要加以一定的道德规范进行约束，才能确保在执行过程中逐渐深入人心。但对我国当前的发展趋势而言，在国民的道德水准及知识水平方面均呈现参差不齐的状态，尤其是广大农村农民的思想与观念相对保守，这也就要求在农业循环经济发展过程中需要排除种种障碍，以经济立法和普及教育等形式促进农业的可持续发展。

（二）发挥循环经济中经济手段的作用

在市场经济中，循环经济是其客观的要求，必须遵循供求关系与价值规律进行调节，并通过生产方式的优化与改进来满足人们的社会需求。从人们的需求角度而言，环境提供的资源是有限的，其中不乏稀缺性质，这就要求人们必须以生态经济学理论为发展的基础，提高资源的循环利用率，并实现优化配置的目的，减少废弃物排放，增加产品使用种类，并不断拓展循环链中的产品，从而实现更高效的服务，满足人们的需求。

（三）强化公民的绿色生产与消费教育

这需要政府相关部门在广大农村地区大力宣传有关农业循环经济的优势，让广大农民认识到循环经济是对传统经济的取代，也是能促进农业更好更快地实现可持续发展的有效渠道，积极鼓励社会上各大集团与社会大众参与绿色消费的活动，团结社会广大力量，推行循环经济，并保证这一观念在人们的心中生根发芽、深入人心，以开发的高新技术推广应用，建立生态示范园，起到带动和影响的作用，最终实现少投入、低污染、高产出的发展型农业模式。

综上所述，传统农业所呈现出的资源短缺、生态环境恶化等现象给现代的人们一个沉重的打击，也使人们了解到，只有发展农业循环经济，坚持实施农业的可持续发展战略，才能真正促进农业可持续发展，并保证发展势头的长期性、稳定性与持久性。

第四节 农业的生产化经营

近年来，随着我国城市化程度的不断加深，原有的农业生产经营的模式已经不能跟上经济发展的脚步，农业经营的弊端日益突出。在新的经济形势下，发展规模化经营已经成为必然的选择。本节以粮食产业的规模化经营为例，引用了我国国家统计局中关于粮食产业的相关数据进行了分析。通过分析，得出规模化经营对我国农业生产率有着积极的影响。最后，本节总结出一条适合我国农业规模化经营的发展道路，从而更加明确了我国规模化经营的方向。

近年来，我国政府对于农业的规模化经营越来越重视。2016 年的"中央一号"文件提出要发展好规模化经营在农业生产经营中的引领作用，规模化经营与农业生产率之间的关系成为农业经济学家研究的重点，分析规模化经营对于农业生产率的影响显得尤为重要。

在经济学领域内，关于农业规模化经营与农业生产率的关系分析，一直是农业经济学家研究的重点内容。早期有俄罗斯经济学家在研究俄罗斯农业经营规模和土地生产率的关系中发现了二者的反向关系，提出了著名的"IR"假说。如今也有很多学者的研究表明，规模化经营会提高土地生产率。倪国华、蔡昉（2015）等人通过相关分析认为我国的亩均粮食产量与规模化经营呈现 U 形的关系。在研究规模化经营对劳动生产率的影响上，国内外的研究大多都表明二者之间存在着正向变动关系。我国学者石晓平和匡新华认为规模化经营会显著提高劳动生产率。张士云、江激宇、栾敬东、兰星天、方迪指出中国的规模化经营首先要对我国农业进行充分的立法保障，要推进农业合作社的成立，加快我国农业社会化服务的体系。本节对于规模化经营对土地生产率和劳动生产率的影响，结合我国的实际情况进行了分析和总结，并给出了提高农业生产率对我国规模化经营的发展要求和建议。

一、关于规模化经营与农业生产率的解析

（一）我国农业规模化经营现状

目前我国的农业土地规模化经营模式有市场主导的土地规模化经营和政府主导的土地规模化经营。由我国目前多地的土地规模化经营的现状看来，这两种模式的土地规模化经营不仅尊重了农民自己的意愿，也使原本低收益的土地产生了规模效

益。当然，我国目前的规模化经营还存在着许多弊端。我国人地矛盾突出，农村的劳动力过分密集，这有碍于我国农业的经营效益的提高。农业科研技术人员不够充足，我国农业技术水平还不够高，这些因素在一定程度上阻碍了我国农业生产率的提高，但总体而言，我国的规模化经营一直在朝着积极的方向发展。

（二）农业生产率的衡量

1.偏要素生产率

偏要素生产率的另一种说法是单要素生产率，它衡量的是某一要素单位产出能力的大小，简单点来说就是单一要素的平均产出量。

2.全要素生产率

与偏要素生产率相对应的概念就是全要素生产率，它是用来衡量除了有形的生产要素以外的纯技术进步的生产率的变化。全要素生产率常用以下三种方法来测算：一是曼奎斯特生产率指数法（Malmquist）。二是数据包络分析法（DEA）。数据包络分析法是在既定的生产水平下，技术效率可以分解为规模效率和纯技术效率。三是随机前沿生产函数法（SFA），它要求事先选定基本的生产函数。

二、规模化经营对农业生产率的影响分析

由实证分析规模化经营对于农业生产率的影响，我们主要分析的是规模化经营对于农业生产率、土地生产率和全要素生产率的影响。本节主要通过土地生产率和劳动生产率这两大指标来进行分析。

（一）规模化经营对土地生产率的影响分析

我国的粮食产业在农业中的占比最重，因此选取粮食产业的分析更具代表性。本节选取国家统计局中粮食产业的相关数据，通过对我国2008—2018年农业中粮食作物的生产经营状况进行分析发现，这些年来我国粮食产业中农业技术的应用越来越广，农业效率提高了，土地生产率也随之提高。这说明我国的农业经营已经逐步从粗放式经营转向了集约式经营，这也是我们农业发展的方向。如今，适度的规模化经营已经成为我国农业规模化经营发展的重点，过去单纯地通过扩大生产经营规模来提高产量的想法是不可取的。同时我们更应该认识到，提高农业科技水平带来的正面的影响会反超所谓的负效应，由此使我国农业生产率随着规模化经营呈现递增趋势。

（二）规模化经营对劳动生产率的影响分析

土地的规模化经营同样也会影响劳动生产率的变化。劳动生产率可以表示为一定的劳动力在单位时间内生产的产品数量，也可以表示为单位产品在一定时间内耗费的劳动力。本节通过劳动生产量与粮食产业种植面积的变化关系来说明我国粮食劳动生产率与经营规模的关系。分析发现，近年来随着我国粮食种植规模的增加，劳动生产率随之增加。我国的农业技术有显著的提高，用来代替劳动力的农业机械设备也大大增加。随着农业技术的进步，先进机械能够替代的劳动力增加，实际需要的劳动力减少。同时，适当扩大规模也会使原来密集的劳动力得到充分的利用，再加上政府对于规模化经营的大力支持，劳动人民有了更加积极的工作热情，这就使劳动生产率大大增加。

三、提高农业生产率对我国农业规模化经营的要求

在新的经济形势下，进行适合国家自身发展需要的规模化经营，才能使我国农业朝着积极的方向发展。通过对于规模化经营对农业生产率的分析，笔者的总结如下：

（一）从提高土地生产率的角度而言

首先，我国政府应当加强引导农村规模化经营的发展。从土地生产率的角度而言，规模化经营要想实现好的发展，应当加大先进技术替代劳动力的比例、加大政府对于农户扩大经营规模的补贴，并且提高农户规模化经营的热情等。此外，建立更好的社会服务体系也是必不可少的。其次，我国要进一步提高农业技术水平。在农业规模化经营的过程中，要推进我国农业经营由粗放式经营向集约化经营的转变。

（二）从提高劳动生产率的角度而言

从前文对于劳动生产率的分析可知，除了技术之外，劳动力投入的多少也影响着劳动生产率的水平。因此，从土地生产率的角度而言，我国要引导农业人口的合理流动。其次，发展多元化规模经营也能够提高土地生产率。在追求最佳劳动成果的过程中，应当适度增加土地规模化经营的类型，促进不同类型农业按照自身发展的需要来进行多元化的规模化经营。

通过对规模化经营对农业生产率的影响进行分析，可以得出合理的农业规模化经营可以极大地提高农业生产率。我们应该合理、有序地推进规模化经营。但同样要意识到，要结合不同地区各自的发展优势、社会和经济条件的发展需要来制定适

合当地长期发展农业规模经营的政策。只有这样，才能将规模化经营对农业生产率的积极作用发挥至最大，构建合理的规模化经营体系，从而促进我国农业经济又好又快地发展。

参考文献

[1] 何肖肖. 探究经济全球化与国际经济法的新发展 [J]. 现代企业文化，2019（22）：145-146.

[2] 于子尧. 浅谈经济全球化背景下国际经济法的新发展 [J]. 法制博览，2018（30）：275.

[3] 赵红梅. 经济全球化背景下国际经济法的发展趋势及其学习方法 [J]. 当代继续教育，2004，22（1）：54-56.

[4] 潘相宇. 浅论经济全球化背景下国际经济法的新发展 [J]. 商场现代化，2016（12）：250-250.

[5] 杨颖. 论经济全球化背景下国际经济法的重构 [J]. 现代经济信息，2009（13）：314-315.

[6] 周德军. "一带一路"国际贸易法律复合人才培养法律英语教学研究 [J]. 海外英语，2018（1）：19-21.

[7] 梁旋. "一带一路"背景下中越外贸法律制度比较研究 [J]. 法制与社会，2018（11）：69-70.

[8] 谭正航. 论经济民主与经济法的关系及实现的经济法进路 [J]. 齐齐哈尔大学学报：哲学社会科学版，2017（11）：91-94.

[9] 陈宣竹. 论经济法与宪法的协调发展 [J]. 法制博览，2017（30）：193-194.

[10] 王磊. 论经济法与宪法的协调发展 [J]. 法制博览，2017（14）：247.

[11] 赵崇麟. 经济法与宪法的协调发展相关分析 [J]. 法制与社会，2016（31）：73-74.

[12] 胡海涛，赵玄和. 国际经济法 "宪法化"的几个向度 [J]. 东南司法评论，2016，9（00）：193-203.

[13] 孙茂红. 宪法与经济法关系的 "经济性"分析 [J]. 现代营销（下旬刊），2016（5）：197.

[14] 王菁. 研究促进经济法与宪法相协调发展的策略 [J]. 经贸实践，2015（10）：47+49.

[15] 廖呈钱 . 经济法基本范畴的宪法基础：以经济法起源与现代宪法理念为视角 [J]. 温州大学学报（社会科学版），2015，28（4）：49-54.

[16] 张辉 , 石琳 . 数字经济：新时代的新动力 [J]. 北京交通大学学报：社会科学版 ,2019（2）.

[17] 何亮亮 . 论我国数字经济立法的必要性 [J]. 中国集体经济 ,2018（30）.

[18] 信息化建设编辑部 .G20 杭州峰会热议数字经济 [J]. 信息化建设 ,2016（9）.

[19] 邱航 . 论经济法的社会经济功能 [J]. 时代金融，2019（14）：14-16.

[20] 李轶男 . 关于经济法的社会经济功能的几点思考 [J]. 法治博览，2019（36）：208-209.

[21] 黄姜玺 . 经济法的社会经济功能浅析 [J]. 中国经贸，2018（20）：99-100.